사회복지실천기술론

Skills and Techniques of Social Work Practice

사회복지실천기술론

Skills and Techniques of Social Work Practice

서보준 · 길태영 · 신옥순 · 오선영 · 오승하

KNOWLEDGE COMMUNITY 공동체

최근 한국 사회는 의료기술 발달 및 산업화와 더불어 저출산으로 고령화사회에 접어들었다. 그뿐만 아니라 사회의 양극화, 지식정보사회의 급속한 진행과 더불어 매우 급속하게 변화하고 있다. 또한 코로나19로 인한 우리 사회의 다변화·복잡화·다양화 등의 사회적인 요인으로 여러 가지 사회 문제들이 발생하고 있다. 따라서 사회복지실천 현장에서 사회복지사의 도움의 손길을 요구하는 클라이언트의 욕구와 종류는 복잡·다양하게 증가하고 있는 현실이다. 또한 한국의 현대사회는 부모의 이혼율 증가로 인해 시설에서 생활하는 아동과 청소년, 전통적인 대가족에서 핵가족으로 점차 변화됨에 따라 혼자 생활하는 독거노인, 다문화 가정, 장애인 등 다양한 영역에서 클라이언트가 가진 욕구와 문제 해결을 돕기 위해 풍부한 지식과 기술이 필요하게 되었다.

특히 사회복지실천기술은 사회복지실천의 이론을 바탕으로 개인·가족·집단 등을 대상으로 사회복지사가 사회복지실천 현장에서 클라이언트에 개입하는 과정에서 실제로 적용하여 활용할 수 있는 기술을 의미한다. 따라서 사각지대에 놓인 대상자들의 어려움과 다양한 문제들을 해결할 수 있도록 서비스의 질을 높이기 위해서는 그 시대적 상황에 따른 요구에 적극적으로 대처하기 위한 사회복지전문가들의 기술과 능력이 필요함을 느끼게 되었다. 실제로 사회복지실천 현장에서는 클라이언트를 대상으로 사회복지실천기술의 이론을 적용해야 하는 경우가 많으므로 초년 사회복지사가 보다 쉽게 이해하며 적용할 수 있도록 집필하는 데 많은 노력을 기울였다.

이에 이 책은 현재 대학에 재학 중인 사회복지학 전공자를 비롯한 사회복지실천 현장에 종사하는 사회복지사들에게 다양한 클라이언트들의 욕구 및 문제에 대해 인식하여 그들의 문제를 현명하고 지혜롭게 대처하고 해결하는 데 원조할 수 있도록 올바른 사회복지사로서의 임무를 수행할 수 있도록 기여하고자 하는 목적에서 집필하게 되었다.

제1장에서는 사회복지실천기술의 이해 및 전문성, 제2장에서는 대인관계형성 및 의사소통기술, 제3장에서는 면접의 기술에 대해 제시하였다.

제4장, 제5장, 제6장, 제7장, 제8장에서는 심리사회모델, 인지행동모델, 과제중심모델, 위기개입모델, 해결중심모델을 제시하였다. 그리고 제9장, 제10장, 제11장에서는 개인대상 · 가족대상 · 집단대상의 사회복지실천기술에 대해 제시하였으며, 끝으로 제12장에서는 사회복지실천기술 기록 및 평가에 대해 제시하였다.

이 책의 출간을 구상할 때 저자들은 사회복지학문을 공부하는 학생, 사회복지사 1급 국가시험을 준비하는 학생들이 좀 더 사회복지실천기술에 대한 이해도를 높일 수 있도록 가능한 한 사례를 제시하여 내용의 이해도를 높이고자 노력하였다. 따라서 이 책의 내용을 바탕으로 학생들이 잘 배우고 익혀 사회복지실천기술에 대한 전문적 역량이 강화될 수 있기를 바라며, 이 책이 사각지대에 놓인 클라이언트들에게 서비스가 잘 전달될 수 있도록 올바른 역할을 수행하는 지침서가 되길 바란다.

그러나 이 책을 집필하는 과정에서 나름대로 많은 노력과 정성을 기울였지만 각 영역 간 체계성과 논리성이 미흡한 점이 있을 수 있으며, 사회복지실천 현장은 클라이언트가 복잡 · 다양하여 실천 현장의 현실성을 다 반영하기에는 한계점이 있으리라 판단된다. 이 부분은 앞으로 보다 알찬 책의 내용이 될 수 있도록 여러분의 아낌없는 조언과 충고를 겸허하게 받아들여 계속 수정·보완하여 이 책을 접하는 학생 및 사회복지 관계자들의 기대에 부응할 수 있도록 노력할 것을 다짐한다.

끝으로 이 책이 출판될 수 있도록 많은 관심과 적극적 도움을 주신 공동체 가족 여러분께 감사를 드린다.

2023년 8월

대표저자 서 보 준

CHAPTER 01

사회복지실천기술의 이해 및 전문성

제1절 사회복지실천기술의 개념 및 목적

제2절 사회복지실천기술의 필요성과 특성

제3절 사회복지실천기술의 전문적 지식

제4절 사회복지실천의 전문적 기반

제5절 사회복지사의 역할 및 활동 영역

제6절 사회복지실천의 가치와 윤리

CHAPTER 01

사회복지실천기술의 이해 및 전문성

제1절 사회복지실천기술의 개념 및 목적

1. 사회복지실천기술의 개념

사회복지사는 다양한 이론적 이해를 바탕으로 사회복지실천의 목적 달성과정을 촉진하기 위한 실천기술을 활용한다. 또한 사회복지실천은 각기 다른 상황에 적용되는 다양한 종류의 기술을 필요로 하기 때문에 특정 상황에 적절한 기술을 선택하고 활용하는 능력이 요구되며, 이로 인해 실천기술을 사회복지실천의 예술적 측면으로 이해하기도 한다. 사회복지사가 사회복지와 관련된 전문지식을 잘 갖추고 있으며 사회전문직의 가치를 이해하고 있다고 가정해도 이와 같은 지식과 가치를 클라이언트와의 협력적 작업 관계에 잘 활용할 수 있는 기술이 결여되어 있다면 클라이언트의 문제해결을 원조하는 과정이 원활하게 진행되기 힘들 것이다. 그러므로 사회복지사는 개인, 가족, 집단, 지역사회 등과 함께 일을 할 때 각 상황에 적절한 실천기술들이 갖추어져 있어야 한다.

즉, 사회복지실천은 사회복지학에서 하나의 방법 또는 접근 노력으로서 이 개념은 사회복지를 보다 기술적이고 미시적인 측면에서 규정하거나 사회복지의 전문적인 실천기술을 강조할 때 사용되어 왔다(서보준 외, 2021).

실천기술이란 과학이론을 실제로 적용하여 자연의 사물을 인간 생활에 유용하도록 가동하는 수단 혹은 사물을 잘 다룰 수 있는 방법이나 능력을 의미하며, 사회복지실천기술이란 사회복지실천이론을 사회복지현장에 적용하여 개인과 사회 전체의 삶을 유용하도록 하는 수단 혹은 이러한 목적을 위한 방법 및 능력 등을 의미한다(홍봉수 외, 2022). 따라서 사회복지실천기술에 대한 학자들의 개념 정의를 살펴보면 다음과 같다.

핀커스와 미나한(Pincus & Minahan, 1973)은 사회복지실천기술을 사람과 사회환경에 존재하는 체계들 사이의 연결과 상호관계의 기술로써 개인의 문제해결 능력과 대처능력을 향상하고 사람들을 자원과 서비스 및 기회를 제공하는 체계와 연결하며, 이 체계들이 효과적 · 인도적으로 운영되도록 장려하고 사회정책 개발과 발전에 기여하는 기술로 정의하였다.

모랄레스와 셰퍼(Morales & Sheafor, 1988)는 사회복지실천기술을 클라이언트 체계와의 관계에서 클라이언트 체계와 관계된 구체적 상황에서 사회복지실천 가치와 지식에 기초를 둔 변화의 심리사회적 과정을 지도하는 어떤 행동을 취하는 사회복지사의 능력으로 정의하였다. 슐만(Shulman, 1984)은 사회복지사가 가지고 있는 사회복지실천기술들이 종합적으로 잘 활용될 때 긍정적인 원조 관계가 형성되고, 긍정적인 원조 관계는 사회복지실천의 결과에 영향을 준다고 하였다. 바커(Baker, 1991)는 사회복지실천기술을 대화나 클라이언트의 문제, 욕구, 능력 등에 대한 사정, 자원개발과 사회구조를 변화시키는 데 있어서의 숙련성이라고 정의하였다. 즉, 사회복지실천기술의 개입전략으로 사정기술, 면담기술, 개입기술, 팀워크 기술, 지지망 구축 기술, 협상기술, 평가 및 종결 등의 7가지 기술들로 구분하였으며, 이러한 기술들은 사회복지실천의 상황에 따라 각각 별도로 활용되기도 하지만 통합 또는 혼합되어 사용되는 경우가 더 많다. 또한 콤튼과 갤러웨이(Compton & Galaway, 1994)에 의하면 사회복지실천기술은 사회복지사가 자신이 얻은 지식을 능동적인 사고 과정을 통해 클라이언트의 욕구에 적합한 서비스로 전환할 수 있는 능력이라고 정의하였다.

전재일 등(2019)은 사회복지실천기술을 사회복지실천의 지식과 가치, 윤리, 의무에 기초하여 클라이언트와 관련된 특별한 상황의 변화를 위하여 심리사회적 개입을 할 수 있는 사회복지사의 인지적이고 행동적인 능력으로 정의하였다. 엄명용 등(2020)은 사회복지실천을 통해 긍정적인 결과를 얻어내기 위해서 사회복지사는 실천에 필요한 기술들을 익히고, 이 기술들은 긍정적인 원조관계 형성이라는 일차적인 목표를 위해 사용해야 한다고 하였다.

2. 사회복지실천기술의 목적

사회복지실천의 가장 중요한 특성이자 사회복지실천기술의 목적은 인간과 상황 혹은 환경 속의 인간이라는 기본 관점에서 시작하여 사회적 기능을 강화하는 것이다. 사회복지실천기술의 목적에 대한 구체적인 내용은 다음과 같다(Cournoyer, 2000).

첫째, 사회복지실천의 지식, 가치, 윤리 의무로부터 나와야 한다.

둘째, 사회복지사의 필요한 핵심적 자질과 일치해야 한다.

셋째, 전문적 통합성의 특징을 반영해야 한다.

넷째, 실천의 단계나 과정의 맥락이 사회복지실천 목적과 일치해야 한다.

이와 같은 목적을 달성하기 위해 사회복지실천은 클라이언트의 문제를 해결하고 적응 능력을 향상하기 위해 지지하는 역할, 인간과 자원, 서비스, 기회를 제공하는 체계와 중개하는 역할, 기관이나 조직 차원에서 체계적이고 효과적으로 옹호, 슈퍼비전, 프로그램 개발과 개선에 공헌하는 역할을 수행해야 한다.

제2절 사회복지실천기술의 필요성과 특성

1. 사회복지실천기술의 필요성

사회복지학은 수혜자 입장이 되어 도움을 줄 수 있어야 한다. 그중에서도 직접적인 실천이 바로 사회복지실천방법론이다. 실천론은 이론적 배경을, 실천기술론은 개입기술을 다루게 되는데 이는 수혜자의 자립 의지를 고취하고 능력을 개발하여 자립할 수 있도록 도움을 주는 것이다. 이를 위해서 인간행동과 심리 사회적 자원 등의 다양한 요소들에 대한 지식과 이론에 근거해서 도움을 제공할 수 있는 사회복지실천기술이 요구된다고 볼 수 있다.

사회복지는 사회적 존재로서 인간이 가진 상호의존성과 상호작용의 욕구로 인해서 발생하는 개인이나 집단의 사회적 기능을 향상하는 것이 목적이다. 사회적 기능이란 다른 원조 전문직과 사회복지를 구분하는 핵심 개념으로 개인의 능력과 욕구, 그리고 사회적 환경의 기회와 욕구 사이의 적합성과 관련되며, 이러한 관점에서 보면 사회복지실천은 다음과 같은 일을 담당하게 된다(김정진, 2019).

첫째, 욕구를 가진 개인들에게 실질적인 서비스를 획득하도록 돕는다.

둘째, 개인, 가족 그리고 집단에 상담 및 치료를 제공한다.

셋째, 집단이나 지역사회가 요구하는 서비스를 제공하거나 기존의 서비스를 개선하도록 서비스 제공과 관련된 입법, 행정 그리고 사회행동과 관련된 일을 수행한다.

2. 사회복지실천기술의 특성

사회복지실천기술의 특성은 가치와 지식, 상황에 맞는 실천기술 선택, 다양한 이론이나 방법적 요소 선택, 학습 등의 네 가지로 구분되는데 구체적인 내용을 살펴보면 다음과 같다(이영실, 2015).

첫째, 사회복지실천기술은 사회복지실천의 가치와 지식에 근거를 두어야 한다.

둘째, 사회복지실천은 상황에 따라 다른 기술을 적용하기 때문에 특정 상황에 맞는 실천기술을 선택하고 활용하는 능력이 필요하다.

셋째, 사회복지실천기술은 특정 이론에만 근거한 것이 아니기 때문에 다양한 이론이나 방법적 요소를 특정 상황이나 문제에 맞게 적절하게 선택해서 사용할 수 있어야 한다.

넷째, 사회복지실천기술은 지식을 기반으로 하므로 개발 및 학습이 가능하다.

제3절 사회복지실천의 전문적 지식

사회복지사에게 사회복지실천에서 사용되는 지식은 사정에 필요한 지식(assessment knowledge)과 개입에 필요한 지식(intervention knowledge)으로 구분할 수 있다(Siporin, 1975).

① **사정에 필요한 지식** : 사정에 필요한 지식은 개인의 욕구와 문제, 상황 등을 이해하기 위한 지식으로 사회복지사가 개입 이전에 클라이언트의 심리적·사회적·문화적 특징을 이해하고 클라이언트의 문제가 발생하는 상황적 맥락을 분석하는 데 필요하다.

② **개입에 필요한 지식** : 개입에 필요한 지식은 사회복지사가 개인이나 집단, 지역사회를 돕기 위한 실천과정에서 활용하는 실천이론과 개입 방법에 관한 지식을 포함한다.

따라서 사회복지실천 지식은 일반적으로 사회복지실천에 영향을 주는 구체성의 정도에 따라 패러다임, 관점(시각), 이론, 모델, 실천지혜 등의 다섯 가지로 구분할 수 있는데 구체적인 내용을 살펴보면 다음과 같다(김혜영 외, 2020; 생각의마을, 2022).

1. 패러다임

패러다임의 사전적 의미는 어떤 한 시대 사람들의 견해나 사고를 근본적으로 규정하고 있는 테두리로서 인식의 체계 또는 사물에 대한 이론적인 틀이나 체계이다. 그러므로 시대나 사회에 따라 패러다임은 바뀔 수 있다.

사회복지실천의 패러다임은 1900년대 전후 의료적 패러다임에서 1960년대 생태체계적 패러다임으로 변화되었다. 다시 말해 1950년대까지 프로이트(Freud)의 정신역동 이론의 영향으로 의료적 패러다임이 지배적이었다면 그 이후에는 인간과 환경 전체를 포함하는 생태적 패러다임으로 변화되었으며, 1980년대부터 소비자 중심의 패러다임으로 변화되고 있다.

2. 관점(시각)

패러다임보다 조금 구체성이 높은 실천 지식은 관점 혹은 시각(perspective)이다. 이는 개념적 준거틀로서 관심 영역과 가치, 대상들을 규정한다. 사회복지실천의 관점으로는 보수적인 관점부터 급진적 관점까지 다양하게 구성되어 있으며, 병리적 관점, 강점 관점 등도 있다.

3. 이 론

이론이란 관점보다 한 단계 더 구체화된 것으로서 특정 현상을 설명하기 위해 논리정연하게 일반화한 가설이나 개념을 의미한다. 사회복지실천에서의 이론은 어떤 행동이나 상황에 대한 설명을 제시하고 어떻게 그런 행동이나 상황을 변화시킬 수 있을지에 대한 지침을 제공한다.

개인이나 가족, 소집단을 대상으로 클라이언트의 심리사회적 문제해결을 위한 실천이론으로 정신역동 이론, 행동주의 이론, 인지행동 이론, 인본주의 이론 등 심리이론이 있다. 또한 최근에는 역량강화 이론(empowerment theory), 담론이론(discourse theory) 등 클라이언트 및 사회문제에 대한 새로운 시각을 제공하는 이론들이 등장하였다.

4. 모 델

모델은 일관된 실천활동의 원칙과 방식을 구조화시킨 실천 지식이다. 이론은 사회복지실천 상황에서 사회복지사에게 구체적인 실천방법을 알려주지 못한다. 반면 모델은 이론을 기반으로 한 구체적인 개입기술을 포함하고 있기 때문에 사회복지사가 구체적으로 실천활동을 할 수 있게 한다.

모델은 이론에서 만들어지기도 하고(행동주의 이론에서 행동수정모델이 만들어진다), 다양한 이론들이 절충되어 하나의 모델이 만들어지기도 한다(과제중심모델).

5. 실천지혜

실천지혜는 직관 또는 암묵적 지식이라고도 하는데 실천현장에서 귀납적 혹은 경험적으로 만들어진 지식의 종류이다. 그러나 실천지혜는 위의 지식들과는 달리 이론적 토대가 없고 구체적으로 명시할 수 없는 지식이다. 따라서 실천현장에서 활동을 통해 경험적으로 얻어지는 이러한 지식은 유용성을 입증받을 수 없다는 주장이 있지만 실천지혜가 실천현장에 미치는 영향은 무시할 수 없다.

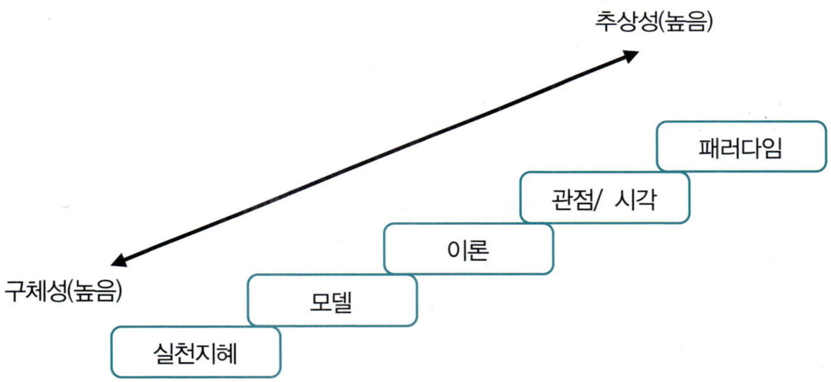

| 그림 1-1 | 사회복지실천 지식의 구성단위 수준

출처 : 생각의마을(2022) 재구성.

제4절 사회복지실천의 전문적 기반

사회복지실천의 전문적 기반은 과학적 기반과 예술적 기반으로 구분할 수 있는데 구체적인 내용을 살펴보면 다음과 같다(생각의마을, 2022; 황인옥, 2022).

1. 사회복지실천의 과학적 기반(과학성)

1) 사회복지실천의 과학적 기반의 개념

사회실천에서의 과학적 기반은 효과적인 개입을 위해서 사회현상, 사회적 조건과 문제, 사회정책과 프로그램, 사회복지 전문직, 다양한 실천이론과 관련된 지식에 바탕을 두고 이를 적용, 활용하는 것을 의미한다.

2) 사회복지실천의 과학적 기반의 예

- 사회적 조건과 문제에 관한 지식, 사회정책과 프로그램에 관한 지식, 사회현상에 관한 지식, 사회복지 전문직에 관한 지식, 사회복지실천 지식, 인간행동과 사회환경에 대한 지식
- 생태학, 행동과학, 문화과학, 생물학, 유전학, 행태과학, 생태과학, 행동과학, 사회과학 등
- 인간행동과 사회환경, 사회복지 정책과 서비스, 사회복지실천 방법, 미시·중범위·거시 수준의 실천, 조사 및 연구에 관한 지식들
- 객관적 관찰, 실험적 조사, 개입기술 훈련, 경험적 사실의 수집, 이론적 설명, 클라이언트의 만족도 설문조사, 집단 구성원의 욕구 파악을 위한 사정도구 활용, 연구자료를 수집하고 분석하는 것 등

2. 사회복지실천의 예술적 기반(예술성)

1) 사회복지실천의 예술적 기반의 개념

예술은 능숙한 수행을 하는 데 필요한 특수한 기술로 학습만으로는 배울 수 없는 직관적인 능력을 발휘해야 하는 것을 의미한다.

2) 사회복지사가 갖추어야 할 예술적 기반

(1) 전문적 관계 형성

전문적 관계란 사회복지사가 클라이언트를 원조하기 위하여 맺는 관계를 의미하며, 이러한 전문적 관계를 형성하기 위해서는 감정이입, 온화함, 진실성 등의 대인관계 기술이 필요하다.

- 감정이입 : 클라이언트의 정서 상태 또는 상황에 일치하고, 클라이언트의 정서 상태나 상황에서 생기는 정서를 이해하는 것을 의미한다.
- 온화함 : 성격이나 태도가 온순하고 부드러워서 클라이언트를 존중하고 수용하면서 의사소통을 하는 것을 의미한다.
- 진실성 : 진심으로 클라이언트를 돌보고 관심을 가져야 함을 의미한다.

(2) 동정과 용기

- 동정 : 클라이언트의 어려운 사정을 이해하고 정신적으로나 물질적으로 도움을 베푸는 것을 의미한다.
- 용기 : 어렵고 힘든 일에 대해서도 씩씩하게 직면할 수 있는 능력 또는 힘을 의미한다.

(3) 창의성=창의적 사고

창의성 또는 창의적 사고는 기존의 사고에서 벗어나 새로운 유형으로 사고하는 능력을 의미한다. 이러한 창의적 사고를 갖기 위해서는 상상력, 융통성, 인내심 등을 갖추어야 한다.

- 상상력 : 클라이언트의 문제에 대한 다양한 접근방법을 확인하고 해결할 수 있는 능력을 의미한다.
- 융통성 : 클라이언트의 사정과 형편에 따라 적절하게 처리하는 재주를 의미한다.
- 인내심 : 괴로움이나 어려움을 참고 견디면서 지속적으로 행동할 수 있는 마음을 의미한다.

(4) 희망과 열정

- **희망** : 인간이 기본적으로 선하고 긍정적인 방식으로 변화할 수 있는 능력이 있음에 대한 믿음을 의미한다.
- **열정** : 클라이언트가 직면한 어려움에 열렬한 애정을 가지고 열중하는 마음을 의미한다.

(5) 건전한 판단력

건전한 판단력이란 어떤 일에 대해 인식하여 논리나 기준 등에 따라 판정할 수 있는 건전한 능력을 의미한다. 사회복지사의 전문적 판단은 명확하고 날카로운 사고력에 달려 있으며 많은 경험과 학습을 통해 얻어질 수 있다.

(6) 이해력과 감수성

- **이해력** : 어떤 사리를 분별하여 해석하는 힘을 의미한다.
- **감수성** : 어떤 문제를 받아들이고 느끼는 성질이나 성향을 의미한다.

(7) 전문적 가치

사회복지의 전문적 가치에는 기본권리에 대한 존중, 사회적 책임감, 자기결정에 대한 지지, 사회적 형평성의 원리 등이 포함된다.

- **기본권리에 대한 존중**(개인의 존엄성과 독특성에 대한 존중) : 헌법 제10조 행복추구권과 제34조 인간다운 생활권은 물론 헌법에서 규정하고 있는 모든 인간의 기본적인 권리를 존중하는 마음 자세를 가져야 한다.
- **사회적 책임감** : 개인의 복지는 사회와 개인 공동의 책임이라는 것을 인식해야 한다.
- **자기결정에 대한 지지** : 인간은 자신의 삶을 선택할 권리를 가져야 한다.
- **사회적 형평성의 원리** : 사회적 불평등을 시정하기 위해 공동 서비스의 혜택이 사회적 불우집단에 더 많이 돌아가도록 해야 한다.

제5절 사회복지사의 역할 및 활동 영역

사회복지사는 사회복지실천 현장에서 다양한 문제와 내담자의 문제를 해결하는 데 원조 역할을 한다. 원조하는 과정에서 사회복지사의 역할 또한 다양해질 수밖에 없다. 즉, 어떤 문제를 해결하기 위해 시기별 혹은 단계별로 사회복지사의 다양한 역할이 요구되기도 하므로 사회복지사의 역할에 대해 명확하게 이해하는 것은 중요하다.

따라서 사회복지사의 역할에 대해 살펴보면 다음과 같다(생각의마을, 2022; 신성자 외, 2017).

1. 사회복지사의 역할

1) 중개자(broker)

사회복지실천에서 강조하는 것은 환경과 관련해서 사람들을 돕는 것이다. 사회복지사는 대개 클라이언트와 지역사회자원 연결을 촉진한다. 중개자 역할을 하기 위해서 사회복지사는 클라이언트의 상황 사정, 자원 사정, 의뢰, 서비스 체계 연결, 정보제공 등의 기능을 수행한다.

예
- 거동이 불편한 어르신에게 일상생활에 도움을 줄 수 있는 요양보호사를 연결해 준다.
- 학교폭력 가해 학생에게 분노조절 프로그램을 소개해 준다.

2) 조력자(enabler)

클라이언트가 자기 스스로 문제를 해결할 수 있는 능력을 기르고 필요한 자원을 찾아낼 수 있도록 돕는 것이다. 즉, 개인이나 집단이 그들의 욕구와 문제를 명확히 하고 해결전략을 탐색하여 좀 더 효과적으로 문제에 대처하도록 그들의 능력을 개발시키는 것이다.

예
- 도박중독자가 자신의 문제에 대해 깨닫고 도박중독에서 벗어날 수 있는 방법을 찾도록 도와준다.
- 부부갈등을 겪는 부부를 위해 부부간 의사소통 패턴을 분석하여 관계를 개선할 수 있도록 통찰력을 길러주는 상담을 한다.

3) 옹호자(advocator)

클라이언트를 대신하여 클라이언트의 이익을 대변해 주는 것이다. 필요한 자원이나 서비스를 찾거나 자원 확보에 어려움을 겪는 클라이언트를 위해 클라이언트 개인이나 가족의 권리를 옹호하고 정책 변화를 모색하기 위해 활동한다. 즉, 클라이언트의 욕구에 서비스 기관이 반응하지 않거나 서비스 제공을 거절하는 경우, 클라이언트가 서비스를 받고 권리를 획득할 수 있도록 기관 내 프로그램이나 정책을 변화시키기 위해 활동하는 것이다.

예
- 장애 학생의 교육권 확보를 위해 학교당국에 편의시설을 요구한다.
- 미등록 이주노동자의 자녀가 교육받을 수 있도록 관계법 개정을 제안한다.

4) 교사/ 교육자(teacher)

교사 혹은 교육자(teacher)라는 역할은 클라이언트의 사회적 기능이나 문제해결 능력이 향상될 수 있도록 교육적인 프로그램이나 정보를 제공하고, 적응기술을 익히도록 클라이언트를 가르치는 것이다. 이 역할을 위해 사회복지사는 전문적 지식과 정보를 알고 있어야 하며 그것들을 명확히 전달하고 이해시키기 위한 능력과 기술이 있어야 한다.

예
- 실업자를 대상으로 취업훈련 프로그램을 실시한다.
- 십대 부모를 대상으로 부모교육훈련 프로그램을 실시한다.

5) 중재자(mediator)

중재자라는 역할은 개인 및 기관이나 조직의 차원에서 기관 혹은 기관 내 의사소통의 갈등이나 의견 차이를 조정하는 것이다. 양자 간의 의견 차이를 조정하고, 분쟁에 개입하여 협상과 타협을 이루어 합의할 수 있도록 돕는다. 이때 중재자는 어느 한쪽을 지지하지 않고 중립을 유지하는 것이 중요하다.

예
- 갈등으로 이혼위기에 처한 부부관계에 개입하여 상호 만족스러운 합의점을 도출한다.
- 돌봄 서비스를 받고 있는 노인과 직원 간 갈등을 해결하기 위해서 중립자 입장에서 조정한다.

6) 협상가(negotiator)

협상가라는 역할은 다툼이 있거나 갈등 관계에 놓인 사람들이 상호 화해하고 합의하고 타협할 수 있도록 협상을 돕는 것이다. 중립적인 입장을 취하는 중재자와 달리 협상가는 어느 한쪽의 입장에서 개입한다.

예 돌봄 서비스를 받고 있는 노인과 직원 간 갈등을 해결하기 위해서 노인의 입장에서 해결하려고 한다.

7) 훈련가(trainer)

훈련가라는 역할은 기관이나 조직의 차원에서 직원들의 전문적인 능력을 계발시키기 위해서 직원 세미나 혹은 워크숍, 슈퍼비전 등에 참여하여 직원 교육이나 훈련을 실시하는 것이다.

예 사회복지사의 역량 강화를 위해 세미나를 실시한다.

8) 조정자(coordinator)

조정자라는 역할은 다양한 기관에서 산발적으로 주어지는 서비스를 조직적인 형태로 정리하는 것이다. 여러 기관에서 서비스가 제공될 때는 중복을 피하기 위하여 서비스를 조정하는 역할이 필요하다. 주로 사례관리자의 역할로, 이를 통해 서비스의 중복과 상충되는 정보제공을 막을 수 있다.

예 클라이언트를 적합한 서비스에 연결하고 그런 서비스를 활용하도록 조정하는 과정에서 개인과 가족에게 서비스를 지속적으로 제공한다.

9) 집단 촉진자(group facilitator)

집단 촉진자라는 역할은 집단활동에서 지도자 역할을 수행하는 것이다. 사회복지사는 다양한 치료집단, 교육집단 등을 운영하게 되는데 집단활동이 원활하게 이루어질 수 있도록 촉진하는 역할을 한다.

10) 상담가/ 임상가(counselor)

가시적이고 흔하게 수행되는 사회복지사의 역할은 상담가나 임상가로서의 역할이다. 임상사회복지사는 모든 사회복지실천에서 강조하는 개인, 가족, 그리고 소집단의 심리사회적 기능을 향상시키고 유지하는 목적을 공유한다. 임상사회복지실천은 사회복지이론과 심리사회적 역기능, 정서적 혹은 정신적 장애를 포함하는 장애, 혹은 손상에 대한 치료와 예방적 방법을 전문적으로 적용한 것이다.

이러한 역할을 수행하기 위해 사회복지사는 인간행동에 관한 지식, 사회환경이 개인에게 미치는 영향, 클라이언트의 욕구와 기능을 사정하는 능력 그리고 이런 스트레스를 클라이언트가 다룰 수 있도록 도울 개입 내용에 관한 판단, 개입 전략을 적용하는 기술, 그리고 변화 과정을 통해 클라이언트를 지도하는 능력이 필요하다.

2. 사회복지사의 활동 영역

사회복지사는 다양한 기관에서 사회복지사의 임무를 수행하면서 클라이언트에게 적절한 서비스를 제공할 수 있다. 사회복지사가 수행할 수 있는 기관을 일반영역, 확장영역, 보건의료 영역으로 구분할 수 있는데, 구체적인 내용을 살펴보면 다음과 같다(홍봉수 외, 2022).

1) 일반영역

(1) 공적 사회복지 영역

사회복지사업법에는 사회복지사업에 관한 운영업무 등을 위해 시·도, 그리고 시·군·구 및 읍·면·동 또는 복지전담사무기구에 사회복지사 자격증을 가진 사회복지전담 공무원을 두도록 규정하고 있다.

(2) 사회복지기관 및 시설 영역

지역사회복지, 아동 및 청소년, 노인복지, 장애인복지, 모·부자복지 등 민간 사회복지기관 영역에 자격을 갖춘 사회복지사가 사회복지프로그램의 개발 및 운영, 시설거주자의 생활지도 업무, 사회복지를 필요로 하는 사람에 대한 상담업무 등 복지서비스를 제공하고 있다.

2) 확장영역

(1) 교정사회복지사

현행 법무부 산하 교정시설에서 수형자의 재활지원과 범죄예방에 개입하고 있는 사회복지전문직을 교정사회복지사로 통칭하고 있다.

(2) 군사회복지사

군사회복지사는 병사들이 정신건강 상담 및 스트레스 관리를 통해 군 생활의 적응과 대처능력을 향상하고, 직업군인 및 그 가족들이 겪는 다양한 문제와 갈등을 해결하여 안정된 생활을 유지시키는 역할을 수행한다.

(3) 산업사회복지사

기업체 등에서 노동자들의 비복지적 문제 개선을 위해 사회복지학 전문지식을 활용해 문제해결을 수행하는 사회복지사를 말한다.

(4) 자원봉사활동관리 전문가

자원봉사자들을 모집 · 배치 · 상담 · 훈련하고 자원봉사자 활용 프로그램을 개발 · 시행 및 평가하는 사회복지사를 말한다.

3) 보건의료 영역

(1) 정신건강사회복지사

정신건강 분야의 전문적인 지식과 기술을 가지고 있는 사회복지사가 정신질환자의 개인력 및 사회조사, 정신질환자에 대한 사회사업지도 및 방문지도, 사회복귀 촉진을 위한 생활훈련 및 직업훈련, 정신질환자와 그 가족에 대한 교육 · 지도 및 상담업무, 정신질환 예방활동 및 정신건강에 관한 조사 · 연구 등을 하는 사회복지사를 정신건강사회복지사라고 한다.

(2) 의료사회복지사

병원이나 진료소 등에서 임상 치료팀의 일원으로 질병의 직 · 간접적인 원인이 되고 치료에 장애가 되는 환자의 심리 · 사회적인 문제들을 해결하도록 도우며, 환자가 퇴원한 후에도 정상적인 사회기능을 발휘할 수 있도록 환자와 그 가족에게 전문적인 사회복지서비스를 제공하는 사회복지사를 의료사회복지사라고 한다.

(3) 학교사회복지사

학생 개개인의 지적 · 사회적 · 정서적 욕구와 문제해결에 관심을 갖도록 도우며, 이를 통해 모든 학생들이 학교에서 공평한 교육기회와 성취감을 제공받을 수 있도록 사회복지의 다양한 실천 방법을 활용하는 사회복지사를 말한다.

제6절 사회복지실천의 가치와 윤리

가치란 우리가 인간으로 존재하고 행동하는 것에 대해 옳고 좋은 것으로 선호되는 것에 대한 지속적인 신념이라고 할 수 있다. 이러한 의미에서 좋다/ 싫다, 바람직하다/ 나쁘다 등과 같이 선호하는 것에 대한 암묵적 견해로서 인간의 삶과 관련된 특성 수단, 목적, 조건들에 대한 보편적 선호이다.

이처럼 사회복지실천의 가치에 대해 살펴보면 다음과 같다(Levi, 1973; Zastrow, 1995; 서보준 외, 2021 재인용).

1. 사회복지실천의 가치

1) 레비의 사회복지실천의 가치

(1) 사람 우선의 가치

이는 전문직 수행의 대상인 인간 자체에 대해 전문직이 갖추고 있어야 할 기본적 가치관이며 기본 철학과 같은 것이다. 개인의 가치와 존엄성, 개인의 건설적인 변화에 대한 능력과 욕구, 상호책임성, 소속의 욕구, 공통적인 인간의 욕구, 그리고 개개인의 독특성에 대한 가치 등이 속한다.

(2) 결과 우선의 가치

이는 사람에 대해 서비스를 제공했을 때 초래하는 결과에 대한 가치관이다. 이는 사회가 개인의 발전을 위해 사회참여에 대한 기회를 동등하게 제공해야 한다는 사회적 책임에 대한 가치이다.

(3) 수단 우선의 가치

서비스를 수행하는 방법 및 수단과 도구에 대한 가치관이다. 인간의 자율성으로 요약될 수 있는 수단 우선의 가치는 아마도 사회복지실천 과정에서 매우 중요하게 실천되어야 할 가치체계일 것이다.

2) 재스트로의 사회복지실천의 가치

(1) 인간의 존엄성과 개인의 독특성을 존중

모든 인간은 가치체계, 성격, 삶의 목표, 경제적 자원, 정서적·신체적 능력, 자아개념, 가족관계 등 다양한 측면에서 독특한 존재이다. 사회복지사는 클라이언트 상황에 대한 독특성을 인정하고 존중해야 한다. 개별성은 사회복지실천의 기본가치이다. 클라이언트의 가치와 목적, 행동양상, 성격 특성이 사회복지사와 유사하다면 상대적으로 수용하기 쉽다. 그러나 사회복지사의 입장에서 클라이언트의 행동을 수용하기 어려울 때 개별성을 인정하기는 쉽지 않다.

사례

다음과 같은 클라이언트의 경우 관계형성에 대해 생각해 보자. 이러한 클라이언트를 어떻게 한 인간으로 존중할 것인가? 클라이언트와 전문적 관계형성에서 사회복지사의 능력에 영향을 미치는 가치와 감정들은 무엇인가?

1. 자신의 8세 친딸을 성폭행한 46세 아버지
2. 잠자고 있는 자신의 어머니를 살해한 15세 여학생
3. 중학생에게 마약을 판매하다 체포된 45세 남자
4. 남자친구와의 데이트를 위해 3세 된 자신의 아기를 혼자 방에 가두어 둔 30세 이혼여성

이러한 경우 일반적 지침은 클라이언트를 수용하고 존중하지만 클라이언트의 일탈행동은 변화되어야 한다. 클라이언트의 개별성의 인정은 사회복지실천과정에서도 중요한 역할을 한다.

(2) 자기결정권에 대한 클라이언트의 권리를 존중함

자기결정은 클라이언트가 사회복지실천과정의 참여 여부를 결정하는 것이다. 자유선택과 자기결정을 방해하는 것은 치료관계를 손상시키고 클라이언트의 문제해결능력을 약화시킬 수 있다. 특히 클라이언트를 위해 사회복지사가 모든 결정을 한다면 클라이언트에게 의존성과 자기패배감을 가져올 수 있다. 자기결정의 의미는 클라이언트의 문제해결에 대한 책임이 클라이언트에게 있다는 것이다.

사례

이○○ 사회복지사는 외래치료센터에서 근무하는 약물상담사다. 클라이언트인 김 씨는 자신이 일하는 직장의 상사에 의해 알코올센터로 의뢰되었다. 김 씨는 건설회사에 근무하고 2명의 자녀를 둔 결혼한 가정주부이다. 사회복지사는 세 번째 면담 후 그녀가 다른 남자와 바람을 피우고 있다는 사실을 알게 되었고, 여섯 번째 면담 후에는 결혼 16년 동안 수많은 남자들과 성적 행위를 해 왔다는 사실을 알게 되었다. 그러나 그녀는 자신의 행동에 대해 죄책감을 전혀 갖지 않았으며 사회복지사에게 도움을 요청하지도 않았다.
이○○ 사회복지사도 클라이언트와 비슷하게 결혼하여 두 아이를 둔 가정주부이며 일부일처제의 가치를 굳게 믿고 있다. 또한 결혼관계에서 개방적이고 정직한 의사소통은 중요한 가치이며 도덕적인 면을 중요하게 생각하고 있다. 따라서 사회복지사는 김 씨의 행동을 상당히 수용하기 어렵다.

1. 위의 상황은 클라이언트와의 관계에서 개인적 갈등인가 아니면 전문적 갈등인가?
2. 클라이언트의 문란한 성생활이 자신의 회복에 미치는 영향은 어떠한가?
3. 클라이언트의 자기결정권과 관련하여 사회복지사로서 클라이언트와 전문적 관계를 어떻게 유지할 것인가?

(3) 비밀보장

비밀보장은 전문가와 클라이언트 관계에서 전문가가 클라이언트 정보에 대한 비밀을 보장한다는 뜻이다. 비밀보장의 원칙으로 인하여 클라이언트의 동의 없이 노출하거나 피해가 있을 경우 전문가는 법적 제제를 받을 수 있다.

(4) 기타의 가치들

- 잔여적 대책이 아닌 제도적 대책을 지향한다.
- 클라이언트와 전문적 관계를 맺는다.
- 사회적 경제적 정의를 추구한다.
- 서비스의 단위로 가족에게 초점을 둔다.
- 서비스의 사회적 책임성을 지향한다.

2. 사회복지실천의 윤리

윤리의 한자적 의미를 살펴보면 윤(倫)은 사람의 무리, 집단을 의미하고, 리(理)는 이치 혹은 도리라는 뜻이다. 또한 윤리는 영어로 'ethics'라고 하며 그리스어의 'ethos'에서 나온 관습의 의미로, 가치에서 비롯되나 무엇이 옳고 그른가를 판단해 주는 도덕적 지침이 된다(엄명용 외, 2011).

이에 가치와 윤리에 대해 비교 설명하면 다음과 같다.

〈표 1-1〉 **가치와 윤리 비교**

가 치	윤 리
• 믿음, 신념 같은 것 • 무엇이 좋고 바람직한가와 관련 • 행동의 방향성 제시 • 구체적인 실천을 지시하기보다 일반적으로 선호하는 더 폭넓은 사회의 가치를 반영	• 마땅히 따라야 할 규범 • 어떤 행동이 옳고 그름에 대한 판단 • 가치의 기반 위에 구현된 행동지침 • 가치에서 나오기 때문에 가치와 조화를 이루어야 함

출처 : 사회복지교육연구센터(2022).

1) 윤리적 상대주의와 절대주의

(1) 윤리적 상대주의

윤리적 상대주의(ethical relativism)는 우리가 마땅히 따라야 할 규범으로서 윤리가 문화에 따라 다르다는 입장이다. 규범으로서 윤리가 문화에 따라 다르다는 것은 옳고 그름의 기준이 문화에 따라 다름을 의미한다(오혜경, 2009). 이처럼 윤리적 상대주의는 도덕 규칙이나 객관적이고 보편적인 원리를 거부하고, 직면한 상황이나 산출 결과가 얼마나 옳고 선한가의 정도에 따라 윤리적인 결정을 한다. 즉, 윤리적 상대주의는 어떤 상황에서도 적용될 수 있는 불변하는 윤리기준이 있는 것이 아니라, 주관적으로 자신에게 유리하고 즐거운 것, 결과적으로 좋은 것이 윤리적으로 옳다고 보는 것이다. 예를 들어, 비밀보장을 약속한 학교사회복지사와 상담한 중학생은 현재 임신 9주째로 부모에게 알리지 않고 출산할 수 있도록 도움을 요청하였다. 그러나 학교사회복지사가 태아와 학생의 건강과 복지를 위해 비밀보장의 약속을 어기고 부모에게 알리는 경우는 윤리적 상대주의에 근거한 것이다.

(2) 윤리적 절대주의

윤리적 절대주의(ethical absolutism)는 인간이 마땅히 따라야 할 윤리가 사회나 문화에 상관없이 항상 같다는 입장으로 보편적인 도덕법에 따라 행위의 옳고 그름을 판단한다. 여기서 보편적인 도덕법은 모든 상황에서 절대적으로 적용되고 무조건 인정하며 의심할 수 없는 확실한 것을 말한다. 또한 자연법칙이나 초자연적 절대자의 속성과 같이 시대와 장소를 초월하여 모든 사람에게 보편타당하며, 선천적으로 주어진 삶의 원리를 의미한다. 어떤 행위에 대한 상황이나 그 행위의 결과와는 상관없이 보편적인 도덕 원칙에 따라 명료하게 옳고 그름을 판단해야 한다는 것이다. 이렇게 명료한 가치 판단을 가질 때 도덕적 권위가 확고해지면서 사회적으로도 질서가 확립될 수 있다고 본다(이순민, 2012).

3. 사회복지실천에서 가치갈등과 윤리적 딜레마

사회복지실천 현장에서 사회복지사가 클라이언트를 원조하는 과정에서 겪을 수 있는 다양한 가치갈등의 유형을 다섯 가지로 구분하여 살펴보면 다음과 같다(양옥경, 1993; 방미진 외, 2011; 서보준 외, 2021 재인용).

1) 가치의 상충(competing values)

사회복지사가 자주 겪게 되는 딜레마는 두 개 이상의 가치가 상충되는 경우이다. 예를 들어, 인간존엄성과 자기결정의 원리 또는 비밀보장의 원칙과 사회적 가치 사이에서 윤리적 결정을 해야 하는 경우가 발생할 수 있다. 클라이언트의 반사회적 행위를 경찰에 신고해야 하는가를 선택해야 하는 경우가 이에 포함될 수 있다.

2) 의무의 상충(competing loyalties)

사회복지사는 클라이언트, 동료, 전문직 자체, 기관 및 사회에 등에 대한 윤리적 의무 간의 가치의 상충 때문에 갈등을 경험할 수 있다. 예를 들어, 기관의 목표가 클라이언트의 이익과 위배될 때에는 윤리적 딜레마에 직면할 수 있다. 클라이언트의 이익이 최우선이라는 가치에도 불구하고 기관에 자원이 부족하기 때문에 충분한 서비스를 제공하지 못하는 경우가 많다.

3) 클라이언트 체계의 다중성(multiple client system)

누가 클라이언트인가, 누구의 이익이 최우선인가, 어떤 문제에 우선성이 있는가 또는 개입의 초점은 무엇인가 등의 클라이언트 체계, 문제나 접근방법 등이 복잡한 클라이언트의 경우, 사회복지사는 갈등하게 된다. 예를 들어, 아동학대의 문제, 심각한 부부갈등, 폭력 등의 복합적인 문제를 가진 이혼부부의 자녀 문제를 다룰 때 사회복지사는 누구의 이익을 최우선으로 고려하고 어떤 문제에 먼저 개입해야 하는가를 고민하게 된다.

4) 결과의 모호성(ambiguity)

사회복지사가 내린 윤리적 결정의 효과가 모호할 때 사회복지사는 선택의 딜레마에 봉착하게 된다. 특히 클라이언트가 아동일 때 어떻게 결정하는 것이 아이를 위해 최선인지, 앞으로 5~10년 후에도 최선일 수 있는지, 무슨 권리로 사회복지사가 아동에 대한 결정을 해야 하며, 바른 윤리적 결정이 어느 것인지가 모호한 상황에 사회복지사는 종종 봉착하게 된다. 예를 들어, 해외 입양이 아동을 위한 최선의 결정인지를 확신할 수 없기 때문에 해외 입양 담당 사회복지사는 이러한 갈등을 자주 겪게 된다.

5) 힘 또는 권력의 불균형(power imbalance)

사회복지사와 클라이언트의 관계에서 힘의 불균형이 일어나는 것은 사실이며 이러한 상황이 윤리적 딜레마를 가져온다. 클라이언트는 도움을 구하는 위치에 있으므로 전문가에게 의존하는 관계가 되기 쉽다. 따라서 사회복지사들이 클라이언트의 자기결정, 클라이언트 이익의 최우선성, 의사결정에서 클라이언트의 참여에 높은 가치를 두지만 실천과정에서 이를 충분히 반영하지 못할 경우가 있다. 예를 들어, 아동이나 지적장애 등의 요인으로 클라이언트의 능력이 제한되어 자신의 결정과 선택을 전문가에게 의존할 수밖에 없는 경우 클라이언트의 알 권리와 자기 결정권의 포기가 발생할 수 있다.

CHAPTER 02

대인관계형성 및 의사소통기술

CHAPTER 02

대인관계형성 및 의사소통기술

제1절 전문적 관계형성의 개념 및 특성

1. 전문적 관계형성의 개념

사회복지실천에서의 일반적인 관계는 클라이언트와 사회복지사 또는 사회자원들 간의 교류를 가능하게 하는 연결통로이다. 즉, 사회복지기관을 방문한 클라이언트가 일반적으로 보이는 두려움과 양가감정을 해소하기 위해 사회복지사와 상호 긍정적 신뢰관계인 라포를 형성하는 것을 전문적 관계형성이라고 말한다(서보준 외, 2021). 따라서 관계형성을 위해 사회복지사는 개방적이며 정직하고, 비심판적이며 신뢰감이 두터워야 한다. 그것은 관계형성이 긍정적이며 진솔한 상호작용 속에서 발생하기 때문이다. 그러므로 좋은 관계는 문제해결 과정을 촉진시켜 목표를 조속히 달성하게 하는 것이다(이윤로, 2007).

관계형성은 전문 사회복지사들이 원하는 결과를 성취하기 위해 활용하는 여러 가지 실천기술 가운데 하나이다. 이러한 관계형성을 통해 전문적인 관계가 성공적으로 이루어져 문제해결 과정에 생기와 뜨거운 활력을 불어넣게 되고, 자신과 타인에 대한 이해의 폭이 넓어져 모두의 가치에 대한 평가가 높아짐으로써 자신감과 능력향상을 기대할 수 있게 된다(Miller, 1976).

2. 전문적 관계형성의 특성

사회복지실천에서 사회복지사가 클라이언트의 문제에 대해 직접적으로 관여하여 문제를 원만하게 해결할 수 있도록 원조할 뿐만 아니라 클라이언트의 능력 향상을 지원하는 것으로 사회복지사와 클라이언트는 전문적인 원조관계를 맺고 있다. 따라서 사회복지사와 클라이언트와의 상담에 있어 상당히 중요한 부분이라 할 수 있는데 그 특성에 대해 구체적으로 살펴보면 다음과 같다.

첫째, 사회복지사와 클라이언트의 관계는 클라이언트의 보다 나은 적응력과 문제해결을 위해 진행되는 서로 합의된 목적이 있다.

둘째, 목적의 달성 여부에 관계없이 종결이 필요하다고 생각될 때 종결하는 등 사회복지사는 클라이언트와 구체적으로 한정된 기간(시간)을 가지고 관계를 맺는다.

셋째, 사회복지사는 자기 자신의 이익보다 클라이언트의 이익을 위해 자기 자신을 헌신하는 등 클라이언트의 욕구가 우선적이다.

넷째, 사회복지사는 특화된 지식 및 기술 그리고 전문적 윤리강령에서 비롯되는 권위를 가진다.

다섯째, 전문적 관계는 현재 진행 중인 사례에 대해 객관성을 유지하고 자기 자신의 감정, 반응, 열망을 자각하고 그 책임을 진다는 의미에서 통제된 관계라고 할 수 있다.

제2절 전문적 관계형성 기술의 기본 구성요소

사회복지실천에서 전문적 관계형성은 사회복지사가 클라이언트의 문제를 해결하기 위해 접촉하는 과정의 출발이므로 전문적 관계형성은 중요할 뿐만 아니라 사회복지사는 전문적 관계형성의 전반적인 과정에 대한 전문적 책임이 뒤따른다. 따라서 전문적 관계형성 기술을 위한 기본 구성요소는 타인에 대한 관심,

공감 및 감정이입, 헌신과 의무, 인간적 자질, 일치된 진실성, 명확한 의사소통, 권위와 권한, 인애와 존경심, 사고의 민감성, 자신을 관찰하는 능력 등의 열 가지로 구분할 수 있는데 구체적인 내용을 살펴보면 다음과 같다.

1. 타인에 대한 관심

사회복지실천에서 클라이언트에게 일어난 일에 대해 진심 어린 관심을 가지며 친절과 지지를 나타내는 태도로 타인과 교류할 수 있어야 한다. 타인에 대한 관심은 상황 속의 개인을 이해하고자 하는 진실한 바람을 전달하는 것이다(윤현숙 외, 2001). 프롬(Fromm, 1956)은 타인을 돕는 관계에서 관심이란 책임과 배려, 존중, 이해와 그들의 더 나은 삶에 대해 바라는 것이라고 하였다. 타인에 대한 관심은 단순히 좋고 싫음이 아니라 이를 초월하여 이러한 감정이 어떤 의미를 갖지 않도록 타인을 배려하는 것을 말한다.

전문 사회복지사와 클라이언트 간의 관계에서 진정한 관심은 기술과 지식 그리고 자기 자신을 실천의 도구로 활용하여 목표를 달성하고자 매진해 나아가는 것을 의미한다. 따라서 사회복지사는 창조자가 되기보다는 하나의 과정을 진행하는 매개자가 되어야 하며, 도움을 받는 사람을 상대로 이들을 존중하고 이익을 위해 봉사함으로써 그들이 진정으로 바라는 요구가 해소될 수 있도록 도와야 한다(양옥경 외, 2001).

2. 공감 및 감정이입

공감(sympathy)은 사회복지사가 클라이언트의 입장에서 클라이언트가 느끼는 감정, 사고, 행동, 동기 등과 같은 클라이언트의 경험을 민감하게 그리고 주의 깊게 이해하는 것을 말한다. 또한 공감은 클라이언트와 다르다는 점을 유지하면서 사회복지사 자신이 그러한 경우에 처했다 하더라도 클라이언트와 같은 생각이나 느낌이 들었을 것이라는 말이 아니라 자신은 비록 그렇지 않지만 클라이언트의 입장이라면 충분히 그럴 수 있을 것이라는 점을 이해하는 것이다(박병금 · 최은희, 2016).

감정이입(empathy)은 다른 사람의 감정과 경험을 이해하는 능력으로 클라이언트 내면의 느낌을 정확하게 감지하고 이해하는 것을 의미한다. 즉, 이것은 다른 사람의 감정을 느낄 수 있는 능력이며, 그 감정으로부터 분리되어 객관적인 지식을 활용할 수 있는 능력이다. 이는 클라이언트와 동일한 감정과 관심을 가지는 동정과는 다른 것이다(강선경 외, 2014).

3. 헌신과 의무

사회복지실천에서의 헌신과 의무는 원조상황에 대한 책임감을 의미하는 것인데 이것은 신뢰성과 일관성을 포함하는 개념이다. 타인과의 관계 속에서 책임감이 배제된 상태라면 결코 좋은 인간관계를 기대하기 어렵다. 따라서 사회복지사와 클라이언트가 서로 헌신과 의무를 다할 때 보다 더 긍정적인 결과를 가져올 수 있으므로 헌신과 의무는 사회복지사와 클라이언트 모두에게 중요하다.

사회복지사의 의무는 클라이언트와 관계를 맺을 때 필수적인 절차상의 조건을 최대한 준수하는 상태를 의미한다. 예를 들면, 약속된 상담 시간을 지키는 것과 클라이언트의 문제에 대해 초점을 유지하는 것 그리고 성장과 변화를 가져오는 관계를 제공하는 것이다.

의무적인 사항이 정당한 이유와 설명 없이 준수되지 않는다면 클라이언트는 사회복지사를 앞으로 신뢰하지 않을 것이고, 나아가 이들과의 관계는 불신의 관계로 변하게 될 것이다. 따라서 사회복지사는 클라이언트가 가지고 있는 내적인 문제해결을 돕기 위한 헌신적인 자세와 태도가 필요하다.

4. 인간적 자질

사회복지실천에서 사회복지사는 클라이언트를 존중하며 이해하는 마음을 가지고 공감하고 수용하며 비심판적인 태도로 클라이언트를 그대로 인정하는 것이 필요하다. 자신이 경험해 보지 못한 타인의 경험을 이해하려 노력하고, 각기 다른 가치관에 대해서 포용성을 가지며, 클라이언트의 문제해결을 위한 장기적인 목표를 가지고 이를 끈기 있게 실천해 가고, 클라이언트가 자기결정권을 스스로 행사하여 책임감을 가질 수 있도록 기다려 주는 등의 인간적인 자질을 갖추어야 한다.

5. 일치된 진실성

사회복지실천에서 진실성은 사회복지사가 자신의 있는 모습 그대로의 거짓 없고 방어적이지 않으며 일관되고 솔직하게 드러내는 태도이다. 사회복지사는 자신의 전부를 드러낼 필요는 없으나 의도적이지 않게 드러낼 때는 자신의 진짜 모습을 드러내야 한다.

일치된 진실성은 클라이언트 자신의 한계를 명확히 알고 있는 가운데 사회복지사가 전하는 질문 속에서 모호한 대답보다는 솔직하고 진실된 정보만을 답하는 것으로서 그 가치가 존중된다. 따라서 진실하거나 순수하다는 것은 가식적으로 꾸밈이 없이 표현의 솔직함이 내재되어야 한다. 그리고 일치성은 클라이언트와 사회복지사 상호 간의 말과 행동이 실제 감정과 사고에 일치되는 것을 의미한다.

6. 명확한 의사소통

사회복지실천에서의 명확한 의사소통이란 공감을 바탕으로 사회복지사가 클라이언트에게 전달하고자 하는 메시지를 충분히 이해가 되도록 명확하게 전하는 것이다. 또한 클라이언트가 가지고 있는 자신의 문제를 사회복지사에게 명확하게 이야기하는 것이 중요하다.

7. 권위와 권한

사회복지실천에서의 권위는 클라이언트와 기관에 의해 사회복지사에게 위임된 권한을 의미한다. 사회복지사는 전문가로서 지식과 경험을 보유함과 동시에 일정한 지위에 있으므로 그 영향력을 행사할 수 있는 권한을 갖게 된다(김수연, 2013).

원조관계의 권위는 사회복지기관 내에서 사회복지사의 위치와 기능으로부터 시작되는 제도이며, 클라이언트가 사회복지사에게 필요한 정보와 전문적인 조언을 구하는 등의 권위를 부여하는 심리적인 차원으로 재정리할 수 있다. 클라이언트를 돕는 원조적 관계에 있어서의 권위나 권력남용을 방지하기 위해 사회복지사는 자신의 정직한 태도가 이탈되지 못하도록 자기통제를 해야 한다. 그리고 기관의 정책과 전문가로서의 역할을 다하기 위해 명확한 지식을 갖추어야 한다. 또한 사회복지사에게 부여된 권위와 권한이 있다 하더라도 이를 어떻게 사용할 것인지에 대해 클라이언트에게 명확한 설명이 사전에 이루어져야 한다.

8. 인애와 존경심

사회복지실천에서 사회복지사의 클라이언트에 대한 인애와 존경심은 관심과 보살핌의 사고와 행위를 느끼게 하는 것이다. 이것은 사회복지사가 클라이언트 자신의 문제 또는 인생에 대하여 무엇인가 할 수 있는 능력을 가지고 있다는 것을 확신하고 있다는 감정을 클라이언트에게 전달할 수 있는 능력의 표현이다(Robert, 2000).

따라서 관계형성 과정에서 인애와 존경심은 클라이언트의 독자성과 존엄성을 수용하고 이를 전달하는 것이다. 그러므로 클라이언트의 자기결정의 권리를 지지하고 격려함으로써 결과적으로는 사회복지사에 대한 존경심이 발현되는 것이다.

9. 사고의 민감성

사회복지실천에서 사고의 민감성은 클라이언트가 무엇을 느끼고 생각하는지를 민감하게 파악하는 것이다. 여기에서 클라이언트의 감정을 관찰하고 경청함으로써 이들에게 진심 어린 관심이 조성되었을 때 사고의 민감성을 기대할 수 있다(김재선 외, 2015).

사회복지사는 클라이언트와의 관계에서 언어적 · 비언어적 표현에 특히 주의를 기울여야 한다. 그리고 이러한 표현 속에서 특정한 단서가 없다 하더라도 클라이언트의 내면세계를 느끼고 감지할 수 있는 직관 능력이 필요하다. 그 이유는 사회복지사로서 선입견과 고정관념의 구조(틀)에서 벗어나 클라이언트의 감정과 사고에 자신을 투입시켜 그들이 처한 내면의 세계를 보다 상세하게 파악할 수 있기 때문이다.

10. 자신을 관찰하는 능력

사회복지실천에서 자기를 관찰하는 능력은 자신의 목표에 대해 깊이 생각하는 가운데 스스로 믿고 존중하며 자기 자신을 복잡한 개입 활동의 한 부분으로 관찰할 수 있는 능력을 의미한다. 즉, 자신을 관찰하는 능력에는 평소 인정하고 싶지 않은 자신의 모습이 발견되더라도 두려워하거나 왜곡하지 않는 절대적 용기가 필요하다.

사회복지사는 자신의 요구에 대한 인식과 자신의 내면에서 작용하는 여러 성격유형들을 처리할 수 있는 능력 그리고 사실을 명확하게 인식하고 솔직한 관계를 형성하기 위해 자신의 한계를 극복할 수 있는 능력을 함께 배양해야 한다.

제3절 전문적 관계형성 기술의 기본원칙

비에스텍(Biestek, 1957)은 사회복지실천에서 관계를 사회복지사와 클라이언트 간의 감정과 태도의 역동적인 상호작용이라고 정의하였다. 사회복지사가 클라이언트를 원조하는 과정에서 지켜야 할 7대 원칙은 다음과 같다(서보준 외, 2020).

1. 개별화(Individualization)

이 원칙은 클라이언트 개개인의 독특한 자질을 알고 이해하는 일이며, 보다 나은 적응을 할 수 있도록 개개인을 도와줌에 있어서 각 클라이언트가 처한 상황에 따라 상이한 원리나 방법을 활용하는 것이다. 개별화는 인간은 개별적 존재이며 한 사람의 불특정한 인간으로서가 아니라 다른 사람들과 똑같지 않은 그 나름대로의 차이를 지닌 특정한 인간으로서 처우되어야 한다는 것을 중요한 원칙으로 하고 있다. 개별화를 위해서 사회복지사는 편견이나 선입관에서 벗어나야 하며, 인간행동에 관한 지식에 정통해야 한다.

2. 의도된 감정표현(Purposeful Expression of Feelings)

이 원칙은 자기감정, 특히 부정적 감정을 자유로이 표현하려는 클라이언트 욕구에 대한 인식에서 출발한다. 사회복지사는 의도적으로 경청하여야 하며, 그의 감정표현을 낙담시키거나 비난하지 말아야 하고, 치료하는 과정상 필요할 경우에는 자극을 주고 격려해 주어야 한다. 그러므로 치료하는 과정상 필요하다고 판단할 때에는 클라이언트가 자기의 감정을 적절히 표현할 수 있도록 적극적으로 격려하고 자극할 필요가 있다.

3. 통제된 정서적 관여(Controlled Emotional Involvement)

이 원칙은 클라이언트와의 면접은 주로 정서적인 면에 관계되고 있기 때문에 사회복지사는 클라이언트에게 자기감정을 말로써 표명하도록 권고하였다. 사회복지사는 이들 감정에 호응하기 위해 정서적으로 관여하게 되는데, 이 관여는 통제되는 것으로 케이스의 총체적 목적에 따라, 클라이언트 욕구 변화에 따라 또는 사회복지사의 전진적 · 진단적 사고에 따라서 그 방향이 설정되어야 한다는 것이다. 그러기 위해서 사회복지사는 자기훈련을 통해 자신의 욕구와 감정을 자각하고 이를 관리함으로써 클라이언트의 감정을 왜곡되게 이해하지 않도록 주의해야 한다.

4. 수용(Acceptance)

이 원칙은 사회복지사가 클라이언트의 강점과 약점, 바람직한 성격과 그렇지 못한 성격, 긍정적 감정과 부정적 감정, 건설적이거나 파괴적인 태도 및 행동 등을 그대로 인정하고 존중해 주는 것을 말한다. 클라이언트는 사회복지사가 호감을 가질 수 있는 사람일 수도 있지만 단점이 많은 미성숙한 사람일 수도 있다. 강간범이나 아동학대범, 상습적 마약중독자, 파렴치한 채무자 등 사회복지사가 관계하는 클라이언트는 항상 완성된 인격체와 애정 어린 성향을 지닌 사람들이 아닐 수도 있다. 그러나 '수용'한다는 것이 클라이언트의 일탈적 태도나 행동을 '시인'한다는 것을 의미하지는 않는다. 그들의 부도덕하고 반사회적 행동을 받아들인다는 의미는 더더욱 아니다.

사회복지사는 윤리와 법, 전문적 가치 등에 의거하여 바람직한 것과 수용할 수 있는 것에 대한 기준을 가지고 있는 것이 당연하며, 사회복지사의 역할은 클라이언트를 바람직하다고 수용할 수 있는 상황으로 발전할 수 있도록 돕는 것이다. 따라서 클라이언트에 대한 관심과 따뜻한 마음, 정중한 태도, 경청하는 자세 등을 가지고 중립성을 유지하려는 의지가 요구된다.

5. 비심판적인 태도(Non-judgment Attitude)

이 원칙은 클라이언트의 문제나 욕구발생의 원인에 대해서 클라이언트 자신이 책임이 있는지 없는지, 혹 있다면 어느 정도인지 등을 지나치게 단정적으로 표현해서는 안 된다는 것이다. 왜냐하면 도움을 구하러 오는 클라이언트들은 대부분 심판을 받지 않을까 하는 두려움을 가지고 오는 경우가 많기 때문에 비판에 극도로 민감하기 때문이다. 이처럼 민감한 상태에 있을 경우 대부분의 클라이언트들은 자기방어적인 태도를 취하는 경우가 많다. 비판을 받을 위협을 느끼지 않을 때, 클라이언트는 사회복지사에게 신뢰감과 자존감을 가지고 자기 자신을 있는 그대로 표현할 수 있으며, 진정한 자신의 욕구와 문제를 자유로이 토의할 수 있다. 그러나 클라이언트의 태도, 행동, 가치, 기준 등에 대해 평가적 판단을 내리는 것은 필요하다. 이것은 클라이언트를 비판하기 위해서가 아니라 클라이언트를 이해하기 위해서이다. 사회복지사가 클라이언트에 대해 비심판적 태도를 지니고 있음을 전달하는 것은 매우 중요한데, 이를 위해서 사회복지사는 선입관이나 성급한 결론 유도, 문제의 유형화 등을 배제해야 한다.

6. 자기결정(Self-determination)

이 원칙은 사회복지실천 과정에서 클라이언트가 스스로 선택하고 결정을 내릴 수 있는 자유로운 권리와 욕구를 가지고 있다는 점을 인식하는 것을 말한다. 이에 따른 사회복지사의 임무는 클라이언트로 하여금 필요한 제반 자원을 발견, 활용할 수 있도록 도와주는 것이다.

〈표 2-1〉 비에스텍의 7대 원칙

클라이언트의 욕구	사회복지사의 반응 (7대 원칙)	내 용
1. 개별적인 인간으로 대우받고 싶은 욕구	1. 개별화	각 클라이언트가 개별적인, 독특한 특성을 가지고 있다는 것을 인정하고 이해하여 개별 클라이언트를 원조하는 내용과 방법, 과정에서 개별적으로 다루어야 한다는 원칙
2. 감정을 표현하고 싶은 욕구	2. 의도된 감정표현	클라이언트가 감정을 표현하고 싶은 욕구를 인식하여 클라이언트가 자신의 감정을 자유롭게 표현하도록 도와주는 것
3. 문제에 대해 공감적 반응을 얻고 싶은 욕구	3. 통제된 정서적 관여	클라이언트의 감정에 민감성을 가지며, 그것의 의미에 대해 이해하고, 클라이언트의 감정에 대한 의도적이고 적절한 반응을 하는 것
4. 가치 있는 인간으로서 인정받고 싶은 욕구	4. 수용	클라이언트를 있는 그대로 이해하는 것
5. 심판받지 않으려는 욕구	5. 비심판적인 태도	문제의 원인이 클라이언트의 잘못 때문인지 아닌지, 어느 정도 클라이언트에게 책임이 있는지 등을 심판하지 않으며, 클라이언트의 특성 및 가치관을 비난하지 않는 것
6. 스스로 선택하고 결정을 내리고 싶은 욕구	6. 자기결정	클라이언트가 모든 의사결정 과정에 참여하여 스스로 선택하고 결정하는 자유를 누리게 하는 것
7. 자신의 비밀을 지켜주기를 바라는 욕구	7. 비밀보장	클라이언트가 전문적 관계에서 노출한 정보를 사회복지사가 전문적 치료목적 외에 타인에게 알려서는 안 된다는 원칙

출처 : Biestek(1957).

7. 비밀보장(Confidentiality)

이 원칙은 전문적 원조관계를 통해 알게 된 클라이언트에 관한 정보를 사회복지사가 누설하지 않는다는 것을 의미한다. 사회복지사는 자신을 믿고 도움을 요청한 클라이언트의 비밀을 지켜줄 윤리적 의무가 있다. 비밀보장에 대한 믿음이 없다면 사회복지사와 클라이언트 사이에 신뢰관계는 형성될 수 없으며 효과적인 결과도 기대할 수 없다. 이와 같은 클라이언트의 권리는 절대적인 것만은 아니다. 가끔 클라이언트의 비밀을 사회복지기관 내에서나 다른 기관의 사회복지사에게 밝혀야 할 경우가 있는데, 이 상황에서는 관련된 모든 관계자에게 비밀보장의 의무가 확대 · 적용된다.

제4절 전문적 관계형성의 방해요인

전문적 관계형성에 방해되는 요인으로는 사회복지사의 문제와 클라이언트의 문제 등의 두 가지로 나누어 살펴볼 수 있는데 구체적인 내용을 살펴보면 다음과 같다.

1. 사회복지사의 문제

1) 부정적 감정을 초래하는 행동

사회복지사가 클라이언트를 무시하거나 비난 또는 비방으로 느껴지게끔 행동할 때, 클라이언트가 경험하는 중요한 감정을 인식하지 못할 때, 클라이언트가 성장해 나가고 있음을 자각하지 못할 때 사회복지사와 클라이언트와의 전문적 관계형성은 큰 어려움에 직면하게 된다.

2) 경험이 적거나 병리적인 사회복지사

사회복지사의 독선적이거나 나쁜 인품, 클라이언트를 판단하고 지배하려고 하는 태도, 클라이언트와의 약속을 어기거나 습관적으로 늦는 행동, 성적으로 난잡하거나 클라이언트를 동정적으로만 보는 행동, 그리고 클라이언트의 요구에만 집중하여 현실반영은 생각하지 못하는 계획 등이 사회복지사와 클라이언트 상호 간의 신뢰와 더불어 전문적 관계형성에도 부정적인 영향을 미친다.

2. 클라이언트의 문제

1) 신뢰문제(불신)

사회복지사와의 관계 이전에 중요한 다른 관계에서 비롯되는 경우가 많다. 클라이언트가 지금까지 살아온 과정에 따라서 편차가 심하게 나타날 수 있으며, 사람과의 관계에서 상처받고 비난과 거부 등의 경험이 많을수록 미리 방어적 태도를 보이기에 자기노출을 하지 않고 변화를 기대할 수 없게 된다.

2) 저항반응

저항은 사회복지사와 클라이언트의 관계에서 변화를 방해하는 힘으로 사회복지사의 개입목표와 반대되는 클라이언트의 무의식적 행동이라고 할 수 있다. 저항의 유형은 다음과 같다.

(1) 침묵

경험이 적은 사회복지사가 대처하기 가장 힘들어하는 저항의 형태로 갑자기 '말을 하지 않거나 말하고 싶지 않다', '할 말이 생각나지 않는다'는 등의 대화를 거부하는 형태이다.

(2) 핵심에서 벗어난 주제 말하기

주제에서 벗어난 이야기는 장황하게 잘 말하다가 핵심적인 주제에 대한 이야기는 생략하고 넘겨버리는 것을 말한다. 갑자기 중요한 이야기가 생각났다고 하며 다른 이야기를 하거나 주변 이야기에서만 맴도는 식으로 중요하거나 고통스러웠던 기억을 회피한다.

(3) 무력함의 표시

'잘될 수가 없다', '해봐도 아무 소용없다', '내가 그렇지 뭐'라는 식의 표현을 하며 변화에 대한 무력함을 보인다. 이러한 클라이언트의 무력한 반응은 사회복지사까지 무력하게 만들 수 있다.

(4) 문제의 축소 또는 마술적 해법 기대

'시간이 약이다', '별로 심각한 거 아니다', '어떻게든 되겠지'의 반응으로 클라이언트가 문제에 직면하지 않음으로써 변화에 대한 노력을 하지 않고, 해결을 원하는 마음만 있는 형태이다.

(5) 저항 심리를 행동으로 나타내기

면담에 결석하거나 지각하기, 면담시간에 하품을 하며 지루해하거나 안절부절 못하며 집중하지 못하는 행동을 통해 변화를 거부하는 행동을 보인다.

3) 전이반응

전이는 클라이언트가 어린 시절의 누군가에 대한 바람, 원망, 사랑, 두려움의 감정들을 사회복지사에게 보이는 것이다. 클라이언트가 이전 경험을 토대로 현재 경험을 과도하게 일반화해서 왜곡된 인식을 가지게 될 수 있다. 대인관계에서 어려움을 찾아내지만 치료적 관계에서 성장을 위한 기회를 나타내기도 하는 것이 전이반응이다.

전이반응은 상황에 맞지 않는 비현실적 왜곡을 낳아 클라이언트가 변화에 대한 강한 저항을 일으킬 수 있고, 부정적 전이는 물론 긍정적 감정도 변화를 일으키지 못하게 된다.

4) 역전이

전이가 클라이언트가 사회복지사에게 나타내는 것이라면 역전이는 사회복지사가 클라이언트를 마치 자신의 과거 어떤 인물처럼 느끼고 무의식적으로 그렇게 반응하는 것이다. 클라이언트와의 관계가 모호할 경우에 특히 이러한 역전이를 조심해야 한다.

5) 비자발성

비자발성을 보이는 클라이언트는 변화의 동기가 없고, 타인에 의해 전문적 도움을 받도록 강요받은 사람들에게 주로 나타난다. 개입과정에서 불만과 적대감을 표현하기 쉽기 때문에 이러한 문제가 나타날 때 사회복지사는 자신의 선입견을 버리고 추궁하는 듯한 느낌이 전달되지 않도록 주의해야 한다.

제5절 의사소통의 개념 및 기본요소와 응용

사회복지실천 현장에서 사회복지사와 클라이언트의 관계형성은 매우 중요하다. 이처럼 관계를 잘 형성하기 위해서는 사회복지사와 클라이언트 간의 효과적인 의사소통이 필수적이라 할 수 있을 것이다. 의사소통의 개념에 대해 여러 학자들의 정의를 살펴보면 다음과 같다(서보준, 2017).

1. 의사소통의 개념

의사소통(communication)이라는 용어는 원래 라틴어의 communis(공유) 혹은 communicare(공동체)라는 단어를 어원으로 하며, 마음의 결합, 공유의 상징이 성립함을 의미하고 상호 간의 이해를 실현시키는 것이다(김은혜, 2013). 즉, 인간관계에서 가장 보편적이고 기본적인 것이며 관계를 형성하고 유지하는 상호 방향적 과정이며, 유기체들이 기호를 통하여 서로 정보나 메시지를 전달하고 수신하여 서로 공통된 의미를 수립하고, 나아가서는 서로의 행동에 영향을 미치는 과정 및 행동이라고 정의하였다(Galvin & Brommel, 1986b).

사티어(Satir, 1983)는 의사소통을 상호작용(interaction)과 교류(transaction)를 의미하는 것으로서, 의미를 교환할 때 사람들에 의해 사용되는 온갖 상징과 행동적 암시를 내포하고 있다고 정의하고 있다.

또한 마이어스와 마이어스(Myers & Myers, 1973)는 의사소통은 한 개인의 인간성을 발전시킬 뿐 아니라 타인과의 관계를 발전시키며, 자극과 반응, 송신자와 수신자, 메시지, 기호화과정, 해독과정, 피드백, 자각, 자기표현 등으로 구성된 인간관계의 매개체라고 하였으며, 그로스, 크랜달과 놀(Gross, Crandall & Knoll, 1980)은 의사소통이란 사람들 간에 믿음, 생각뿐 아니라 감정, 태도까지 전달하는 정서적 과정으로 상호대화를 통해 서로에게 영향을 주고 서로를 이해하는 모든 수단을 포함한다고 하였다.

한편 라자루스(Lazarus, 1976)에 따르면 메시지 전달에서 말이 차지하는 비중이 7%, 목소리(음조, 억양, 크기) 등 반언어적 표현이 38%인 데 비해 비언어적인 표현이 55%에 달한다고 하였다. 비엔베누와 맥클레인(Bienvenu & McClain, 1970)도 언어적인 것과 비언어적인 것을 포함하고 있는 의사소통은 서로를 이해하고 다른 사람의 관점에서 문제와 차이점을 보기 위해서 감정과 의미들을 교환하는 것이라고 하였으며, 쿨리(Cooley, 1956)는 의사소통을 인간관계를 성립시키며 발달시키는 체제로서 정신의 모든 상징을 공간과 시간을 초월하여 보존시키는 수단이라 하였다(조미연, 2012 재인용). 따라서 의사소통의 과정에서는 언어적인 메시지도 중요하지만 비언어적인 메시지의 중요성도 간과할 수 없다.

의사소통에 대한 국내 학자들의 정의를 살펴보면 민하영(1991)은 의사소통이 둘 이상의 사이에 생각, 느낌, 의견뿐만 아니라 서로의 감정 교환을 통해 공통적인 이해를 찾고 의식과 태도 및 행동의 변화가 일어나게 되는 과정이라고 하였으며, 최홍규(2000)는 상호 간의 의사소통을 통해 타인을 이해할 뿐만 아니라 자신을 명확하게 파악할 수 있는 기회 및 사회의 구성원으로서의 친밀한 인간관계를 형성해 나가는 과정으로 정의하였다. 또한 백경미(2007)는 의사소통은 서로에 대해 이해하고 영향을 미치는 과정으로서 생각, 감정, 사실, 정보, 태도, 의견 등을 교환하는 언어적 · 비언어적 메시지라고 정의하였다.

2. 의사소통의 기본요소

좋은 의사소통은 잘 귀담아듣기(공감), 효과적인 자기표현(주장), 존중하기의 세 가지 요소가 필요하다. 즉, Empathy(공감), Assertiveness(주장), Respect(존중)이다. 한편 나쁜 의사소통은 귀담아듣지 않기, 자기감정 나타내지 않기, 배려나 존중심을 보이지 않기 등이다. 좋은 의사소통의 세 가지 요소인 EAR에 대해 구체적인 내용을 살펴보면 다음과 같다(David D. Burns, 2015).

1) Empathy(공감)

공감이야말로 좋은 의사소통의 첫 번째 특징이다. 공감이란 다른 사람의 눈으로 세상을 듣고 보려는 태도를 의미한다. 대부분의 사람들은 귀담아듣는 일을 제대로 하지 못한다. 대부분의 사람들은 일단 화가 나면 상대방의 말과 감정을 인정하지 않을 뿐만 아니라 상대방의 말에 일말의 진실이 있는지 들여다보려 하지 않는다. 그 대신 상대방이 틀렸다고 우기며 자기 자신을 방어한다. 이런 상황에서 상대방의 비판이 부당하고 상대방의 관점이 자신과 다를지언정, 그 사람의 말에서 일말의 진실을 찾아내는 것이 공감이다. 또한 상대방의 말에 입각해서 그 사람의 생각과 감정을 인정해 주는 것이 필요하다.

2) Assertiveness(주장)

좋은 의사소통의 두 번째 특징은 자기주장(표현)이다. '내 기분은 ~해'라는 말로, 즉 '나는 지금 조금 마음이 우울해' 혹은 '답답해'라는 말로써 자신의 감정을 직접 솔직하게 표현하는 것이다. 자기를 표현할 때는 다른 사람이 무시당한다거나 위축되거나 면박당하는 느낌이 들지 않도록, 자신의 감정을 요령 있게 잘 전달하는 것이 중요하다.

3) Respect(존중)

좋은 의사소통의 세 번째 특징은 존중이다. 상대방이 조금 힘들고 답답하며 어렵게 다가와도 친절과 보살핌, 존중의 자세로 다른 사람을 대해주는 것이다. 이와 반대로 나쁜 의사소통은 마치 상대방을 싸워 이겨 모멸감을 주거나 적대적이며 경쟁적인 태도로 대하는 것이다.

앞서 언급하였듯이 언어적 발달보다 비언어적 전달이 주는 영향력은 더 크며, 그 비언어적 메시지는 비의도적 내지는 본능적으로 이루어지는 경우가 많기 때문에 내면의 의미를 잘 드러내 준다고 할 수 있다.

또한 의사소통을 하는 데 있어 공감, 주장, 존중은 가장 중요한 요소라 할 수 있는데 이를 실천하는 것은 쉬운 일이 아니다. 사회복지사와 클라이언트가 비의도적으로 전달하는 비언어적 메시지는 두 사람 간의 의사소통 및 관계형성에 중대한 영향을 미친다는 점을 인식하면서 공감하고 존중하는 자세로 의사소통할 필요가 있다고 보인다.

〈표 2-2〉 좋은 의사소통과 나쁜 의사소통 비교

구 분	좋은 의사소통	나쁜 의사소통
E=공감	상대방의 감정을 인정하고 그 사람의 대화(말) 속에서 일말의 진실을 찾는다.	상대방의 감정을 인정하지 않으며, 그 사람의 대화(말) 속에 일말의 진실이 담겨 있는지 찾으려 노력하지 않는다.
A=자기표현	'내 기분은 이렇다'라고 말함으로써 자신의 감정을 직접 솔직하고 요령 있게 표현한다.	방어적인 태도로 말싸움을 벌이거나 상대방을 공격한다.
R=존중	상대방 때문에 속상하고 짜증나더라도 배려와 존중심을 보여준다.	상대방을 무시하거나 차갑고 경쟁적이며 생색내는 태도로 대한다.

3. 의사소통 기술의 응용

우선 의사소통 기술은 효과적인 의사소통 기술, 의사소통을 위한 자기표현, 비언어적 의사소통 기술 등의 세 가지로 나누어 볼 수 있는데, 구체적인 내용을 살펴보면 다음과 같다(이재선 외, 2016; 전희수 외, 2018).

1) 효과적인 의사소통 기술

의사소통이 효과적으로 진행되기 위해서는 말하는 사람의 신체언어 및 전달하고자 하는 메시지 등에 대한 명확한 관찰과 경청의 자세가 필요하다고 할 수 있다.

따라서 사전준비 및 예측기술, 메시지를 계획하는 기술, 자신을 소개하는 기술, 의사소통의 목적 설명과 비언어적 도구를 염두에 둔 기술, 메시지 수신 및 질문 응답과 단어의 의미를 확인하는 기술 등이 필요하다.

(1) 사전준비 및 예측기술

효과적인 의사소통의 방법을 통한 사전준비 및 예측기술에는 먼저 감정이입을 하도록 하며, 장애물을 의식하고 피드백을 주고받는 것이 있다. 또한 상대방의 말을 경청하되 권력과 조작에 의한 전달을 피하고 일대일로 의사소통하면서 상대방을 수용하고자 하는 노력과 함께 자기 자신과 상대방을 신뢰하는 것이 중요하다.

(2) 메시지를 계획하는 기술

사회복지실천에서 사회복지사가 더욱 효과적인 의사소통을 하는 데 도움을 주는 기술들은 다음의 질문을 통해 메시지에 대한 계획을 수립할 수 있다(윤선오 · 김현진, 2016; 전재일 외, 2010).

첫째, 어느 정도의 시간을 메시지 전달에 사용할 수 있는가?

둘째, 내가 전달하고자 하는 메시지의 핵심적인 내용은 무엇인가?

셋째, 나의 메시지 가운데 어느 부분이 오해의 소지가 있으며 혼란스러운가?

넷째, 나의 메시지를 상대방이 잘 이해하고 받아들일 수 있도록 어떻게 조작할 것인가?

다섯째, 나의 메시지를 받는 사람이 언제, 어디에서 관심을 가장 잘 기울일 것인가?

여섯째, 나는 이 메시지를 전달할 신뢰성과 지위를 가지고 있는가?

일곱째, 다른 사람이 메시지를 전달하는 것이 좋은가?

(3) 자신을 소개하는 기술

효과적인 의사소통에서 의미 있는 의사소통의 중요성은 사회복지사가 자신을 소개하는 것이 첫 과정에서 초점으로 언급되어야 한다. 여기에서 자신은 누구이고 원하는 메시지나 정보의 교환에서 역할 또는 책임이 무엇인지를 간단하게 묘사할 수 있어야 한다(최미영 외, 2009).

(4) 의사소통의 목적 설명과 비언어적 도구를 염두에 둔 기술

의사소통의 목적을 설명하는 기술은 전달자가 메시지를 전달하는 이유를 언급하는 것으로 이를 통해 수신자가 메시지를 적절한 맥락에서 파악할 수 있다(황철수 외, 2010). 비언어적 의사소통을 염두에 두는 기술은 수신자가 메시지에 동의하고 있지 않음을 비언어적 의사소통을 통하여 전달할 때 이를 염두에 두고 반응하는 시도가 필요하다.

(5) 메시지 수신 및 질문 응답과 단어의 의미를 확인하는 기술

메시지 수신을 확인하는 기술은 수신자가 송신자의 메시지를 완전히 그리고 정확하게 받아들였는지를 확인하기 위해 다양한 질문과 탐색을 할 수 있다. 질문에 응답하는 기술은 질문에 대해 부합된 응답을 직접적으로 분명하게 답하는 것인데 어떻게 보면 단순해 보이지만 사람들은 종종 질문을 제대로 듣지 못하는 경우가 있다(김정진, 2008).

단어의 의미를 확인하는 기술은 사람들이 단어나 말을 서로 다른 방법으로 사용하기 때문에 의사소통의 문제가 대두되는 경우가 많다. 따라서 의사소통을 하는 사람들이 주요 단어들을 같은 의미로 생각하고 있는지 확인하기 위한 질문이 필요하다.

2) 의사소통을 위한 자기표현

(1) 자기표현적 사람의 특징과 표현방법

자기표현적 사람의 특징은 자기의 생각을 전달하고, 의견표현을 두려워하지 않는 특징이 있다. 또한 요청이나 설명을 할 줄 알며, 항상 감정표현을 적절하게 할 줄 아는 특징이 있다. 그리고 자신감이 있으며 자신의 두려움을 다스릴 수 있는 용기와 자부심이 강한 특징을 가지고 있다.

자기표현의 방법은 다음과 같다(윤선오 · 김현진, 2016).

첫째, 자기표현을 할 때는 상황에 따라서 구체적으로 한다.

둘째, 상대방의 인격이나 입장, 감정을 충분히 고려하면서 솔직히 상대에게 직접 자신의 권리를 자기표현식으로 주장한다.

셋째, 말소리는 분명하게 하되 적당히 큰 목소리로 안정된 태도로 말하고, 상대의 시선을 피하지 않으며 자신 있게 말한다.

넷째, 나의 생각을 자기표현으로 주장하는 것만이 능사가 아니기 때문에 항상 자기표현으로 주장할 필요는 없다.

다섯째, 불안을 느낄수록 주장하는 데 곤란을 느끼게 된다. 그러므로 처음에는 불안을 덜 느끼는 이야기부터 시작하는 것이 좋다.

여섯째, 자기표현적 주장하기를 통해 자신이 원하는 바가 이루어지기도 하고, 그렇지 못하기도 하기 때문에 설령 구체적인 소득이 없더라도 노력해 보았다는 자체에 만족을 얻을 수 있는 것이다.

일곱째, 설득적 행동에 타인에 대한 좋은 점을 이야기하는 것도 포함되며, 새로운 것을 시도하는 것에 대해 처음에는 다소 불편하고 이상하게 보일지 모르나 인내심을 가지고 행동하면 점점 쉽고 자연스러워진다.

(2) 자기표현으로 기대되는 효과

의사소통 향상을 위해 자기표현을 함에 있어서 기대되는 효과는 다음과 같다.

첫째, 개인성장 및 상호성장, 스트레스 대응능력 증대를 기대할 수 있다.

둘째, 문제해결의 열쇠로서 활용되며, 사회생활에 대한 긍정적인 태도를 가질 수 있다.

셋째, 상호자존심이 높아짐과 동시에 자기 문제영역을 검토할 수 있는 기회를 가질 수 있다.

(3) 나-전달법과 너-전달법

① 나-전달법

나-전달법(I-message)은 나를 주어로 하는 표현으로 상대방의 구체적 행동과 그 영향을 비난적이지 않은 방법으로 전달하는 메시지 구조형태이다. 나-전달법은 문제행동의 책임을 묻는 대신 최종 결정권을 상대방에게 남겨 두기 때문에 감정이 실린 강한 어조로 표현을 하더라도 방어적이지 않게 한다. 나-전달법은 크게 네 부분으로 구분할 수 있는데 구체적인 내용은 다음과 같다(임철일·최정임, 2004).

첫째, 문제가 되는 특정 행동에 대한 구체적이고 분명한 묘사

둘째, 그 행동으로 인해 내가 경험하는 감정

셋째, 그 행동이 내게 미치는 명백한 영향

예 ① 나는 네가 오늘도 약속한 시간에 나타나지 않고 30분이나 늦어서(구체적 행동), ② 정말 난감하고 당황했어(감정), ③ 나 혼자 기다린 것도 아니고 여러 사람들이 일정을 재조정해야 했거든(명백한 영향).

이때 나-전달법은 상대방이 문제를 스스로 해결할 수 있도록 돕는 기본적 의사소통 기술이다. 경우에 따라서는 상대방이 불쾌감을 느끼지 않게 하면서 그 행동에 영향을 줄 수 있도록 나의 요구나 바람을 솔직하게 첨가하여 전달할 수도 있다.

넷째, 나의 요구나 바람

예 나는 네가 여러 가지 준비를 하느라 시간이 촉박했을 건 이해가 가지만 기다리는 다른 사람들의 시간도 똑같이 중요할 거라는 걸 고려해서 약속 시간을 지켜주었으면 좋겠어(나의 요구)

② 너-전달법

너-전달법(You-message)은 일상적으로 널리 사용되고 있는 메시지 전달법으로 나-전달법과 달리 상대방의 기분을 상하게 하거나 방어적이게 만든다. 구체적인 예는 다음과 같다(임철일 · 최정임, 2004).

① 넌 좀 솔직해질 필요가 있다.

② 넌 어째 그 모양으로 생겨 먹었냐.

③ 야! 너 제발 말 좀 들어라.

④ 너 밤늦게까지 돌아다니지 말고 일찍 좀 들어와라.

⑤ 그렇게 이상한 행동만 할 거면 넌 도대체 학교를 왜 다니는 거냐.

⑥ 너 약속 시간 꼭 지켜라.

⑦ 야! 너 제발 좀 늦지 마라.

⑧ 넌 어쩜 그렇게 네 멋대로 행동하냐.

연습문제

다음의 보기를 읽고 어머니의 입장에서 나-전달법과, 너-전달법으로 표현해 봅시다.

보기
어머니가 퇴근하고 현관문 안으로 들어서는데, 기다리고 있던 아이가 무언가를 요구하려고 한다.

- 어머니의 너-전달법 표현 :
- 어머니의 나-전달법 표현 :

다음의 보기를 읽고 친구에게 나-전달법과 너-전달법으로 표현해 봅시다.

보기
친구와 같이 사회복지기관에 자원봉사 가기로 했는데 휴대전화도 되지 않고 아무 연락도 없이 만나기로 한 약속 시간에 한 시간이 넘도록 나타나지 않았다.

- 친구에게 말하는 너-전달법 표현 :
- 친구에게 말하는 나-전달법 표현 :

3) 비언어적 의사소통 기술

(1) 얼굴표정

얼굴표정에 온화함과 관심을 반영하며, 적당하게 다양하고 생기 있는 얼굴표정을 지으며 편안한 입 모양을 보인다. 예를 들면, 미소를 짓는 등의 표정은 말로써 전달하고자 하는 의미를 더욱 분명하게 하는 효과적인 의사소통수단이나 주의할 점은 말과 표정의 두 가지 의사소통수단이 서로 다른 메시지를 전달하는 일이 없도록 해야 한다는 것이다.

(2) 자세

클라이언트와 사회복지사 상호 간에 비추어지는 자세는 비언어적 의사소통에서 중요한 요소 중에 하나라 할 수 있다. 딱딱하거나 어수선한 자세보다는 단정하고 겸손한 자세가 관계형성에 보다 효과적으로 작용할 수 있고, 전체적으로 편안하고 적절한 몸짓과 그에 따른 바른 자세는 바람직한 의사소통으로 이어질 수 있다. 클라이언트에게 약간 기울인 듯한 자세는 관심과 수용의 자세를 표현하는 좋은 자세라 할 수 있다.

(3) 신체적 근접성

클라이언트와 사회복지사 상호 간에 마주하는 각도는 90도, 즉 대각선 방향으로 대하는 것이 상호 간에 보다 편안하고 개방성과 안정감을 주는 위치라 할 수 있다. 책상을 가운데 두고 클라이언트를 정면으로 마주보는 것은 공격적으로 보이기 쉽고 클라이언트로 하여금 폐쇄적으로 대처하게 하는 원인이 될 수도 있다. 이런 신체적 근접성 형태는 친밀성에 방해되기 쉽고 사회복지사의 우월성으로 비춰지기도 하기 때문에 관계형성에 부정적인 영향을 미칠 수 있다. 의자 사이는 1~1.5m 정도의 거리를 두는 것이 바람직하며, 클라이언트에게 약간 기울인 듯한 자세는 관심과 수용의 자세를 표현하는 좋은 자세라 할 수 있다.

(4) 몸동작

손과 팔, 다리의 움직임은 의사소통 수단 중에 중요한 부분이다. 다리를 꼬거나 팔짱을 끼는 것은 방어적인 태도를 보이고, 양옆으로 내려뜨리거나 앞으로 뻗친 팔은 다른 사람에게 개방적인 태도를 보인다. 주먹 쥔 손은 분노나 불안을 의미하기도 하고 손가락과 발을 많이 움직이는 것은 초조하거나 인내할 수 없는 상황에서 많이 보이는 동작이다. 팔과 손은 적절한 움직임으로 겸손하게 표현하고 편하게 동작한다.

(5) 옷차림과 외양

입는 옷과 머리 스타일 등도 중요한 비언어적 의사소통수단 중의 하나이다. 사회복지사의 옷차림과 외양은 인상을 결정짓고 이 인상이 사회복지서비스 결과에도 영향을 미치기 때문이다. 이에 대한 일정한 기준이 있는 것은 아니지만 단정하고 조금은 점잖은 스타일이 어느 기관이나 클라이언트에게도 무난한 복장이라 할 수 있다.

(6) 목소리

목소리는 감정을 즉각적으로 드러낸다. 크고 강한 어조의 목소리는 적극성, 통제력, 강함을 드러내며 온순하고 겨우 들릴 듯한 목소리는 위축감, 두려움, 약함을 표현한다. 단조로운 어조는 무관심과 흥미 없음을 의미하기도 한다. 목소리는 들을 수 있지만 크지 않게 따뜻한 어조의 목소리로 클라이언트의 메시지 뉘앙스와 감정적 어조를 반영하는 목소리가 바람직하다고 할 수 있다. 이와 같이 목소리가 전달하는 의미는 매우 다양하므로 사회복지사는 자신의 어조를 잘 활용할 줄 알아야 한다.

(7) 시선

시선은 중요한 의사소통 방법 가운데 하나이다. 클라이언트와 직접적인 시선 접촉을 통해 사회복지사가 클라이언트에게 관심을 가지고 경청하고 있으며, 대화에 적극적으로 임한다는 메시지를 전달함으로써 클라이언트와의 관계 수립에 도움이 된다.

CHAPTER 03

면접기술

CHAPTER 03

면접기술

제1절 면접의 개념 및 목적과 특성

1. 면접의 개념

일반적으로 면접이라 하면 최소한 두 사람 이상이 특정한 목적을 가지고 함께 대화를 나누는 것이다. 즉, 언어적 · 비언어적 의사소통의 다양한 방식 중 하나이며, 특별한 의사소통 방식이라 할 수 있다.

사회복지실천에서 이루어지는 면접은 전문적 관계에 바탕을 두고 정보수집, 과업수행, 클라이언트의 문제나 욕구 해결 등과 같은 목적을 수행하는 시간 제한적인 의사소통 방법이다. 또는 인간의 행동과 반응에 대한 전문적 지식과 인간관계의 기술을 갖춘 사회복지사가 클라이언트와 그의 문제를 이해하고 원조한다는 목적으로 의도적으로 이끌어 나가는 전문적 대화이다(생각의마을, 2022).

또한 면접은 전문적 기술이지만 사회복지사의 창의적 방법이 통합되는 예술이라고 말할 수 있다. 모든 면접은 목적을 가지고 있고 분야에 따라 구체적 기술이 적용된다. 따라서 모든 사회복지사는 자신에게 적절한 스타일의 면접기술을 발달시켜야 한다. 효과적인 면접에 영향을 미치는 사항들을 살펴보면 다음과 같다 (Brown et al., 1992; 서보준 외, 2021 재인용).

① 사회복지사의 자기인식 정도
② 주고받는 심리에 대한 고유한 역동성을 이해하는 것
③ 원조관계를 발전시킬 수 있는 사회복지사의 능력
④ 클라이언트를 존중하며 클라이언트로 하여금 의사소통 과정에 적극적으로 관여하도록 하는 사회복지사의 능력
⑤ 클라이언트에게 기술적으로 말을 하고 질문하는 사회복지사의 능력
⑥ 면접의 목적
⑦ 면접이 행해지는 분위기와 장소
⑧ 비밀보장의 정도
⑨ 전이와 역전이 등과 같은 면접과정에서 유발되는 역동성에 대한 사회복지사의 인식

〈표 3-1〉 면접과 대화의 차이점

	면 접	대 화
1	면접의 내용은 목적 달성을 촉진시키며, 명백한 목적이 있다.	중심 주체가 없다.
2	목적 달성을 위해 상호작용을 리드할 책임자가 있어야 한다(면접자와 피면접자의 역할관계가 구조화된다).	역할 담당에 관한 선택적인 역할행동이 없다.
3	면접은 비상호적 관계로 전문가가 주로 클라이언트에게 이익을 제공하도록 계획되어 있다.	대화에서 상호작용은 클라이언트의 문제를 해결하는 데 도움이 되지 않는다.
4	면접자의 행동은 계획적이고 심사숙고된 것이며 의식적으로 선택된 것이다.	대화에 참여하는 사람들의 행동은 자발적이고 비계획적이다.
5	전문가는 면접을 위하여 클라이언트의 요구를 수용할 의무를 가진다. 면접자의 개인적인 이유로 종결할 수 없다.	대화는 중단하기 쉽다.
6	공식적으로 준비된 만남이다(시간, 장소, 지속시간이 실천된다).	대화는 비공식적인 만남이다.
7	면접은 불쾌한 사실과 감정을 피하지 못한다.	대화에서는 은연중에 불쾌한 감정을 피할 수 있다.

출처 : Kadushin(1972).

2. 면접의 목적

사회복지실천에서 면접의 궁극적인 목적은 사회복지사로 하여금 클라이언트 자신의 문제를 이해하고 그 문제를 해결할 수 있는 능력을 배양하고, 그리고 최대한 자율적 성장을 할 수 있도록 돕는 데 있다. 또한 면접은 내담자 행동의 긍정적 변화, 내담자의 잠재력 촉진과 개인의 효율성 증대, 내담자의 문제해결과 증상 제거, 내담자의 자아정체감 확립과 긍정적 자아개념 형성 등의 종합적 목적이 있다(김희수 외, 2009).

또한 헵워스와 라슨(Hepworth & Larsen, 1990)은 면접의 궁극적 목적은 삶의 질적인 향상과 성장을 목적으로 문제를 해결하고 이에 필요한 전략이나 행동을 모색하기 위해 정보를 주고받는 것이라고 하였다.

3. 사회복지실천 현장에서 이루어지는 면접의 특성

사회복지실천과정에서 이루어지는 면접은 사회복지사가 클라이언트와 함께 특정한 원조 목적을 결정하고, 계약한 후 그 목적을 달성하기 위해 의사소통하는 모든 것을 말한다. 즉, 클라이언트의 문제 파악 및 실행, 평가 등 전반적인 실천과정에서 다양하게 사용된다. 그러므로 면접은 실천을 위한 정보수집 도구이기도 하며 그 자체가 치료 효과를 내기도 한다. 사회복지실천 현장에서 이루어지는 면접의 특성을 살펴보면 다음과 같다(생각의마을, 2022).

1) 면접을 하기 위한 세팅과 맥락이 있다

클라이언트에게 서비스를 제공하는 기관(세팅)이 있고, 면접의 내용은 특정 상황(맥락)에 한정되어 있다. 그래서 그 상황과 관련이 없는 내용은 면접에서 다루지 않는다.

2) 면접은 목적과 방향이 있다

면접의 목적은 클라이언트를 이해하고 돕는 것이다. 이 목적을 달성하기 위해 수행하는 과정이므로 목적 지향적인 활동이다.

3) 면접은 계약에 의해 수행된다

면접은 사회복지사와 클라이언트가 목적달성을 위해 함께 활동할 것을 합의한 상태(계약한 상황)에서 이루어진다.

4) 면접은 특정한 역할관계가 있다

면접에서 사회복지사와 클라이언트는 서로 역할이 다르다. 사회복지사는 면접자이며, 클라이언트는 피면접자라는 특정한 역할관계로 규정되어 그 역할에 따라서 상호작용하게 된다.

5) 면접은 공식적인 활동이다

면접은 개인적인 수준에서 이루어지는 것이 아니라 공식적으로 이루어지는 활동이다.

6) 면접의 목적은 단계마다 달라진다

면접의 목적은 결국 클라이언트를 이해하고 돕는 것이다. 그러나 실천의 각 단계마다 세부 목적이 달라진다. 초기단계에서 면접은 신뢰관계를 형성하는 것, 자료수집 단계에서는 유용한 정보를 수집하는 것, 사정단계에서는 목표설정 및 개입계획 수립에 필요한 판단을 하는 것, 개입단계에서는 클라이언트의 변화를 유도하는 것이다.

제2절 면접의 구성요소

사회복지실천에서 면접의 구성요소는 내적인 요소와 외적인 요소로 구분할 수 있다. 내적인 요소는 신뢰관계(rapport)와 면접자의 태도, 외적인 요소는 장소와 시간이 있다. 구체적인 내용을 살펴보면 다음과 같다(서보준 외, 2021; 이태희 외, 2019).

1. 내적인 요소

1) 신뢰관계(rapport)

면접의 내적인 요소는 신뢰관계 형성이다. 신뢰관계는 '라포(rapport)'라고 하며 이는 대상자와 사회복지사 간의 상호 이해와 관계를 수립하는 친근감, 신뢰감, 안정감, 공감, 화합 등의 정서적 유대를 의미하는 것이다.

신뢰관계는 사회복지실천 현장에서 클라이언트의 존엄성, 자기결정 등을 실천할 수 있는 기초를 이루며, 실천의 성패를 결정하는 중요한 요인이 된다. 따라서 면접 초기 과정에서 신뢰관계가 잘 형성되어야 클라이언트가 자신의 감정을 개방적으로 드러내고 본인의 문제들을 잘 표현하게 된다. 신뢰관계를 높이기 위해서는 사회복지사의 개입에 대한 동기와 태도가 순수하고 명료하며, 클라이언트의 욕구에 맞추어져 있어야 한다. 따라서 사회복지사는 클라이언트들의 문화와 가치관이 다르다는 것을 이해하고 비판과 편견 없이 수용하고 존중해야 한다(권구영 외, 2011).

2) 면접자의 태도

(1) 옷차림과 행동

옷차림과 행동은 기관의 조직문화나 클라이언트의 기대를 고려해야 한다. 또한 클라이언트에 대한 관심과 염려 등을 표현할 수 있어야 하고, 면접 중 불필요한 행동을 통해 오해나 불쾌감이 발생하지 않도록 신중해야 한다. 또한 면접 시 눈을 감거나 팔짱을 끼는 행위, 전화통화를 길게 하는 행위, 다른 곳을 주시하는 행위, 신체적 접촉의 정도 등에 있어서 신중해야 한다.

(2) 개인적 질문

클라이언트는 사회복지사에 대한 호기심과 탐색, 사회복지사의 자질 정도, 사회복지사와 사적 관계를 만들고자 하는 의지, 사회복지사에 대한 감정의 표현 등을 위해 사회복지사에게 개인적인 질문을 하는 경우가 있다. 이때 사회복지사가 어떻게 대처해야 하는지 주의사항을 살펴보면 다음과 같다.

첫째, 일상적 질문이라면 간략히 직접적으로 대답하고 초점을 클라이언트에게로 옮긴다.

둘째, 사회복지사의 자질을 묻는 질문의 경우 솔직하게 자신감을 가지고 말한다.

셋째, 사회복지사의 인간적 자질을 우려하는 질문의 경우 거짓으로 응대하지 말고 솔직하게 그 한계를 인식시킨다.

넷째, 전문적 관계가 진행되는 동안 사전 관계에 대한 관리가 필요하다. 따라서 전화번호나 주소 등을 공개하지 않도록 명시적 규칙을 만들고 규칙을 알려주도록 한다.

2. 외적인 요소

1) 장 소

면접 장소는 사회복지사의 사무실처럼 주의 조건을 통제할 수 있는 공식적 장소이자 개인의 사생활을 보장할 수 있고 안락하고 조용하며 방해를 받지 않는 곳이어야 한다. 단, 클라이언트의 선호와 사례에 따라 면접 장소는 달라질 수 있다. 거동이 불편한 클라이언트나 입원 중인 클라이언트는 클라이언트의 편의를 최대한 고려하여 면접 장소를 선정해야 한다. 면접 장소를 선정할 때는 너무 어둡거나 밝지 않은 채광과 조명, 춥거나 덥지 않은 온도, 면접에 적절한 가구와 분위기, 등을 기댈 수 있는 의자, 비밀이 보장되는 안전한 공간 등을 고려해야 한다.

〈표 3-2〉 **면접 장소에 따른 특성**

구 분	상담실	가 정
장 점	• 클라이언트의 심리적 안정을 위해 물리적 상황 통제 가능 • 외부로부터의 비밀보장 및 방해의 최소화	• 클라이언트 생활에 대한 풍부한 정보 입수 • 일상적 가정생활의 관찰을 통해 행동에 대한 유용한 정보 입수
단 점	• 환경의 변화 • 긴장과 불안 야기	• 면접자가 클라이언트의 집을 방문해야 하므로 시간과 에너지를 사용 • 생활 소음이나 가족원으로부터의 면접 방해 • 사적 만남과의 구별이 어려움 • 클라이언트의 부재

2) 시 간

면접 시간을 제한하면 면접을 더 신속히 진행하는 데 도움이 된다. 시작 시간과 진행 시간을 미리 약속하면 목적에 부합하고 초점에 집중하는 면접이 이루어진다. 면접 시간은 45분에서 75분 사이가 적절하지만 상황에 따라 달라질 수 있다. 사회복지사는 클라이언트에게 면접 시간에 대해 미리 알려주는 것이 바람직하다. 면접 시간이 끝난 후 클라이언트가 중요한 문제를 이야기하는 경우에는 사회복지사가 그 중요성을 인정하면서 다음 면접 시간에 그 내용에 대해 다룰 것을 제안할 수 있다. 클라이언트가 제기하는 사안이 위급하지 않고 일정한 거주공간이 있는 경우에는 일주일에 한 시간씩 수개월 동안 면접을 진행할 수 있다. 그러나 위급한 상황에 처한 클라이언트에게는 면접 시간을 더 길게 하고 더 자주 만나는 등 단시간 동안 집중적으로 접촉할 필요가 있다(김경호, 2011).

제3절 면접의 유형

사회복지실천 현장에서 사회복지사가 면접을 진행하는 방식은 구조화된 면접방식, 반구조화된 면접방식, 비구조화된 면접방식으로 구분할 수 있는데, 구체적인 내용을 살펴보면 다음과 같다(서보준, 2021).

1. 구조화된 면접

조사대상의 수가 많은 경우 사전에 구조화된 조사표, 대개는 질문지를 가지고 면접조사를 실시하게 된다. 많은 응답자가 똑같은 질문을 받게 된다는 뜻에서 표준화면접이라 하며, 사전에 준비한 똑같은 순서나 동일한 내용으로 질문하므로 구조화면접이라고도 한다. 구조화된 면접은 면접 시 행해지는 질문이나 내용이 매우 구체적으로 짜여 있으며, 이 흐름에 따라 알아보고자 이미 작성된 내용들에 관해 구조화된 질문을 하게 된다. 구조화된 면접이 적절한 경우는 수집한 자료를 비교하는 것이 중요할 때, 한 명 이상의 면접자가 면접을 수행할 때, 면접자의 면접 경험이 부족할 때 사용된다.

구조화된 면접의 단점으로는 논리적인 반응을 하게 되는 경향이 있어 정서적인 내용이 거의 없으며, 피면접자에 따라 특정한 질문이 해당되지 않거나 부적절할 수 있어 면접시간을 낭비할 수 있다는 한계가 있다.

2. 반구조화된 면접

반구조화된 면접은 표준화와 비표준화의 중간 형태로서 개략적인 조사표를 가지고 융통성 있게 면접내용을 조정하는 경우를 말하며 반표준화 면접 또는 준구조화 면접이라고도 한다. 지침이 있는 면접으로 미리 결정된 질문이나 주요 단어가 있으나 구조화된 면접과는 달리 특정 관점에서 질문할 수 있고, 피면접자의 반응에 따라 적절한 시점에서 개방형 방식으로 질문할 수 있다. 비구조화된 면접이나 구조화된 면접 양자의 장점을 취하는 특정이 있다.

3. 비구조화된 면접

만약 조사하고자 하는 대상이나 사례가 특수하여 미리 구조화된 조사표를 작성하기 어려운 경우가 있다면, 숙련된 조사원은 최소한의 방향만 제시하는 지침을 가지고 면접 당사자 간의 상황에 따라 말이나 문답의 순서에 구애 없이 자유로운 상태에서 면접이 진행된다. 이러한 면접을 비표준화 면접 또는 비구조화 면접이라고 한다.

비구조화된 면접은 면접 시 질문이나 알아보고자 하는 내용이 미리 짜여 있다기보다는 말 그대로 구조화되지 않은 채 면접의 목적에 따라 개방적으로 진행되는 면접형식으로, 피면접자의 세계에 대해 심층적이며 자세한 묘사와 이해를 얻고자 할 때 사용한다(이은희 외, 2014).

4. 목적에 따른 사회복지실천의 면접

목적에 따른 면접은 정보수집을 위한 면접, 치료를 위한 면접, 사정을 위한 면접으로 나눌 수 있는데, 구체적인 내용은 다음과 같다(생각의마을, 2022).

1) 정보수집을 위한 면접

정보수집을 목적으로 하는 면접을 사회조사라고 하기도 한다. 사회조사는 클라이언트 개인, 가족, 사회적 환경 등에 관한 여러 가지 정보를 수집하는 면접이다. 이 면접의 목적은 클라이언트와 그의 상황을 이해하는 데 필요한 정보를 수집하는 것이다. 상황에 대한 정보를 수집하면 클라이언트에게 닥친 문제를 더 잘 이해할 수 있는데, 면접 시 정보를 수집하려 때에는 다음과 같은 내용이 면접에 포함된다.

- **일반적 사항** : 나이, 성별, 학력, 결혼상태, 주소 등
- **현재의 문제** : 현재 문제 상황, 과거력(과거에 유사한 문제가 있었는지, 치료형태, 치료기관 등)
- **가족력** : 클라이언트의 가족과의 관계, 부모형제관계, 핵가족 중심의 부부관계, 자녀관계 등
- **개인력** : 아동기의 성장과정, 발달단계상의 문제, 학교생활, 교우관계, 직장생활, 결혼생활 등
- **사회적 · 직업적 기능** : 클라이언트가 가지고 있는 사회적 · 직업적 기능 정도 등

예 학대의심 사례를 의뢰받은 노인보호전문기관의 사회복지사가 어르신을 만나 학대의 정도를 파악하고 어르신의 정서 상태와 욕구를 확인하는 면접

2) 치료를 위한 면접

치료적 면접은 클라이언트의 변화를 돕기 위한 면접이다. 의사가 진료를 통해 환자를 치료하듯 사회복지사는 면접을 통해 클라이언트의 자신감과 자기효율성을 강화하고, 문제해결능력을 향상시킴으로써 클라이언트의 문제해결을 돕는다. 이런 면에서 면접은 클라이언트의 문제해결을 돕는 치료 효과를 가진다. 상담을 통해 심리적 문제를 해결하고 도움을 받는 상담과 비슷하다.

예 가정폭력 피해여성의 자존감 향상을 목적으로 심리적 지지를 제공하기 위해 이루어지는 면접

3) 사정을 위한 면접

사정을 위한 면접은 구체적인 서비스에 대한 의사결정을 하기 위한 면접이다. 서비스를 제공해야 하는지 아닌지, 제공한다면 어떠한 서비스가 필요한지 판단을 내리기 위해 실시한다. 사정을 위한 면접은 정보를 수집하기 위한 면접보다 좀 더 목적 지향적인 성격을 가진다. 사정을 위한 면접을 실시하여 클라이언트가 처해 있는 현재 문제상황을 파악하고 문제해결 목표를 달성하기 위한 개입방법을 결정하게 된다.

예
- 알코올 중독인지 아닌지 판단하기 위해 알코올 중독 판별 검사를 실시하는 면접
- 교통사고로 중증장애를 갖게 된 클라이언트의 장애 유형, 장애의 심각도, 예상되는 재활치료의 효과, 가족의 자원, 지역사회에서 이용 가능한 서비스의 종류 등에 대해 평가하는 면접

제4절 면접의 과정

사회복지실천 현장에서 클라이언트와의 면접 과정은 도입단계, 중기단계, 종결단계 등의 세 가지로 구분할 수 있는데, 구체적인 내용을 살펴보면 다음과 같다(이광재, 2019; 서보준 외, 2021 재인용).

1. 도입단계

면접의 도입단계는 인사를 나누고 친분을 맺으면서 면접 과정을 개시하며, 상호간에 받아들일 수 있는 면접 목적을 결정하는 단계이다. 접촉 초기에는 긴장감이나 불안감을 느끼지 않도록 하는 사교적 의사소통이 도움이 된다. 면접의 초기단계는 면접 기간 동안 관여할 클라이언트에게 목적을 명확하게 하고 사회복지사는 욕구나 문제에 대해 표현하도록 격려하며, 관심과 공감을 보여줌으로써 신뢰 관계를 형성한다.

2. 중기단계

면접의 중심부로서 서로 동의한 면접 목적을 달성하는 데 관심을 기울이는 단계로 내용에 초점이 맞춰지면 그 목표를 향하여 이루어지게 된다. 중기단계에서 사회복지사는 면접 과정에서 다음의 사항을 수행하는 데 세심한 균형을 유지해야 한다(이윤로, 2006).

첫째, 면담을 일방적으로 이끌어 나가는 데만 치중하지 말고 클라이언트가 자신의 이야기를 하도록 한다.

둘째, 정보의 도출뿐만 아니라 감정의 반영에도 신경을 쓴다.

셋째, 사회복지사에 의한 행동계획의 형성에만 신경 쓰지 말고 사회복지사가 스스로 자신의 행동 대안을 개발하도록 유도한다.

3. 종결단계

면접의 최종 과정은 종결이며, 이 종결을 위한 준비는 면접의 초기단계부터 가시화된 것이다. 사회복지사는 면접에 할당한 제한 시간을 면접 초기에 클라이언트에게 명확히 알려주었기 때문에 종결에 대해 공동의 인식이 있다. 따라서 목적이 달성되고 시간이 마감되었을 때 사회복지사는 종결하기 위해 준비해야 한다. 내용에 있어서뿐만 아니라 감정의 수준에서도 종결의 준비가 되어 있어서 면접이 종결될 때 클라이언트의 마음이 정서적으로 편안해야 한다.

제5절 면접의 기술

사회복지실천 현장에서 사회복지사는 면접의 목적을 달성하기 위하여 클라이언트와의 면접에서 다양한 기술을 활용한다. 구체적인 내용을 살펴보면 다음과 같다(생각의마을, 2022; 서보준 외, 2021).

1. 관 찰

관찰기술은 클라이언트가 말하고 행동하는 것에 주의를 기울여 그를 이해하는 것이다. 초기면접 이전에는 클라이언트가 대기실에서 기다리고 있는 상황부터 시작된다. 면접 중에는 클라이언트의 언어적 표현뿐만 아니라, 비언어적 표현에도 민감해야 한다. 관찰은 단순히 보는 것이 아니다. 클라이언트가 이야기하는 것과 동시에 이야기하지 않는 것, 이야기의 숨겨진 의미도 해석해야 한다. 그 외에도 신체적인 표현, 몸의 긴장, 표정 변화, 땀 흘리는 것, 떠는 것, 흥분하는 모습, 낙담하는 모습도 보아야 한다.

관찰은 무엇을 볼 것인가를 선택하는 것도 포함한다. 즉, 관찰은 항상 목표 지향적이어야 한다. 또한 관찰자의 참여가 관찰되는 사람에게 큰 영향을 미치고 있다는 사실도 알아야 한다. 결국 이러한 관찰을 통하여 조사, 진단과 치료의 과정을 과학화할 수 있다.

따라서 관심 집중에 대한 내용을 살펴보면 다음과 같다.

1) 관심 집중의 효과

누군가와 같이 있어 주는 것, 그 사람에게 주의를 집중하는 것, 그리고 그가 하는 말을 열심히 듣는 것이 큰 힘을 발휘하는 경우가 많다. 누군가를 도우려면 그를 위해 무엇인가 하기 전에 그가 나에게 원하는 것이 무엇인지 정성껏 주의를 기울여서 들어야 한다.

2) 클라이언트에게 관심을 집중시키는 기술

면접하는 사회복지사가 신체 일부분을 불안하게 움직이거나, 딱딱한 표정을 짓지 않도록 주의해야 한다. 사회복지사는 자신의 신체를 의사소통의 도구로, 표현방식의 일부로 사용한다는 점에서 편안한 마음을 가져야 한다.

- 클라이언트를 향해 앉는다.
- 개방적인 자세를 취한다.
- 때때로 상대방을 향해 몸을 기울여 앉는다.
- 시선을 통한 접촉을 적절히 한다.
- 긴장을 푼다.

3) 사회복지사의 비언어적 의사소통

클라이언트의 비언어적 행동을 관찰하는 것도 중요하지만, 사회복지사가 보내는 다음과 같은 비언어적 신호도 중요하다.

- 눈 맞춤
- 얼굴표정
- 침묵의 활용
- 자세와 거리
- 목소리와 언어
- 접촉

2. 경 청

경청이란 클라이언트가 무엇을 표현하고자 하는지, 감정과 사고는 어떤 것인지를 이해하고 파악하면서 듣는 것이다. 클라이언트의 말을 잘 들어주는 것은 면접에서 가장 중요하다. 사회복지사가 클라이언트의 이야기를 주의 깊게 듣고 적절히 반응하면 클라이언트와 관계형성이 쉬워지고 클라이언트가 솔직하게 이야기함으로써 문제해결이 빨라진다.

따라서 경청은 단순히 듣는 것이 아니라 말하는 사람이 사용하는 어휘, 억양, 신체언어 등을 함께 파악하면서 듣는 것이다. 클라이언트의 언어적 메시지와 비언어적 메시지에 모두 세심하게 주의를 기울여야 한다.

사회복지사는 클라이언트의 이야기를 잘 듣고 있다는 표시로 고개를 끄덕이거나 '그랬군요', '네, 맞아요'와 같은 짧은 감탄사를 내뱉는다. 또한 클라이언트가 사용한 단어를 반복함으로써 경청하고 있음을 표현한다.

좋은 경청자의 특징은 다음과 같다.

- 자신의 이야기는 최소화한다.
- 상대의 이야기를 집중하며 듣는다.
- 중간에 끼어들지 않는다.
- 선부른 충고를 하지 않는다.

• 상대의 말을 잘 듣고 있다는 표현을 적절히 한다.
• 적절하게 눈을 맞춘다.

3. 질 문

면접을 하는 사회복지사는 몇 마디의 질문으로 클라이언트에게 많은 이야기를 하도록 해야 한다. 특히 클라이언트의 보조에 맞춰서 질문을 해야 하고, 우회적이며 도움을 주기 위한 질문을 해야 한다. 질문을 하는 목적은 필요한 정보를 얻고, 클라이언트의 마음을 탐색하며, 클라이언트의 말을 정확하게 이해하고, 대화의 실마리를 풀기 위한 것이다. 그리고 치료의 개입수단으로 질문을 하게 된다. 여러 가지 질문의 기술을 구체적으로 살펴보면 다음과 같다.

1) 개방형 질문과 폐쇄형 질문

개방형 질문이란 자유로운 응답이 나올 수 있는 질문형태를 말한다. 반면 폐쇄형 질문이란 비교적 제한된 답이 나올 수 있는 질문의 형태를 말한다. 어떠한 질문의 형태가 좋다고 말할 수는 없지만, 클라이언트의 생각이나 감정이 어떠한지 폭넓게 들어보고 싶은 경우에는 개방형 질문이 좋다. 특히 폐쇄형 질문을 많이 할 경우에 클라이언트는 조사당한다는 느낌이 들 수 있으며, 불쾌할 수 있다.

예

• 개방형 질문
  - 오늘은 어떤 이야기를 하고 싶으세요?(면접 초기에 주로 사용)
  - 그 일에 대해 ㅇㅇ씨는 어떤 생각이 들었어요?
  - 그 일에 대해 좀 더 구체적으로 말씀해 주시겠어요?
• 폐쇄형 질문
  - 실제로 가출을 했습니까?
  - 그때 왜 그렇게 했는지 생각해 본 적은 없나요?
  - 시험이 끝나서 후련하지?

2) 간접질문과 직접질문

직접질문은 문장의 형태가 의문문이고, 간접질문은 서술문의 형태로 이루어진다. 간접질문은 클라이언트 자신이 질문을 받는다는 느낌을 덜 받으며, 질문공세를 받는다는 느낌을 주지 않는다.

예
- **직접질문** : 이것, 네가 했지?
- **간접질문** : 이것, 누가 했는지 모르겠네.

3) 면접에서 피해야 할 질문

(1) '왜' 질문

'왜'라는 질문은 클라이언트를 방어적인 태도로 만드는 경향이 있기 때문에 질문을 받으면 사회적으로 허용하는 대답을 하게 된다.

예
- 그때 왜 그렇게 하셨죠?
- 왜 그 직업을 선택했나요?
- 왜 그렇게 행동했나요?

클라이언트의 행동이나 상황에 대해서 '왜?' 대신에 '무엇', '언제', '어디서', '어떻게' 등에 초점을 두는 질문을 사용하는 것이 좋다.

예
- 그와 같은 결정을 내리게 된 배경은 무엇인가요?

(2) 유도형 질문

유도형 질문은 클라이언트가 바람직한 결과를 이끌어 나가기를 바라는 마음에서 사회복지사의 감정이나 견해를 해결책의 형태로 간접적으로 나타내는 것이다. 이는 사회복지사가 클라이언트와 논의해야 하는 진정한 관심사를 모호하게 만든다. 또한 클라이언트에게 특정한 방향의 응답을 하도록 이끄는 질문이다. 솔직한 자신의 의견보다는 사회복지사가 원하는 혹은 기대하는 방향으로 거짓말을 할 수 있다.

예
- 당신은 아내를 사랑하지 않죠? 그렇죠?
- 당신은 너무 어려서 독립할 수 없었던 게 아닙니까?
- 당신이 어머니와 싸우게 되면 어머니가 당신을 위축되게 할 것이라 생각하지는 않나요? 과거에 어머니가 그러했던 것처럼 말이에요.

4. 기타 면접기술

1) 요 약

요약은 내담자가 말하는 내용의 초점을 압축해서 명확하게 하도록 하는 것을 말한다. 즉, 클라이언트의 생각, 행동, 감정들을 사회복지사가 언어로 정리하는 것이다. 사회복지사는 지금까지 행한 면접내용이나 지난번 면접내용을 요약하며, 토의를 해온 것과 면접의 방향을 제시한 것을 간략히 반복한다. 요약은 토의해 온 항목의 주제를 명확히 해주며 또 사회복지사가 계속된 토의의 내용을 알고 주의 깊게 들었다는 것을 의미하는 것이 된다.

예 지금까지 할머니께서 말씀하신 것을 제가 다시 서너 가지로 정리해 보겠습니다. 우선 할머니께서는 지금 누군가의 보살핌을 받아야 할 상황에서 마땅히 가 계실 곳이 없는 상황입니다. 그리고 자식 가운데 할머니를 모실 형편이 되는 자식이 없습니다. 그리고 자식들에게 짐만 되는 것 같아 자식들을 생각해서 할머니가 그냥 사라졌으면 하는 생각도 듭니다.
한편으로는 그동안 자식들을 키우면서 고생한 생각을 하면 인생을 헛산 것 같은 허전한 생각, 서글픈 생각도 드는 것 같습니다. 이럴 줄 알았다면 자식들 모르게 여생을 즐겁게 보내기 위해 재산이라도 숨겨 놓을 걸 하는 아쉬움도 들고요. 지금까지 할머니께서 하신 말씀을 정리해 보았는데 맞습니까?(김현호 외, 2021).

2) 해 석

해석은 클라이언트가 말한 것을 명확하게 설명하는 것이다. 이 해석은 사회복지사가 클라이언트에게 그의 어떤 행동이나 사고, 감정이나 생각 등을 지적해 주는 것이기도 하지만, 거기에 대해서 그런 생각이나 감정이 본인에게 어떤 의미를 지니는지 그 의미에 관한 사회복지사 나름의 추리를 제시해 주는 것을 말하기도 한다.

해석은 면접자가 클라이언트의 현존 사태에 대해 이해하도록 인식시키는 데 있다. 면접자는 클라이언트가 직면한 문제 상황에 대해 해석을 내리는 것이 중요하다. 해석을 사용하는 전형적 목적은 클라이언트의 통찰을 촉진시키고자 하는 것이다. 해석을 통하여 새로운 대안, 좀 더 기능적 행동, 깊은 책임감을 갖도록 하는 데 도움을 준다. 즉, 클라이언트의 표현과 행동 상황 저변의 단서를 발견하고 그 요인들을 이해하여 클라이언트 스스로 자신의 문제를 해석하고 직면할 수 있도록 해주는 방법이다.

예 (솔직하게 이야기하기 어려워하며 눈치 보는 청소년에게)
사회복지사 : 엄마가 그랬듯이 내가 ㅇㅇ를 비난할까 봐 두려워하는구나…

3) 반 영

반영은 클라이언트의 말과 행동에서 표현된 기본적인 감정과 생각, 태도, 상담자에게 전달하는 메시지의 내용 등을 사회복지사가 듣고, 이를 다시 다른 말로 표현해 주는 것이다. "당신은 ~에 대해서 ~하게 느끼고 있군요"의 형식으로 반영한다. 예를 들면, 직장에서 상사와의 어려움을 호소하는 클라이언트에 대하여, "당신은 직장 상사의 꾸중을 듣는 것에 대해서 힘들게 느끼고 있군요"와 같이 부연하여 반영한다. 반영의 영역은 감정 반영, 내용 반영의 두 가지로 나눌 수 있는데, 구체적인 내용을 살펴보면 다음과 같다.

(1) 감정 반영

감정 반영은 클라이언트의 감정과 느낌 등을 사회복지사가 듣고, 음성과 비음성적 언어로 표현해 주는 기술이다. 감정 반영을 하는 방법은 다음과 같다.

① **감정 파악** : 클라이언트 이야기의 정서적 부분에 주의를 기울일 뿐만 아니라 행동에도 주의를 기울인다. 감정을 적절히 표현하기 위한 광범위한 단어를 사용한다. 내담자 감정 전부를 파악한다.

② **감정 반영** : 클라이언트가 느끼는 듯한 감정을 명확하고 간결하게 요약한다. 뒤섞여 있는 감정을 반영해 준다. 클라이언트의 말을 그대로 되풀이하

지 않는다. 현재 시제를 사용하면서 현재 감정에 초점을 둔다. 폭넓은 표현 방식을 사용한다.

③ 감정 반영을 통해 클라이언트는 자신이 느끼는 것을 깨닫게 됨 : 클라이언트는 자신의 감정을 받아들이고 살펴보게 된다. 클라이언트가 경험하고 있는 것을 상담자가 이해한다는 것을 보여주게 된다. 상담자와 클라이언트 사이에 탄탄한 관계형성이 이루어진다.

예 (클라이언트가 과거에 자신이 겪은 일을 이야기하다가 흐느끼면서 울음을 터뜨림)
사회복지사 : 그때 일을 떠올리니 지금 너무 슬프고 힘드시겠어요.

(2) 내용 반영

클라이언트의 문제, 환경이나 그들의 다른 면에 대한 표현을 이해하고 있음을 전달하는 것이다. 사회복지사는 대부분 클라이언트에게 문제와 상황에 대해 말하도록 요청하는 것으로 시작한다. 클라이언트가 어느 정도 말을 하고 나서 사회복지사가 그 메시지를 정확하게 다시 말하는 것은, 그 내용에 대해 이해하고 있음을 반영하는 것이다.

예 **클라이언트** : 난 이러한 일이 내게 올 줄 몰랐어요. 내 처가 가방을 꾸려서 말없이 집을 나가 버렸어요. 그리고 2주 전에 처로부터 이혼 신청 통지서를 받았어요.
사회복지사 : (감정이입이나 공감하면서) 아 그렇군요. 당신 부인이 말없이 갑자기 떠나버렸고, 지금은 부인이 헤어지기를 원한다는 말씀이군요.

출처 : 김현호 외(2021).

〈표 3-3〉 감정 표현을 증가시킬 수 있도록 하는 용어

감 정	관련 용어
즐거운	흥미진진한, 대담한, 쾌활한, 명랑한, 밝은, 아주 기뻐하는, 정력적인, 자극적인, 창조적인, 엉뚱한
강인한	당당한, 기운찬, 존경받는, 만족해하는, 인정받는, 귀중한, 희망 있는, 가치 있는, 주요한, 지적인, 충실한, 확신 있는
평온한	흡족한, 사색에 잠긴, 심사숙고하는, 편안한, 친밀한, 반응적인, 사랑하는, 평화스러운, 신뢰하는, 우수에 젖은, 감사하는, 양육하는
슬 픈	죄책감의, 수줍어하는, 부끄러워하는, 어리석은, 우울한, 애처로운, 외로운, 열등한, 지루한, 졸린, 불쌍한
격한/ 맹렬한	비판적인, 의심 많은, 짜증스러운, 격분된, 화가 치미는, 성난, 좌절된, 적의에 찬, 이기적인, 상처를 주는, 질투심이 많은
두려운	거절당하는, 당황해하는, 혼란한, 의기소침한, 무력한, 무의미한, 순종적인, 나약한, 불완전한, 바보 같은, 불안한, 당혹스러운

출처 : 길귀숙 외(2010).

4) 명료화

명료화는 클라이언트의 말 속에 내포되어 있는 것을 내담자에게 명확하게 해주는 것을 의미한다. 다시 말해서 클라이언트의 실제 반응에서 나타난 감정이나 생각 속에 암시되었거나 내포된 관계 또는 의미를 보다 분명하게 말해주는 것이다. 클라이언트에게 언급해 주는 내용의 의미와 관계는 어디까지나 클라이언트의 표현 속에 포함되어 있다고 사회복지사가 판단한 것이다. 즉, 명료화의 자료는 내담자 자신이 미처 자각하지 못하는 의미 및 관계이다. 클라이언트가 애매하게만 느끼던 내용이나 자료를 사회복지사가 말로 표현해 준다는 점에서 클라이언트에게 자기가 이해를 받고 있으며 면담이 잘 진행된다는 느낌을 갖게 해준다. 또한 클라이언트로 하여금 미처 생각하지 못했던 측면을 생각하도록 하는 자극제가 되는 것이다(김봉순 외, 2011).

예 **클라이언트** : 부장님은 쉽게 말씀하시지만 듣는 사람의 입장에서는 좀 그래요.
사회복지사 : '좀 그래요'라고 하셨는데 구체적으로 어떻다는 것인가요?

5) 직 면

직면하기란 클라이언트가 잘못하고 있거나 무엇인가 불일치하거나 모순점이 있을 때 클라이언트가 의식할 수 있고 살필 수 있는 것을 지적해 주고 그것이 내담자 자신의 문제와 어떻게 관련되는지를 생각해 보도록 하는 작업이다. 직면하기는 어떠한 형태로 나타나든 상대방의 언행에서의 불일치나 모순점 또는 잘못되었거나 개선해야 할 점들을 지적해 주는 것을 맞닥뜨림이라고도 부른다. 이는 상대방에게 반응하고 영향을 미치는 그래서 행동변화를 일으킬 수 있는 강력한 힘을 가진 기술 중의 하나이다. 그래서 상대방이 이 기술에 대해 잘 반응을 하고 호응을 해주면 대단히 효과적이지만 그렇지 못하고 오히려 반발을 보이거나 심한 경우에는 클라이언트에게 심리적인 위협과 상처를 줄 수도 있는 강력한 것이다. 따라서 직면기술을 사용하는 데 있어서 클라이언트가 그것을 받아들일 준비가 되어있는지를 면밀히 고려해야 하며 충분한 신뢰관계가 형성되기 전까지는 이 방법을 가능하면 피해야 할 것이다. 그렇지만 문제의 근원이 클라이언트에게 있거나 그 자신의 잘못에 있다면 그것을 그냥 이해하고 넘어가서는 문제해결이 어려우므로 이 경우에는 그것을 적절히 지적하여 변화를 할 수 있도록 도와줄 필요가 있다.

예 ㅇㅇ씨는 낙태 반대주의자라고 말씀하셨습니다. 그런데 딸에게는 낙태를 하라고 말씀하시고 있네요.

6) 자기노출

자기노출이란 사회복지사가 자기의 생각이나 감정, 경험을 들추어내는 것을 말하며, 대인관계나 조력관계에서 자신에 관한 것을 드러냄으로써 상대로 하여금 보다 인간적인 친밀감을 느끼도록 할 수가 있다. 자기노출은 사회복지사가 자신에 대한 고찰과 경험, 역사를 활용하여 특정 상황에 효과적인 행동을 취하고자 할 때 활용하는 기술이며, 일반적으로 사회복지사는 클라이언트에게 도움이 되지 않는 이상 절대 자신의 개인정보를 노출시켜서는 안 된다. 클라이언트는 사회복지사의 자기노출을 통하여 인간적인 정을 느낄 수 있으며, 사회복지사도 자기노출에 의해 클라이언트의 사고와 감정을 공유하고 클라이언트를 도울 수 있다. 사회복지사는 클라이언트에게 도움이 되는 상황에 대해 자기노출을 할 수 있지만 자신의 과거문제나 경험을 지나치게 노출하는 것은 많은 위험을 수반하기 때문에 민감하게 다루어야 한다.

7) 정보 · 제안 · 조언

(1) 정보 주기

의사결정이나 문제해결에 필요한 정보를 제공하는 것이다. 또한 클라이언트가 이해하고 수용할 수 있는 수준에서 말이나 문서로 정보를 제공한다.

(2) 제안하기

클라이언트가 생각하는 데 도움을 줄 수 있는 관련된 요인이나 아이디어에 집중할 수 있게 하며, 면접자가 선호하는 접근방법을 단순히 표현하는 것이 아니라, 클라이언트에게 생각할 여지를 주는 것이다.

(3) 조언하기

클라이언트가 해야 할 것을 추천하거나 제안하는 것이다. 또한 사회복지사가 정확한 정보와 그에 따른 결과를 설명하고 클라이언트가 스스로 결정을 내리는 데 도움을 주어야 하며, 클라이언트가 자유롭게 조언을 받아들이거나 거절할 수 있다는 것을 전달하는 것이 중요하다(사회복지교육연구센터, 2014).

제6절 면접의 기록

1. 기록의 목적과 활용

1) 기록의 목적

기록의 일차적인 목적은 책무성(accountability)에 있다. 사회복지사는 기관, 클라이언트, 지역사회에 대한 윤리적 · 법적 책무성을 가지고 자신이 전달하는 서비스를 기록하고 설명하며 평가해야 한다. 기록의 목적은 이용 가능한 형식으로 이를 필요로 하는 광범위한 대중에게 꼭 필요한 정보를 제공하는 것이다. 사회복지실천의 기록은 정보를 보존하고 기관 내외의 전문가들과의 사례에 대한 의사소통과 연구를 가능하게 하며 슈퍼바이저가 적절한 교육과 지도 · 감독을 할 수 있게 하는 등의 다양한 용도를 가지고 있다. 또한 기관 내, 클라이언트, 가족, 지역사회기관, 감독 및 기금조성을 위한 조직, 각종 공적 집단에 자료를 제공한다(김혜영 외, 2012; 서보준 외, 2021 재인용).

2) 기록의 활용

사회복지실천 현장에서 클라이언트를 대상으로 쓰이는 기록의 활용은 다양한데, 구체적으로 살펴보면 다음과 같다.

(1) 클라이언트의 욕구 확인

클라이언트와의 면접을 통해 구술되거나 수집된 정보, 사회복지사가 알게 된 클라이언트의 다양한 정보들을 명확하고 세부적인 기록을 통해 욕구를 확인한다. 이런 작업을 통해 기관에서는 클라이언트의 욕구 충족을 위해 제공할 수 있는 서비스들을 설계할 수 있다.

(2) 서비스 내용의 보고

클라이언트가 기관에 접수된 이후부터 진행되는 서비스 제공 상황과 과정에 대한 면밀한 기록은 기관 내에서 적절한 것인지를 검토할 수 있는 중요한 자료로 활용된다.

(3) 사례의 지속성 유지

클라이언트를 담당했던 사회복지사의 휴가, 전근 등의 교체로 다른 사회복지사가 케이스를 맡게 되거나 클라이언트가 다른 기관으로 의뢰되는 경우 등을 대비하여 기록은 매우 중요하다. 혹은 시간이 경과한 후 클라이언트가 다시 기관을 방문하였을 경우 전 기록은 현재의 욕구를 파악하고 이해할 수 있는 중요한 단서로 활용된다.

(4) 전문가 간 의사소통의 원활화

한 기과에는 다양한 분야의 전문가들이 각자의 영역에서 클라이언트의 욕구와 문제를 해결하려고 노력한다. 특히 최근 다학문적 접근을 통해 융합적 해결책을 찾으려는 시도들은 사례회의나 토론과 더불어 기록은 사례에 대한 의사소통의 도구로 활용되어 집단적 의사결정을 도울 수 있다.

(5) 클라이언트와 정보 공유

클라이언트의 욕구와 정보들을 기록한 것(클라이언트와의 면담, 다양한 사정표 등)을 클라이언트와 가족 등 유의미한 타자들에게 보여줌으로써 함께 토론하고 객관적인 시선으로 판단할 수 있는 자료가 된다.

(6) 슈퍼비전, 자문, 동료 검토의 활성화

기과에서 사회복지사들은 동료 사회복지사들과 혹은 상급자들과 수평, 수직 등의 다양한 형식으로 서로 간의 업무에 대한 지도감독을 실시하고 때로는 다른 직종의 전문가들로부터 자문을 구하기도 한다. 이때에 기록은 서로의 전문성을 높이고 학습을 강화할 수 있는 도구로 활용된다.

(7) 서비스 과정과 모니터링

클라이언트의 욕구 해결을 위해 기관에서 제공하는 서비스 과정이 유용하게 진행되고 있는지 정했던 목표를 달성하고 있는지 평가하고 점검하기 위한 증명자료가 기록이다.

(8) 학생과 다른 전문가들의 교육 자료 제공

기과에서 일정 기간 실습을 하는 실습생, 인턴들에게 컨퍼런스, 전문교육 등에 있어 사례를 깊이 다루고 서로 토론할 수 있는 교육 자료로 활용하게 되는데, 이때는 클라이언트의 사생활 보호를 위해 가명을 사용해야 하며 혹 기관에서 누구인지를 인지하더라도 기관 내 비밀보장을 지켜야 한다.

(9) 행정 개선 자료 제공

서비스 증진을 위한 효율적인 자원 분배, 서비스의 유형, 직원의 업무수행 및 직무관리, 클라이언트의 욕구 분석, 행정적 결정을 위한 자료 제공을 위해 기록이 활용된다.

(10) 조사를 위한 자료 제공

기관의 서비스 활용에 대한 빈도조사, 클라이언트의 서비스 활용 유형, 서비스 개선을 위한 클라이언트의 인구사회학적인 특징에 대한 기록은 거시적인 측면에서 기관의 정책 등을 정하는 조사 자료로 활용된다(이은희 외, 2104).

2. 기록의 내용

면접과정 혹은 면접 이후 기록을 과정에서 각 기관의 기능과 업무에 따라 선호하는 기록의 방법이 다양하기 때문에 그 내용을 일반화하기는 어렵지만 그럼에도 불구하고 포함되어야 하는 공통적 특성들도 있다(Kagle, 1991/1999; 조휘일, 2005 재인용). 기록내용은 어떤 기록유형을 선택하든 간에 대부분 다음의 내용을 포함하게 된다. 구체적인 내용을 살펴보면 다음과 같다.

① 클라이언트의 인구학적 특성
② 서비스를 제공하는 방법과 사유
③ 클라이언트의 현재 및 과거의 문제나 욕구에 대한 기술–사회력(social history)
④ 사회복지사의 소견과 사정
⑤ 서비스의 목적
⑥ 서비스의 계획
⑦ 서비스의 특성
⑧ 서비스 종결의 방법과 사유
⑨ 서비스 활동과 결과에 대한 요약
⑩ 추후관리계획

3. 기록의 유형

사회복지실천 현장에서 기록의 유형은 최소 기본 기록, 과정기록, 요약기록, 문제중심기록, 녹음 및 녹화 기록 등의 다섯 가지로 나누어 볼 수 있다. 구체적인 내용을 살펴보면 다음과 같다(강병철 외, 2013; 이은희 외, 2014; 서보준 외, 2021 재인용).

1) 최소 기본 기록

최소 기본 기록(minimum basic recording)은 단순하고 경제적인 기록 양식이다. 이 기록 유형은 먼저 기본적인 신상 정보, 즉 클라이언트의 이름, 주소, 전화번호, 직업과 수입, 가족이나 친척의 주소와 전화번호를 포함한다. 그리고 면접 날짜와 주요한 클라이언트 문제, 목적, 개입 계획, 클라이언트의 반응, 탐색이 필요한 영역, 필요한 자원, 클라이언트를 위해 필요한 행동, 종결 상태를 기록한다.

2) 과정기록

과정기록(process recording)은 사회복지실천에서 가장 오랜 역사를 가지고 있는 기록법으로 면접과정 중에 일어난 모든 일을 꼼꼼히 있는 그대로 기록하는 것이다. 초창기 사회복지사들은 클라이언트와 그가 처한 상황을 분석하기 위해 클라이언트의 말과 행동, 관찰, 신념 및 추측 등 기억할 수 있는 모든 것을 기록하였다. 이 방법은 정확한 피드백을 얻을 수 있어 실습생이나 직원 교육에서 사정기술 또는 면접 기술 등의 훈련에는 유용하나 시간이 많이 걸리고 번거로워 요즘은 별로 사용하지 않는다. 오히려 면접의 전 과정이 꼭 기록되어야 할 경우 비디오 촬영을 활용하는 방법을 쓰는데 이때에는 물론 클라이언트의 동의를 얻어야 한다.

(1) 장점

첫째, 과정기록은 사회복지실습이나 교육방법으로 유용하게 쓰인다. 슈퍼바이저가 학생의 전반적인 기능수행력을 파악하고, 학생이 효과적 기법을 사용하고 있는 영역과 지도가 필요한 영역을 알 수 있게 해준다. 그러므로 학생들의 면담기법, 개입방법 등에 관한 교육훈련을 위한 중요한 자료가 된다.

둘째, 과정기록은 학생의 자아인식 및 서비스과정에서의 자아 활용을 향상시켜 준다. 과정기록에서는 클라이언트의 말과 행동뿐만 아니라 자신의 말과 행동, 감정도 기록한다. 이때 문서화하는 과정에서 자신의 개인적인 느낌을 알아내고 이것이 서비스에 어떠한 영향을 미치는지 분석하게 된다.

셋째, 기관 측에서도 과정기록을 통하여 사례진행에 대해 점검하고 면담 중에 일어난 일을 파악할 수 있기 때문에 잘못된 사례진행을 사전에 예방할 수 있다.

(2) 단점

첫째, 기록하는 데에 시간이 너무 많이 걸린다. 교육에서는 중요한 제한이 되지 않겠지만 기관 실무에서 사용하기에는 비효율적이다.

둘째, 과정기록은 면접에서 실제로 일어난 일을 완벽하게 제한하기는 어렵다. 면접 중에 일어난 언어적·비언어적 의사소통의 모든 것을 다 기억할 수 없고 다 기록할 수 없기 때문이다(서혜석 외, 2017).

3) 요약기록

요약기록(summary recording)은 일반적으로 사회복지기관에서 가장 많이 사용되는 기록형태로 시간의 경과에 따라 변화된 상황, 개입활동, 중요한 정보 등을 요약하여 기록하는 것이다. 시간대별 서술하거나 요약기록으로 할 수 있다. 시간대별 서술은 일지형식과 유사하여 사건이 있을 때마다 기록한다. 요약기록은 일정 기간별로 묶어서 서술하는 형태로 일지기록을 바탕으로 작성한다.

대개 사회복지실천과정 단계에 따라 요약하는 것이 효과적이며 요약의 내용에는 면접일시와 대상, 장소, 문제탐색, 표적문제와 개입전략의 요약 및 계약, 개입단계에서는 클라이언트의 과업수행 과정과 표적문제의 진행상태, 사회복지사의 과업수행이 포함되고 마지막으로 종결단계의 문제 상태와 사후지도계획이 포함된다(엄명용 외, 2007). 요약기록은 사례가 장기간 지속될 경우나 클라이언트 상황과 서비스 교류의 특수한 본질을 반영할 수 있어 임상 실무를 기록하는 데 매우 유용하다.

(1) 장점

첫째, 임상 실무를 문서화하는 데 적합하다. 요약기록은 클라이언트 및 그 상황과 서비스 교류의 특수한 본질을 개별적으로 반영할 수 있기 때문에 문서화하는 데 적합하다.

둘째, 기록에 융통성이 있어서 중요하다고 생각되는 것을 포괄적으로 기록할 수 있다.

(2) 단점

첫째, 사회복지사의 재량에 아주 많이 의존한다. 따라서 기록 내용이 지나치게 단순할 수도 있고 지나치게 길고 초점이 분명하지 않을 수도 있다.

둘째, 개별적 구성과 부담스러운 양 때문에 원하는 정보를 쉽게 찾기 어렵다.

셋째, 기록하는 데 시간이 오래 걸리기 때문에 종종 기록하기를 미루게 될 수 있다(이광재, 2019).

4) 문제중심기록

문제중심기록(problem-oriented record)은 단순히 기록 차원을 넘어 문제해결 접근방법을 반영한다. 문제중심기록은 우선, 문제를 파악하기 위한 자료수집, 둘째, 문제의 규정과 구체적 문제목록 작성, 셋째, 개입계획, 넷째, 개인의 수행 및 점검으로 영역이 나누어져 개입의 초점을 잘 보여주며 효율성을 향상시킨다는 평가를 받고 있다. 문제중심기록이 많이 사용하는 기록 포맷은 SOAIGP이다. 구체적인 내용을 살펴보면 다음과 같다.

- S : **주관적 정보**(Subjective Information)
  클라이언트 입장에서 보는 상황에 대한 정보
- O : **객관적 정보**(Objective Information)
  전문가의 관찰, 임상적 검사, 체계적 자료수집으로 이루어진 정보
- A : **측정**(Assessment)
  주관적 및 객관적 정보를 검토하여 얻은 전문가의 결론
- I : **인상**(Impression)
  사회복지사가 받은 인상, 가설, 사정 또는 평가
- G : **목표**(Goals)
  현재 목표
- P : **계획**(Plan)
  전문가의 문제해결 방안

(1) 장점

첫째, 여러 상이한 전문직 간의 의사소통을 촉진하며, 여러 분야 간의 공조를 원활하게 해준다.

둘째, 책무성을 향상시킨다. 팀의 실무자들은 목록화된 각 문제에 초점을 맞춰 다루어야 하고 모든 치료계획에 대해 문서화된 추후 점검을 할 책임이 있다.

셋째, 질 높은 기록 검토를 할 수 있다. 기록이 간결하고 형식이 통일되므로, 기록감독자, 조사연구자, 외부의 자문가 등이 보다 쉽고 질 높은 기록 검토를 할 수 있다.

(2) 단점

첫째, 클라이언트의 욕구, 자원, 강점보다는 문제를 강조함으로써 사회복지실천의 관심의 폭을 지나치게 한정시킬 수 있다.

둘째, 개인과 환경의 상호작용보다는 개인을 강조함으로써 관련 현상의 복잡성을 단순화시킬 우려가 있다.

셋째, 부분화를 강조함으로써 통합적이며 체계적인 쟁점들을 왜곡시킬 우려가 있다(서혜석 외, 2017).

5) 녹음 및 녹화 기록

음성녹음과 화면녹화를 이용하여 면접과정을 관찰하고 재조사하며 분석하는 것이다. 또한 면담이나 개입장면의 전체를 기록하는 것이므로 직접 필기하는 것보다 효과적이며 기록 보관의 보충적인 역할로 사용된다.

장점으로는 교육용으로 그리고 가족치료 및 실천에 대한 과정 지향적인 접근법을 지도·감독할 때 유용하게 사용할 수 있다. 반면 단점 및 주의할 점으로는 클라이언트가 녹화나 녹음을 지나치게 의식하여 집중력이 떨어지거나 평소처럼 자연스럽지 않고 어색할 수 있으며, 녹음이나 녹화 시 클라이언트에게 사전에 알리고 반드시 동의를 구해야 한다(사회복지교육연구센터, 2020).

CHAPTER 04

심리사회모델

CHAPTER 04

심리사회모델

제1절 심리사회모델의 개요 및 이론적 배경

1. 심리사회모델의 개요

심리사회모델은 우애방문단과 자선조직협회에서 경험한 사실들을 체계적으로 정리하여 현대 개별사회사업 이론과 실천 발전의 토대를 구축한 메리 리치몬드(M. Richmond, 1861~1928)의 연구에 의해 발전하였으며, 정신분석학, 자아심리학, 체계이론, 생태체계이론 등의 다양한 사회과학적 지식들에 의해 영향을 받았다. 또한 해밀튼(G. Hamilton, 1892~1967)은 『Theory and Practice of Social Casework』(1940)에서 심리사회라는 용어를 사용하였으며, 홀리스(F. Holis, 『Casework : A Psychosicial Therapy』, 1964)에 의해서 사회복지의 주요 이론모델로 체계화되었다. 리치몬드에 의해 연구·개발된 여러 원칙들은 심리사회모델의 기본 토대가 되었고(도광조, 2021), 이것을 학문적인 용어로 처음 정착시킨 사람은 진단주의의 옹호자였던 해밀튼이었다. 이후 1960년대에 홀리스는 심리사회모델을 사회복지실천이론으로 체계화하였는데(김혜영 외, 2020), 홀리스의 심리사회모델의 특징을 요약정리하면 다음과 같다(Holis, 1970).

첫째, 진단과 치료의 대상이 되는 주된 체계는 상황 속의 인간유형이다. 즉, 도움을 받는 인간을 그의 외계와의 상호작용·상호교류의 맥락 속에서 보아야 한다는 점이다.

둘째, 심리 · 사회적 접근의 강조점은 치료는 어디까지나 클라이언트의 욕구에 따라서 개별적으로 이루어져야 한다는 점이다. 클라이언트의 문제는 그 사람의 기능의 부적응, 결함이 많은 사회적 상황, 또는 쌍방의 다양한 정도의 연계에서 생겨난다. 워커(worker)는 이들 제 요인을 명확히 하며, 클라이언트의 개별화된 욕구에 부합된 가장 적절한 방법으로 클라이언트에게 대응하는 것이 필요하다.

심리사회모델의 기초적인 전제는 케이스워크 예술(art)이며 과학(science)이라는 점이다. 직감적인 통찰력과 자발성은 지식을 발전하게 하고 체계화하여 사람과 그의 사회적 표현관계 및 조직에 대한 객관적 진리에 대한 이해를 높이기 위한 계속적인 노력과 연계되고 있는 것이다.

따라서 심리사회모델의 주요 이론적 배경은 정신역동이며, 상황 속의 인간의 시각을 강조하지만 개입초점은 역시 클라이언트 개인의 심리상태, 개인을 둘러싼 사회환경, 그리고 개인과 환경과의 상호작용 양상에 동시에 주어진다. 즉, 심리사회모델에서는 클라이언트가 자신의 행동과 감정을 이해하고 통찰함으로써 자신의 문제를 해결하기 위한 능력을 고취하도록 원조하는 것을 강조한다(서혜석 외, 2017).

2. 이론적 배경

심리사회모델의 이론적 기반이 되는 주요 이론은 정신분석이론, 대상관계이론, 자아심리이론, 체계이론, 역할이론 등의 다섯 가지로 구분할 수 있는데, 구체적인 내용을 살펴보면 다음과 같다(박병금 · 최은희, 2016; 생각의마을, 2021; 엄명용 외, 2005).

1) 정신분석이론

프로이트에 의해 주창된 정신분석이론은 정신결정론(psychic determinism)과 무의식적 동기(unconscious motivation)를 강조하고 있다. 정신결정론이란 사람들이 생각하거나 느끼는 모든 것에는 의미와 목적이 있으며, 개인의 경험에 의해 이미

결정되어 있다는 가정이다.

무의식적 동기란 프로이트가 마음의 구조를 빙산으로 비유하면서 의식, 전의식, 무의식 등 지형학적으로 분석한 데서 나온 개념이다. 정신분석이론에서 인간의 성격은 원초아와 자아, 그리고 초자아로 구성된다고 본다. 그리고 인간의 문제와 갈등의 원인은 무의식에 있는 것으로 본다. 따라서 정신분석에서는 자유연상, 꿈 분석 등을 통해 무의식을 분석함으로써 문제의 원인을 파악하고 해결점을 찾고자 한다.

2) 대상관계이론

대상관계이론은 프로이트의 정신분석이론을 현대 정신분석학자들이 확장한 이론 가운데 하나이다. 대상관계이론은 인간은 양육자(주로 어머니)와의 관계에서 경험했던 이미지나 기대에 따라 현재의 대인관계를 형성하며, 인간은 다른 사람들의 실제 특성보다는 내부 대상과의 유사성에 따라 대인관계를 맺는다고 주장한다. 특히 생애 초기에 경험한 애착 대상과 관계는 이후의 대인관계 유형을 결정한다는 점을 중시한다.

1차적인 양육자인 어머니와 성공적인 대상관계를 발달시킨 사람은 정서적으로 안정된 반면, 그렇지 못한 경우에는 부적응적인 행동이 나타날 가능성이 높다. 부모가 자녀를 과보호하거나 혹은 그 반대로 자녀를 적절히 보호하지 않은 채 방치하거나 부모의 보호에 일관성이 없는 경우 자녀는 안정적이고 독립적인 자기 개념을 형성하지 못한다. 이런 경우 특히 자녀가 취학기, 청소년기, 성인 독립기가 되었을 때 어려움을 겪을 수 있다. 또 자녀가 병리적인 대상을 내면화한 경우, 이후 대인관계에서 문제를 경험할 수 있다.

심리사회모델은 인간이 맺는 대인관계는 개인이 속해 있는 환경과의 경험에서 발전한다는 대상관계이론의 영향을 받아서 클라이언트가 형성한 대인관계 및 대인관계에 영향을 미치는 환경을 중요시한다. 이러한 측면은 생애 초기 대인관계 경험이 현재 클라이언트의 문제와 관련된다고 보아 심리사회모델의 발달적 고찰 기법에 영향을 주었다.

3) 자아심리이론

자아심리이론은 개인의 내적 상태와 외부 환경 사이의 상호작용을 강조한다. 개인은 스스로의 존재가치, 안정감, 만족을 느낄 수 있도록 외부의 압력에 대처할 수 있는 능력을 개발하는 것이 강조된다. 스트레스가 정신적 문제나 신체적 문제해결을 악화시키기 때문에 스트레스로 인한 부적절한 대처기술은 문제를 더욱 심화시킨다. 따라서 부적절한 대처기술은 개인으로 하여금 불안과 염려를 조성하며 극도로 심한 경우 정신병리를 일으킨다.

자아심리이론은 개인의 적응능력에 영향을 미치는 환경적 요인에 관심을 갖는데 이러한 부분이 심리사회이론에 영향을 미쳤으며, 자아의 수행능력, 자아방어기제, 자아의 현실 판단 능력 등을 향상시킴으로써 클라이언트의 문제해결능력을 향상시키려고 한다.

4) 체계이론

체계이론에서는 인간과 환경은 서로 영향을 주고받는 개방체계로서 인간은 인간을 둘러싼 환경과 상호작용한다고 한다. 따라서 인간을 이해하기 위해서는 인간과 환경, 그리고 둘 사이의 상호작용을 이해해야 한다.

체계이론이 인간과 환경 간 상호작용을 중요시하는 점은 심리사회모델의 인간-상황에 대한 고찰 기법에 영향을 주었다. 또한 한 부분의 변화는 다른 부분의 변화를 초래한다는 체계이론의 영향을 받아 심리사회모델은 개인이나 환경의 변화를 통해 다른 부분의 변화를 유도하려고 한다.

5) 역할이론

역할이론은 인간의 행동을 소질, 재능, 욕망 등이 아니라 집단 속에서 차지하는 역할을 통해서 설명한다. 어떤 사람이 특정 행동을 하는 것은 그러한 소질이나 욕망이 있어서가 아니라 사회 혹은 집단에서 차지하는 그의 역할에 대한 기대에 따라 행동하기 때문이라고 본다. 예를 들어, 부모가 자식을 사랑하는 것은 부모의 본능이 아니라 부모로서 해야 할 일이라고 사회에서 기대하는 역할을 수행한다는 것이다.

역할이론은 인간이 왜 그러한 행동을 하는가에 대해 인간을 둘러싼 사회환경과 관련시켜 설명한다. 따라서 인간이 어떤 환경에 속해 있는가를 이해하면 왜 그러한 행동을 하는가를 이해할 수 있다. 인간의 행동을 사회구조와 연결시켜 설명하는 역할이론은 심리사회모델에서 인간을 이해하기 위해서는 그를 둘러싼 환경이 어떠하며, 그 환경과 인간이 어떻게 상호작용하는지 이해해야 함을 강조하는 데 영향을 주었다.

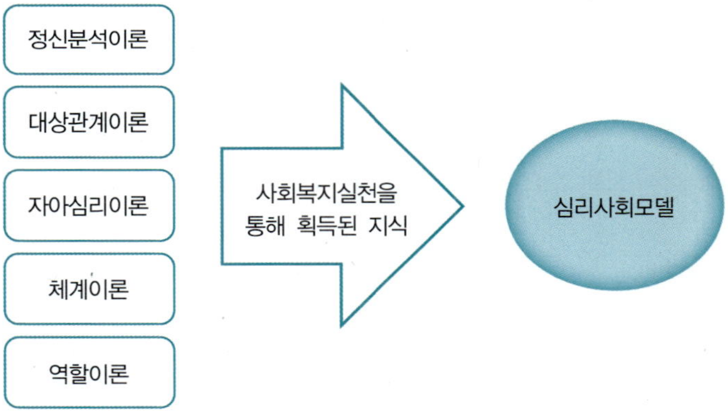

| 그림 4-1 | 심리사회모델에 영향을 미친 이론

출처 : 생각의마을(2021). 사회복지실천기술론 재정리.

제2절 심리사회모델의 주요 개념

1. 주요 개념

심리사회모델의 주요 개념으로는 개별화와 수용, 자기결정, 상황 속의 인간, 사회복지사와 클라이언트의 관계 등의 네 가지로 구분할 수 있는데, 구체적인 내용을 살펴보면 다음과 같다(길귀숙 외, 2022; 설진화, 2008; 홍봉수 외, 2022).

1) 개별화와 수용

심리사회모델에서는 인간의 존엄성을 바탕으로 개별화의 원칙에 따라 클라이언트의 독특한 세계관과 자질 등을 인정해야 하며, 클라이언트의 욕구에 관심을 가지고 그를 존중함과 동시에 수용해야 한다.

수용이란 사회복지사가 클라이언트의 태도와 행동을 받아들임에 있어 클라이언트의 태도와 행동이 사회복지사의 기준과 맞지 않는다 하더라도 클라이언트가 이야기하는 것에 경청해야 하며, 온화함과 선한 의지를 보여주는 태도를 유지하는 것을 의미한다. 또한 문제 상황을 다룸에 있어서 차별성이 강조되는데, 이는 동일한 유형의 문제 상황이라 하더라도 클라이언트에 따라 그 상황이 발생한 배경 등이 다를 수 있기 때문이다.

따라서 클라이언트를 개별적 차이를 지닌 인간으로 존중함과 진실성 가운데의 비심판적 수용은 심리사회모델에서 주요 개념이 된다.

2) 자기결정

클라이언트의 자기지시, 자기결정은 중요한 권리이며, 심리사회모델에서는 이 권리를 매우 중요시한다. 클라이언트 스스로 자신의 행동에 대해 결정을 내리고, 사회복지사는 클라이언트의 자기결정을 최대한 존중해 준다.

클라이언트 자신이 결정을 내리고 또 자신의 삶에 대한 주체적 태도를 지닐 수 있으면 더욱 좋다. 따라서 사회복지사는 클라이언트를 위해 환경에 개입하여 클라이언트의 자율성 보장, 자신감과 독립심 함양 등의 변화를 유도할 수 있어야 한다. 그리고 이를 위해 주로 클라이언트에게 다양한 정보를 제공하고 클라이언트가 생각을 분명히 할 수 있도록 돕는 것이 필요하다. 그러나 자기결정에는 적은 선택 기회, 다른 사람의 욕구와의 갈등 등 많은 조건과 제약 및 도덕적 딜레마가 뒤따른다. 또한 클라이언트의 자율적 결정일지라도 그것이 다른 사람의 권리 또는 공공의 이익을 침해하거나 사회에 해를 끼칠 경우에는 제약이 따른다.

3) 상황 속의 인간

심리사회모델에서 클라이언트의 문제는 개인, 가족, 사회체계 등이 서로 영향을 주고받는 가운데서 나타난 것으로 간주되기 때문에 개인의 심리체계는 독립적으로 존재하는 것이 아니라 생물학적 체계, 사회적 체계와 끊임없이 상호작용한다는 것을 전제로 하는 상황 속의 인간에 대한 개념이 중시된다.

따라서 심라사회모델에서는 상황 속의 클라이언트에 대해 파악하고 이해하기 위하여 클라이언트가 과거에 상황 속에서 어떤 경험을 하였는지를 중시하고, 클라이언트가 자신의 사고, 감정, 행동 등에 대해 이해하고 고찰할 수 있도록 원조하며, 동시에 클라이언트가 현재 인식하는 문제들 또한 존중해서 클라이언트가 있는 곳에서 접근하고 개입한다.

4) 사회복지사와 클라이언트의 관계

사회복지사와 클라이언트의 관계에 있어 사회복지사의 지지는 클라이언트가 자신의 억압된 생각과 감정을 적절히 표출하도록 도우며, 더 나아가 클라이언트의 자신감과 자존감을 향상시킴으로써 자신이 원하는 삶을 선택할 수 있도록 이끌 수 있다. 지지는 관심, 수용, 감정이입적 이해, 재확인, 그리고 격려를 보여주는 언어적 · 비언어적 의사소통이다.

따라서 클라이언트는 사회복지사와의 전문적 관계를 통해 자율성을 경험하고 희망을 가질 뿐만 아니라 보다 더 많은 자신감과 독립심을 느낄 수 있게 된다. 사회복지사는 클라이언트가 기회를 최대한 이용할 수 있도록 스스로 자기결정을 내려 행동에 옮길 수 있도록 도와주어야 한다. 클라이언트의 자기지시 혹은 자기결정은 클라이언트의 중요한 권리이며, 심리사회이론에서는 이 권리를 매우 중요시한다.

제3절 심리사회모델의 개입과정

심리사회모델의 개입과정은 초기단계, 사정단계, 개입단계, 종결단계로 구분되는데 구체적인 내용을 살펴보면 다음과 같다(장수미 외, 2010; 홍봉수 외, 2022).

1. 초기단계

초기단계는 면접을 통해 클라이언트의 문제와 관련된 사실들을 수집하는 과정으로 클라이언트 문제에 직접적으로 관련되어 있다고 생각되는 사실적 정보수집에 초점을 둔다. 초기단계의 면접 횟수는 전체의 횟수에 따라서 조절될 수 있으며, 보통 1회에서 3회 정도이나 면접이 더 필요할 경우 5회까지의 면접이 초기단계로 규정될 수 있다.

사회복지사는 초기면접(intake)을 통해 클라이언트의 문제, 문제의 원인, 클라이언트가 문제를 해결하기 위해 시도한 방법, 클라이언트가 현재 문제에 대해 느끼는 감정과 인식수준, 문제상황에 기여한 요소들, 문제와 관련된 클라이언트의 초기 발달과정과 원가족에 대한 정보를 수집한다.

2. 사정단계

정신역동모델과 마찬가지로 심리사회모델에서는 과거의 경험을 중요시 여기지만 정신분석모델과 달리 무의식보다는 의식적 · 전의식적 현상에 초점을 두고 탐색한다. 즉, 심리사회모델에서도 초기단계에서 원가족에 대한 정보와 어린 시절의 발달력을 탐색하고 사정단계를 통해 탐색하지만, 어렸을 때의 억압된 감정이나 무의식의 기억을 파악하는 것이 목적은 아니다.

심리사회모델에서는 어렸을 때의 경험과 함께 생활주기에서 나타날 수 있는 다양한 경험(예 결혼, 출산, 입학, 이혼, 은퇴) 등을 면밀하게 탐색함으로써 클라이언트가 갖는 기대와 대처방식, 적응능력을 파악하게 된다.

사회복지사는 원인론적 영역, 역동적 영역, 임상적 영역의 심리사회적 사정을 할 수 있다. 구체적인 내용은 다음과 같다.

첫째, 원인론적 영역으로 '문제가 어떻게, 왜 발생하였는가'의 질문을 통해 문제의 원인이 현재의 상호작용 내에 있는지, 현재까지 영향을 미치는 과거의 사건에 있는지, 혹은 클라이언트의 딜레마 원인 속에 있는지 탐색해야 한다.

둘째, 역동적으로 '인간–상황 상호작용에서 누가, 무엇이 변화를 위해 접근 가능한가'의 질문을 통해 클라이언트 인성의 제 측면이 어떻게 상호작용하는지를 검토해야 한다.

셋째, 임상적 영역으로 '변화를 위해 관여되어야 할 사람과 자원은 무엇인가'의 질문을 통해 클라이언트의 여러 가지 기능적 측면을 분류해야 한다.

3. 개입단계

개입단계에서는 개입목표와 방법을 수립한다. 개입목표와 방법은 클라이언트에게 유익하여야 하며, 사회복지사와 클라이언트의 합동 노력에 의해 이루어지는 것이 바람직하다.

개입목표와 방법은 상황에 따라 변화될 수 있으며, 클라이언트의 특성을 반영한 현실적 지원 제공을 원칙으로 한다. 개입목표를 설정할 때는 관련된 체계들의 변화 가능성, 클라이언트 및 주변 체계들의 장점 · 단점이나 자원, 클라이언트가 겪고 있는 문제의 성격, 각종 체계들의 역동적 상호 관련성에 대한 이해, 클라이언트에 대한 임상적 진단 등이 고려되어야 한다.

개입방법에 있어서는 클라이언트 스스로가 정서적 문제나 대인관계적 문제 등에 대해 자신의 행동과 감정을 이해하고 통찰할 수 있도록 함으로써 문제 해결을 위한 개입방법을 직접적으로 선택하고 결정할 수 있도록 돕는 것이 필요하다. 따라서 클라이언트는 개입방법을 선택할 수 있으며, 클라이언트의 사회환경에 개입해야 하는 간접적 개입이 필요한 경우에는 사회복지사가 자원동원자, 자원개발자, 조정자, 옹호자 등의 다양한 역할을 할 수 있다.

4. 종결단계

클라이언트의 문제가 해결되거나 개선되어 개인 및 가족의 기능이 회복되었을 때 이루어진다. 종결단계를 위해서는 사회복지사의 기술과 민감성, 자기인식 등이 필요하며 클라이언트와 사회복지사의 동의하에 종결이 이루어져야 한다.

따라서 사회복지사는 이별에 대한 감정과 사회복지사와 형성된 관계 및 감정을 다루고 정리해 주어 갑작스러운 관계의 단절로 인해 발생할 수 있는 정서적 충격을 최소화할 수 있도록 모든 노력을 기울여야 한다. 또한 종결 전에 클라이언트가 관계를 마칠 준비가 충분히 되어 있는지를 평가하여 적절히 다루어야 한다.

제4절 심리사회모델의 개입기술

심리사회모델의 개입기술은 직접적 개입과 간접적 개입으로 구분할 수 있는데 구체적인 내용을 살펴보면 다음과 같다(김혜영 외, 2020; 이애재, 2022; 최희철, 2021).

1. 직접적 개입

1) 지지하기

지지(support)란 클라이언트의 성격에 큰 문제는 없지만 현실에 직면하고 있는 문제로 괴로워하는 클라이언트의 긴장, 불안, 실망 등의 상태를 사회복지사가 수용하고 적극적인 관심과 이해를 나타내고 격려와 칭찬을 함으로써 클라이언트 스스로 환경에 적응하도록 돕는 기술이다. 그러나 일반적으로 환경치료와 병행하여 구체적인 도움과 함께 심리적 지지를 해줌으로써 클라이언트 자신이 문제를 이해하고 극복하려는 의욕을 가지고 사회생활을 영위하도록 태도나 의식의 형성에 영향을 미치는 것이다.

지지 방법으로는 관심, 수용, 격려, 선물 주기, 재보증 등의 방법을 활용해 볼 수 있다.

(1) 관심

지지 중에서 중요한 것은 관심(interest)과 공감적인 경청이다. 이러한 경청은 클라이언트의 복지에 대한 사회복지사의 관심을 클라이언트에게 전달하는 것이다. 그러나 사회복지사는 각기 그 민감성이나 표현방법에 있어서 차이가 있다. 사회복지사는 말보다 얼굴표정, 어조, 말의 선택, 경청자세 등과 같은 비언어적 표현에 의해서 그의 관심을 클라이언트에게 더욱더 전달하게 된다.

예
- **언어적** : 그런 느낌들은 자연스러운 거예요.
  계속 얘기해 보세요.
- **비언어적** : 미소, 고개 끄덕임

(2) 수용

수용(acceptance)이란 클라이언트가 자신에 관하여 이야기한 것을 듣고 사회복지사가 그것을 시인하든 하지 않든 간에 클라이언트에 대해 긍정적이고 이해적인 태도를 계속 전달하는 것을 의미한다.

(3) 격려

격려(encouragement)는 특히 아동을 다루는 데 중요하다. 그러나 항상 자신감이 부족하거나 특히 어려운 문제에 직면하고 있거나 또는 정상적인 자신감이 약화되어 계속 불안한 상태에 있는 성인들에게도 효과적이다.

예
ㅇㅇ씨는 몇 차례 공무원 시험에 합격하지 못했지만, 최근 몇 개월 동안 자신의 부족한 부분에 대해 점검하고 분석하여 부족한 부분에 대해 열심히 노력하였으니 이번 시험에는 꼭 합격할 수 있을 것 같습니다.

(4) 선물 주기

클라이언트의 지지에 대한 욕구는 실제적인 '애정의 선물(gifts of love)'에 의해서 충족될 수 있을 만큼 강할 경우가 있다. 이것은 사회복지사의 선의에 관한 구체적인 증거를 필요로 하는 아동을 다룰 때 특히 효과적이다.

작은 선물은 언제나 사회복지사가 아동, 특히 유아와 긍정적인 관계를 수립하는 방법의 일부로서 사용되어 왔다.

예
- **아동의 경우** : 사회복지사가 머리를 쓰다듬어 주거나, 안아주는 것
- **성인의 경우** : 바쁜 클라이언트를 위해 한 번쯤 가정을 방문하여 만나는 것

(5) 재보증

재보증(reassurance)이란 사회복지사가 클라이언트의 죄책감과 불안감에 대해 안심시켜 주는 것이다. 재보증은 사실상 합리적이고 현실적인 생각과 결정에 대해서 클라이언트가 의구심을 가지고 있을 때 사용된다.

예 ㅇㅇ씨는 사업실패로 인해 갚아야 할 빚이 많음에도 불구하고 성실하게 열심히 일하며 삶을 포기하지 않고 살아가는 이유는 가족에 대한 책임감이 있기 때문입니다.

2) 직접적 영향 주기

직접적 영향 주기(direct influence)는 사회복지사가 서비스 이용자에게 자신의 의견을 제안하거나 조언 · 충고함으로써 서비스 이용자가 특정 행동을 촉진할 수 있도록 돕는 것이다. 이것은 단순히 사회복지사의 의견을 제시하는 차원부터 강도 깊게 주장하거나 충고 혹은 촉구하는 것까지를 포함한다.

이 기법 적용에서 유의할 점은 사회복지사가 자신의 의견이나 생각은 서비스 이용자에게 있으며 그에 따른 책임도 함께 있음을 분명히 하는 것이다. 또한 서비스 이용자와 사회복지사 간의 충분한 신뢰관계가 형성되어 있고 사회복지사가 서비스 이용자에 대해 충분히 이해하였을 때 사용해야 한다. 직접적 영향을 미치기 위해 사회복지사는 의견진술, 제안, 촉구, 주장의 순서로 지시를 해줄 수 있

다(엄명용 외, 2005).

예
- 다른 곳에도 이력서를 제출해 보면 어떨까요?
- 그것을 하는 것이 도움이 될까요? 이렇게 하는 것이 더 좋을 것 같아요.

3) 탐색-묘사-환기

탐색–묘사–환기(exploration-description-ventilation)는 서비스 이용자가 자신 및 환경에 대한 자신의 생각과 감정을 이해하고 표현하도록 하는 것을 의미한다. 이 과정을 통하여 서비스 이용자는 자신의 환경에 대해 자신이 어떠한 감정을 가지고 있는지를 이해하고 긴장을 완화하도록 원조할 수 있다. 탐색은 자신의 주변에 어떤 일이 일어나고 있는지 상황을 둘러보는 것이고, 묘사는 자신이 알고 있는 대로 사실을 말로 설명하는 것이며, 환기는 사실과 관련된 부정적인 감정을 이끌어 냄으로써 카타르시스(감정의 정화)를 경험하도록 하는 것이다.

탐색, 묘사, 환기는 연관되어 있는데, 사실을 진술하거나 설명하는 과정에서 자연이 감정이 표현되기 때문이다. 심리사회모델에서는 특히 분노, 상실에 대한 애도, 반응, 죄책감, 불안 등의 감정에 주의를 기울인다.

일반적으로 이 기법은 부정적인 감정이 억압되어 있거나 복합적인 생각이나 감정이 얽혀있어 서비스 이용자가 자신의 감정을 잘 파악하지 못할 경우 사용하는 데 유용하다. 이러한 감정은 말로 표현되었을 때 강도가 현격히 줄어들 수 있는데 무엇보다 타이밍이 중요하다. 즉, 방어하지 않고 편안하게 자신의 감정을 표현할 수 있는 준비가 되었을 때에야 비로소 서비스 이용자는 환기를 경험할 수 있다. 때로는 환기를 경험하는 것 자체로 문제가 해결되는 경우도 있다.

예 **사회복지사** : 처음 시골에서 도시로 전학 온 날 어떤 느낌이었나요? 그때의 생각과 느낌을 구체적으로 말해보세요. 교실 분위기와 학생들의 표정은 어땠나요? (탐색을 이끌어 내는 질문)
서비스 이용자 : 아이들은 낯설었고 저는 혼자서 벤치에 앉아 점심을 먹었어요. 슬펐지요. (묘사)
사회복지사 : 구체적으로 어떤 슬픔이었죠?
서비스 이용자 : 막막하고 세상에 버려진 느낌. 나 혼자라는 느낌을 가졌어요. (환기)
사회복지사 : 지금의 문제에 대해 조금만 더 이야기해 주세요. 당신이 가족과 함께 있을 때 어떤 일이 발생하나요?

4) 인간-상황에 대한 고찰

(1) 타인, 건강, 상황에 대한 고찰

인간의 정보 부족이나 편견, 두려움 등에 의해 자신이 처한 상황과 가족이나 친구들, 동료들, 이웃 사람들의 감정과 행동을 정확히 이해하지 못하는 경우가 있다. 사회복지사는 서비스 이용자의 상황에 대해 직접 설명하기도 하지만, 질문이나 언급을 통해 서비스 이용자가 스스로 깨닫도록 도와준다.

(2) 서비스 이용자의 행동이 자신과 타인에게 미치는 영향

사회복지사는 서비스 이용자가 미처 깨닫지 못했거나 간과한 결과에 대해 주의를 기울인다. 예를 들어, 친구들이 보는 앞에서 청소년 자녀를 때린 아버지는 자녀가 친구들의 인정을 받기 위해서는 아버지와 대항해야만 하는 결과를 가져오게 된 상황을 이해할 필요가 있다. 이 역시 서비스 이용자의 행동과 결과의 관계를 사회복지사가 설명하기보다는 질문이나 언급을 통해 이용자가 인과관계를 직접 깨닫도록 인도한다.

(3) 서비스 이용자 행동의 성격

서비스 이용자가 자신의 숨겨진 반응, 사고, 감정의 성격에 대해 내부 지향적인 이해를 하도록 원조한다. 예를 들어, 어머니가 자녀에 대해 분노의 감정을 가지고 있지만, 인지하지 못하는 경우 혹은 인지는 하지만 부인하는 경우가 있을 수 있다. 사회복지사는 서비스 이용자가 자신의 감정에 대해 스스로 통찰할 수 있도록 원조한다.

(4) 서비스 이용자 행동의 원인

서비스 이용자가 다른 사람들과의 상호작용이나 상황적 자극에 대해 나타낸 반응 행동의 원인을 이해하도록 원조한다. 예를 들어, 아내의 취업을 반대하는 남편은 아내가 가정을 돌보는 것을 자신에 대한 사랑의 상징으로 생각해 왔으며, 아내가 취업을 한다는 것은 자신을 더 이상 사랑하지 않는다는 의미로 생각하기 때문일 수 있다.

(5) 자기평가

서비스 이용자가 자신의 도덕과 양심, 자기 이미지, 가치 등에 관하여 자기평가를 원조한다. 예를 들어, 사회복지사는 서비스 이용자가 현재 가지고 있는 자기 이미지가 현실에 근거하고 있는지 질문하거나 이용자가 가지고 있는 가치를 명확히 하기 위한 언급을 할 수 있다.

(6) 사회복지사와 원조 과정

사회복지사, 치료, 기관의 규칙 등에 대한 서비스 이용자의 반응과 이해 정도를 탐색하여 원조과정의 효과를 최대화한다(김혜란 외, 2005).

개인-상황에 대한 고찰은 서비스 이용자의 현재 환경과 다른 사람과의 상호작용에 관한 인식, 생각, 감정을 더 알 수 있도록 도움을 준다. 서비스 이용자가 말하는 것에 대해 사회복지사가 의견 제시, 질문, 부연 설명 등을 하여 관심 있는 사건에 대해 이용자가 깊이 있게 되새겨 볼 수 있도록 돕는 것이다. 서비스 이용자와 사회복지사 간의 관계를 탐색하는 것도 개인-상황 반영의 일부분이 될 수 있다(신성자 외, 2007).

예
- 아들이 비행하게 만든 것이 무엇인가요?
- 아들이 반항적으로 행동하는 것이 당신을 당황하게 만드나요?
- 아들의 어떤 행동이 당신을 힘들게 만드나요?
- 내가(사회복지사) 당신(서비스 이용자)을 판단한다면(또는 차별하거나 화를 내면) 당신은 어떤 느낌인가요?

5) 유형-역동성 고찰

유형–역동성 고찰(pattern-dynamic reflection)은 서비스 이용자로 하여금 사건들에 대한 특정한 방식으로 생각하거나 행동하도록 이끄는 행동 경향, 사고나 감정의 패턴을 확인하도록 도와준다.

사회복지사는 클라이언트의 성격 혹은 행동의 유형과 원초아, 자아, 초자아의 심리 내적 역동에 대해 반영할 수 있다. 변화의 동기를 촉진시키면서 클라이언트 자신의 성격유형, 특징, 행동유형, 방어기제, 초자아와 자아의 기능 수행 정도 등 심리 내적 역동에 대해 이해하도록 하기 위해서 클라이언트의 행동경향, 어떤 특정 행위에 이르도록 하는 생각이나 감정의 유형 또는 사건에 대한 생각을 스스로 찾아낼 수 있도록 도와주는 기법이다.

유형–역동성에 대한 반영을 위한 기법으로는 명확화, 해석, 통찰의 개발 등이 있다.

예
- 당신이 지금 아내에게 화를 낼 때 전 부인과 싸우는 것 같지는 않나요?
- 남편과의 관계가 악화될 때마다 시어머니 탓으로 비난하고 있네요.

6) 발달적 고찰

발달적 고찰(development reflection)은 원가족에서의 경험 또는 유아기의 경험 등 주로 초기 생애주기의 경험과 이 경험이 현재 기능에 미치는 영향을 살피는 것이다. 즉, 사회복지사는 클라이언트의 사회적 기능 수행에 영향을 주는 과거와 현재의 경험을 반영할 수 있다.

심리사회모델에서 역동적 또는 발달적 고찰은 전의식과 관련되는 것으로서 의식과 무의식 사이에 존재하여 평소에는 잘 생각나지 않다가 어떤 계기에 의해 떠오르는 생각을 의미한다. 예를 들어, 이유 없이 아내를 끊임없이 의심하는 남편에게 어린 시절 자신의 외가에 맡기고 자주 찾아오지 않았던 엄마에 대한 감정과 현재 아내에 대해 느끼는 감정이 관련되어 있는 것은 아닌지 돌이켜 보도록 제안할 수가 있다.

예
- 예전에도 이와 같은 행동을 해본 적이 있나요?
- (청소년기 자녀를 둔 부모에게) 당신의 청소년기와 아들의 청소년기는 어떤 점에서 비슷한가요?

2. 간접적 개입(환경 조정하기)

심리사회모델의 간접기법은 클라이언트를 둘러싼 인적 · 물적 환경을 변화시키는 것이다. 즉, 클라이언트의 주변 환경에 관련된 사람들과의 관계에 개입하거나 사회 환경적인 변화를 추구하는 활동이다.

심리사회모델은 클라이언트 자체에 상당한 비중을 두고 있지만, 필요한 경우에는 클라이언트의 환경에 대해서도 개입을 하여 클라이언트를 둘러싼 환경의 변화로 클라이언트 스스로가 주변을 변화시킬 수 있도록 원조한다.

클라이언트의 문제해결 과정에서 사회복지사는 주변 사회환경 자원을 최대한 활용하기 위해서 사회복지사는 기관의 정책, 기관이 가지고 있는 자원, 기관의 권력구조, 타 전문직의 문화 또는 분위기 등을 이해하고 있어야 한다. 또한 기관의 직원과도 지속적 협력관계를 유지해야 한다. 간접적 실천에 있어 사회복지사의 역할과 관련하여 강조해야 할 두 가지 중요한 사항으로서 클라이언트의 신상에 대한 비밀보장과 클라이언트의 자기결정과 그에 따른 클라이언트의 책임성을 들 수 있다.

간접기법의 구체적인 방법을 살펴보면 다음과 같다.

① 클라이언트와 관련된 사람과의 관계에 개입하여 클라이언트와 주변 사람들과의 관계를 개선한다.
② 클라이언트에게 필요한 자원을 발굴하여 제공하거나 자원을 이용할 수 있도록 연계한다.
③ 클라이언트에 대해 옹호활동을 하거나 중재활동을 한다.

예 저소득층 가정의 클라이언트 ㅇㅇ씨는 만성질환으로 인해 직업을 유지하기 어려워 지속적으로 경제적 어려움을 겪고 있었다. 사회복지사는 무료로 치료받을 수 있도록 ㅇㅇ씨가 거주하는 지역에 있는 의료 자원을 찾아 연결해 주었다.

제5절 심리사회모델의 장점과 단점

1. 장 점

심리사회모델이 가지고 있는 개인과 환경중심의 기본적인 가치기준에 어긋나지 않는다면, 다양한 기법이나 지식을 수용한다는 점에서 개방적인 태도를 견지하고 있다. 특히 장·단기 내지 예방적 개입 등에서 심리사회모델은 모델의 유용성을 인정받고 있다. 이러한 태도를 바탕으로 모델이 발전할 수 있는 가능성이 있다.

2. 단 점

경험적 사례연구를 통해서 양적 연구방법과 질적 연구방법을 동원하여 성과평가가 이루어지고 있지만, 어떤 유형의 문제에 대해 어떤 형태의 실천이 더 효과적이라는 실증적 연구는 빈약한 편이다.

또한 기관이나 지역사회와 같은 환경적인 요소에 대한 영향력을 간과하였다는 점과 클라이언트의 욕구를 불충분하게 반영하였다는 점에서 뚜렷한 한계가 있으며 주관이 작용하거나 주로 대화를 통한 개인 개입에 집중함으로써 많은 클라이언트를 상대로 할 때는 효용가치가 떨어지는 것으로 평가된다.

또한 심리사회모델은 정신분석이고, 억압받는 인구와 다른 다양한 목표집단 욕구의 강점에 불충분하게 반응한다는 비판을 받았다(이재선 외, 2016).

CHAPTER 05

인지행동모델

- 제1절 인지행동모델의 개념 및 이론적 배경
- 제2절 인지행동모델의 주요 개념
- 제3절 행동주의 모델의 주요 개념
- 제4절 인지행동모델의 개입과정
- 제5절 인지행동모델의 개입기술
- 제6절 인지행동모델의 장점과 단점

CHAPTER 05

인지행동모델

제1절 인지행동모델의 개념 및 이론적 배경

1. 인지행동모델의 개념

인지(cognition)란 일반적으로 사고의 능력을 의미하는데 넓은 의미로는 사고 외에 지각, 기억, 지능, 언어 등을 포함하는 정신과정이다. 인지행동모델은 하나의 실천모델이 아니라 여러 모델을 총칭하는 용어이다. 즉, 인간이 생각하고, 판단하며, 추리하고 정보를 처리하는 과정인 인지과정의 개념과 함께 행동주의이론과 사회학습이론의 여러 개념들을 통합하여 적용한 이론으로 개인과 환경 사이의 상호적 영향이 대개 정보의 교환을 통해 발생하고 그것들을 잘못 해석하면 그 개인은 각종 문제들에 잘 대처할 수 없다.

엘리스(Albert Ellis)는 사람의 믿음, 생각, 자신에게 하는 말 등이 이성적이고 합리적일 경우에는 순기능적인 감정이나 반응을 보이게 되지만, 반대로 믿음, 생각, 자신에게 하는 말 등이 혼란스럽거나 비이성적일 경우에는 역기능적인 감정, 정서 및 행동들을 표출하게 된다고 하였다.

따라서 인지행동모델은 클라이언트의 역기능적 문제가 클라이언트 자신과 환경에 대한 왜곡된 인지체계에서 출발한다고 가정하고 클라이언트의 왜곡된 인지를 재구성하기 위해 인지적 기법뿐 아니라 다양한 행동주의적 기법을 병행하여 사용한다. 즉, 인지, 정서, 행동이 서로 어떻게 상호작용하여 클라이언트에게 영향을 미치는지 치료과정을 통해 클라이언트가 자각하도록 함으로써 클라이언트가 기능적으로 행동하고 느끼며, 생각할 수 있도록 돕는 모델이라고 할 수 있다.

이와 같은 다양한 이론적 배경을 가진 행동주의 모델들은 기본적인 가정을 공유한다.

첫째, 인지행동은 행동에 영향을 미친다. 둘째, 인지행동은 관찰될 수 있고 상황에 따라 변경될 수도 있다. 셋째, 바람직한 행동변화는 인지변화를 통한 영향을 받는다.

2. 이론적 배경

인지행동모델의 등장배경은 정신분석모델에 대한 거부감과 치료의 효과성에 대한 의문이 제기되고 기존 이론의 한계가 발생하면서 대두되기 시작하였다. 정신분석이론은 인간의 심리와 행동을 지나치게 심리 내적 요인으로 설명하였으며, 행동주의 이론은 인간을 기계적 존재로 간주하는 한계를 보였다. 이러한 한계에 대응하기 위해 인지이론이 등장했다. 또한 다양한 욕구를 가진 클라이언트들이 생겨나고 이에 따른 다양한 욕구 충족과 문제에 모두 적용될 수 있는 통합적인 이론의 필요성이 대두되기 시작하였다. 이러한 등장배경으로 인지이론에 근거하여 다양한 치료법이 개발되었으나 인지이론에 근거한 개입만으로는 인간의 문제를 해결하는 데에 한계가 드러남에 따라 행동주의적 요소를 결합시켜 인지행동모델이 탄생하게 되었다.

인지행동모델은 인지이론과 행동주의 모델이 결합된 모델이기 때문에 두 이론이 각각의 독특한 특성을 가진다. 인지이론에서는 환경에서 발생하는 일에 대해 수동적이고 기계적으로 반응하는 것이 아니라 스스로 환경에 대해 의미를 부여하고 구성해 가는 방식을 강조한다. 즉, 왜곡된 인식이나 해석으로 인간의 문제가 발생한다고 본다면, 행동주의 이론에서는 행동을 유발하는 원인이 인간 내부에 있는 것이 아니라 외부 환경에 있으며, 대부분의 인간행동은 학습되고 학습을 통해 수정될 수 있다고 본다.

인지행동모델은 클라이언트가 잘못된 혹은 부정적인 행동을 모방, 학습한 결과로 역기능적인 행동을 보인다고 주장한다(Pabne, 1997). 즉, 인지행동모델은 하나의 실천모델이 아니라 여러 모델을 총칭하는 용어이다. 인지행동모델은 인간이 생각하고 정보를 처리하는 과정에 관한 이론인 인지이론과 행동을 유발하는 원인이 인간 내부에 있는 것이 아니라 외부에 있다고 보는 행동주의 이론에서 나온 개념들을 통합 적용한 절충적 접근모델이다.

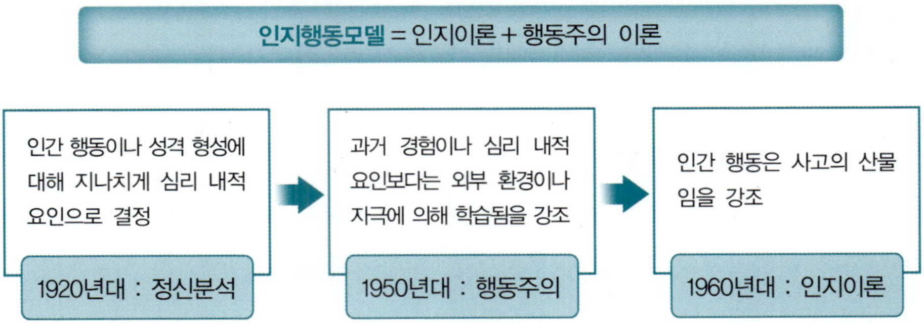

| 그림 5-1 | 인지행동모델의 발달 구성과정

인지행동모델에 영향을 준 학자와 이론들은 손다이크(Thorndike, 1898)의 조작적 조건화이론, 스키너(Skinner, 1953)의 행동수정이론, 보울비(Bowlby, 1958)의 애착이론, 반두라(Bandura, 1977)의 사회학습이론 등이 있다.

특히 이들 학자들 중 인지치료에 행동주의적 기법을 적용한 최초의 임상가는 엘리스(Ellis, 1957)와 벡(Beck, 1962)으로서 이들은 인지, 정서, 행동의 상호작용 과정을 설명하였다.

제2절 인지행동모델의 주요 개념

1. 합리적 정서치료(RET : Rational-Emotive-Therapy)

엘리스(Albert Ellis)는 정신분석학자들이 환자를 치료할 때 과거의 경험을 가지고 문제를 해결하려는 것에 반대하며 합리적 정서치료 모델을 창시하였다. 인간이 가진 문제의 원인은 비합리적인 신념, 즉 자신에 대한 부정적인 평가에서 온다고 본다. 비합리적 신념이란 '절대로', '반드시 ㅇㅇ해야 한다', '모든' 등의 사고들이 저변에 깔려 있는 신념으로서 'ㅇㅇ해야 한다', 'ㅇㅇ해서는 안 된다' 등의 당위적 사고 형태를 띤다.

자신에 대한 분노와 수치심 같은 부정적 감정과 우울이나 불안 같은 심리적 증상들은 비합리적 신념에서 비롯되므로, 비합리적 신념을 합리적 신념으로 대체하면 정서장애가 개선될 수 있다고 본다.

합리적 신념은 각 개인의 복지, 만족도 그리고 행복에 기여하는 것으로 논리적으로 모순이 없고, 일반적으로 경험적 현실과 일치한다. 인간의 삶을 생산적으로 이끌고 삶의 목적을 성취하는 데 도움을 주는 실용성을 가지고 있으며, 개인의 선호 · 바람 · 소망 · 희망 등을 반영하고 있다. 또한 융통성이 있어 적절한 정서와 적응적 행동에 영향을 준다.

비합리적 신념은 어떤 일을 사실보다 더 나쁜 것으로 생각하여 과장되고 허황된 결론을 내리거나, 하지 말아야 할 것을 했을 경우 자신이나 타인을 인간 이하로 평가하거나 비난하는 내용이 많다. 비합리적 신념의 대표적인 예로는 '절대로', '반드시', '모든', '완전히' 등의 완벽주의 또는 모두로부터 사랑받고 싶다는 욕구, 과도한 자기 기대감, 비난 성향, 과도한 불안, 좌절감, 무력감 등과 문제 회피 등이 있다(이태희 외, 2019).

비합리적인 신념 11가지에 대해 구체적인 내용을 살펴보면 다음과 같다(생각의 마을, 2021).

1) 비합리적인 신념의 종류

① 인정의 욕구 : 모든 사람으로부터 사랑과 인정을 받아야 한다는 생각

② 과도한 자기 기대감 : 자기 자신이 가치 있는 사람이 되기 위해서는 모든 영역에서 완벽하게 잘 해내서 반드시 성공해야 한다는 생각

③ 비난 성향 : 자신에게 해를 끼치거나 악행을 저지르는 사람은 나쁘므로 이들은 반드시 비난과 처벌을 받아야 한다는 생각

④ 좌절적인 반응 : 일이 뜻대로 되지 않을 때 인생은 아무런 가치가 없다는 믿음

⑤ 정서적 무책임 : 인간의 불행은 외부 환경에서 비롯되므로 그것을 통제할 수 없다는 믿음

⑥ 문제회피 : 어려움은 직면하는 것보다 회피하는 것이 더 쉽다는 믿음

⑦ 의존성 : 사람은 다른 사람에게 의존해야 하며, 자신이 의존할 수 있는 강한 누군가가 필요하다는 믿음

⑧ 무력감 : 사람의 행동은 과거에 의해서 결정되므로 과거의 영향으로부터 벗어날 수 없다는 생각

⑨ 과도한 불안 : 위험하고 두려운 일은 항상 신경 써야 하고, 일어날 수 있는 가능성을 염두에 두어야 한다는 믿음

⑩ 지나치게 다른 사람을 염려하기 : 다른 사람의 문제나 어려움에 대해서도 신경을 쓰고 염려해야 한다는 생각

⑪ 완벽주의 : 모든 문제는 완전한 해결책이 있으며, 그 해결책을 찾지 못하면 파멸이라는 믿음

2) 합리적 정서치료의 개입과정 : ABCDE 모델

개입방법은 ABCDE 모델로 개념화하여 사용한다. ABCDE 모델에서는 클라이언트가 어떤 사건 혹은 사실에 의해서가 아니라 그것에 대한 해석이나 의미부여에 의해서 부정적 감정이나 행동을 하게 되므로 어떤 사건에 대해서 갖는 신념체계와 중요성을 강조한다. 즉, 인간은 사건 그 자체가 아니라 사건에 대한 생각

이나 해석에 의해 정서적 장애나 행동적 장애를 겪을 수 있다고 본다. ABCDE 모델의 구체적인 내용을 살펴보면 다음과 같다(홍봉수 외, 2022).

(1) A(Accident, 선행사건)

클라이언트가 경험하는 어떤 사건이나 현상, 행위를 말한다.

예 시험을 제대로 못 봐서 완전히 망친 사건

(2) B(Belief, 신념체계)

A에 대해서 클라이언트가 갖는 신념이나 태도 또는 사고방식을 가리킨다.

예 시험을 망쳤으니 좋은 일이 일어나지 않을 것이고, 앞으로도 성공할 가능성은 없는 거야. 나는 항상 시험에 떨어질 거야.

(3) C(Consequence, 정서적·행동적 결과)

A에 대해 B와 같이 생각한 결과를 의미하며, 개인의 믿음 · 인식 등으로 인해 초래되는 감정이나 행동결과를 말한다.

예 극심한 우울, 분노, 불안, 무가치함, 시험공부를 하지 않음

(4) D(Dispute, 논박)

자신이 가지고 있는 비합리적인 신념체계에 대한 논박, 치료의 논박과정을 말한다.

예 시험을 망쳤다고 해서 무가치하고 실패한 인간이라는 말이 맞나? 시험에 떨어지는 사람은 나밖에 없나?

(5) E(Effect, 효과)

D를 통하여 클라이언트가 가진 비합리적인 신념을 철저하게 논박함으로써 합리적 신념으로 재구조화된 이후에 갖게 되는 태도와 감정의 결과나 효과를 지칭한다.

예 시험을 망친 일이 마음 편한 일은 아니지만, 그렇다고 해서 인생을 망친 끔찍한 일일 것까지는 없는 거야, 시험공부를 열심히 하자.

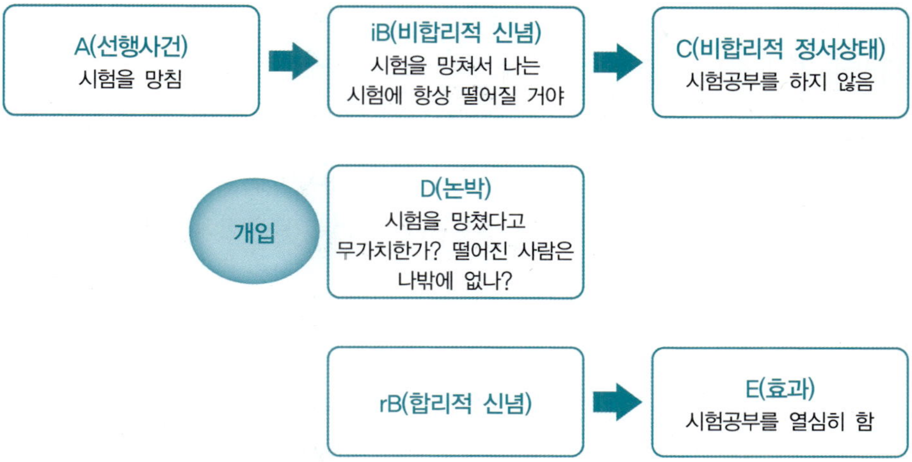

| 그림 5-2 | 합리적 정서치료의 ABCDE 모델

2. 벡의 인지치료(Cognitive Therapy)

벡(Aron Beck)은 인간의 감정이나 행동을 결정하는 것은 어떤 사건이나 상황 자체가 아니라 그것에 대한 해석이나 평가과정에 달려 있다고 보았다. 그는 인간이 가진 문제의 원인은 인지 왜곡 오류에 의해 발생한다고 보았다. 벡의 인지치료는 능동적이고 지시적이고 시간 제한적인 접근이라는 면에서 합리적·정서적·행동치료와 유사하지만, 인간은 부정적 사고와 부적응적 신념을 인식하고 그것을 변화시킬 수 있는 존재라는 것을 강조한 통찰치료이다. 벡은 인간의 사고과정을 자동적 사고, 도식(핵심믿음체계, 중간믿음체계), 그리고 인지적 오류로 구분하였는데, 구체적인 내용을 살펴보면 다음과 같다(생각의마을, 2021; 이애재, 2022; 홍봉수 외, 2022).

1) 자동적 사고

자동적 사고는 어떤 상황에 대해 내리는 즉각적이고 자발적인 평가 혹은 이미지를 의미한다. 즉, 어떤 상황을 접했을 때 심사숙고하거나 합리적으로 판단하여 내리는 것이 아니라 순간적으로 평가하면서 자동적으로 튀어나오는 생각이다. 자동적 사고는 그 내용이나 의미에 따라 특별한 감정을 일으키는데, 이러한 자동적 사고가 부정적일수록 심리적인 문제로 이어진다. 따라서 사람들이 경험하는 심리적인 문제는 어떤 사건 자체가 아니라 그 사건을 대하면서 자동적으로 떠올리게 되는 부정적인 생각 때문이다.

2) 도식(스키마, Schema)

도식이란 기본적인 신념과 가정을 포함하여 사건에 대한 한 개인의 지각과 반응을 형성하는 인지구조로 대개 이전의 경험에 의해 형성된다. 이전에 경험한 익숙한 상황에 대해서는 스키마를 통해 상황을 파악함으로써 빨리 대응할 수 있다는 점에서 적응적인 기능을 한다. 그러나 이전에 형성된 스키마를 새로운 상황에도 계속 적용하다 보면 부정적인 결과를 초래할 수 있다. 이러한 도식은 유지된 기간과 믿음수준에 따라 핵심믿음체계와 중간믿음체계로 형성된다.

(1) 핵심믿음체계(core belief system)

핵심믿음은 인지구조의 기초로서 개인의 인지적 왜곡이나 편견을 형성하는 믿음이다. 삶을 통해 지속적인 경험 등으로 확인하고 강화시켜 온 깊은 수준의 믿음으로, 상황이나 타인, 자신 그리고 미래에 대한 자신의 견해를 바탕으로 모든 영역에 영향을 미친다.

(2) 중간믿음체계(intermediate belief system)

핵심믿음체계와 자동적 사고 사이에는 태도, 규칙, 가정들로 이루어진 중간믿음체계가 있다. 어떤 상황을 보는 관점에 영향을 주지만, 자신은 잘 인식하지 못한다. 예를 들면, 핵심믿음체계에 의해서 영향을 받고, 자동적 사고에 영향을 주는 중간믿음체계는 주로 삶에 대한 가정(예 사람들이 내가 능력이 없다는 것을 알면 나를 무시할 것이다), 태도(예 능력이 없다는 것을 다른 사람이 알게 되면 망신을 당할 거야. 그러니 차라리 포기하자), 규칙(예 망신 당하지 않으려면 학원을 열 곳 다녀야 해) 등의 형태로 구성된다.

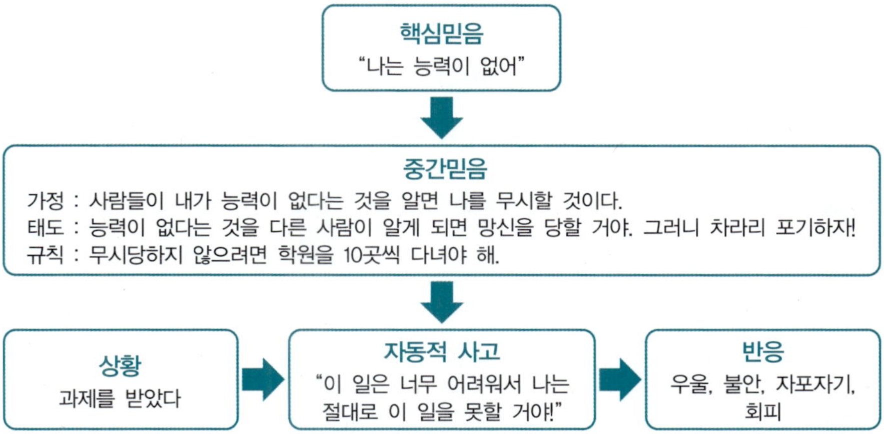

| 그림 5-3 | 자동적 사고, 핵심믿음, 중간믿음의 예

출처 : 생각의마을(2021).

3) 인지적 오류(인지 왜곡)

(1) 임의적 추론(자의적 추론)

근거가 없는 성급한 추론을 가리키거나, 충분하고 적절한 증거가 없거나 부적절함에도 불구하고 결론을 내린다.

예
- '시험인데 미역국을 먹었으니 난 시험에 떨어질 거야'라고 생각하는 것
- 전혀 뚱뚱하지 않은 사람이 '내가 너무 뚱뚱해서 사람들이 나를 쳐다보네'라고 생각하는 것

(2) 선택적 요약(선택적 추론)

맥락에서 벗어난 한 가지 세부 특징에 초점을 기울이고 더 현저한 다른 특성

들은 무시한 채 이러한 경험의 단편에만 기초하여 전체 경험을 개념화하는 것을 말한다.

예 취업 면접에서 10개의 질문 중 9개에 대한 답은 성공적으로 했지만, 이에 대해서는 생각하지 않고 1개에 대한 답을 못했다는 것만 집중하여 '질문에 대답을 못 했으니 난 면접에 떨어질 거야.'

(3) 과잉 일반화

하나 그 이상의 특수한 사건들에 기초하여 일반적인 법칙이나 결론을 도출하여 그 개념을 관련되지 않은 상황에까지 광범위하게 적용하는 패턴을 말한다.

예 내가 너무 못생겨서 여자친구가 떠났으니 결혼하기도 어렵겠지.

(4) 극대화와 극소화

어떤 상황을 실제보다 더 확대하거나 축소하는 것이다.

예
- 시험에 한 번 떨어진 것을 '인생의 끝'이라고 확대 해석하거나, 시험에 일등으로 합격했을 때에 '운이 좋아서'라고 축소하는 것
- (상대방의 칭찬에) '그냥 예의상 하는 거겠지'라고 생각하는 것

(5) 이분법적 사고(흑백논리)

모든 경험을 양극단의 범주 중 하나로 평가하는 경향에서 나타난다. 즉, 어떤 사물이나 현상을 단순히 둘로 나누어 해석하려는 사고이다.

예
- 완벽하게 성공하지 못하면 실패야.
- 최고가 아니면 모두 실패자야.
- 너는 내 부탁을 거절했으니 친구가 아니라 적이야.

(6) 개인화

관련 없는 외적 상황까지 스스로와 관련 짓는 것이다.

예 '내가 그때 그 친구의 전화만 받았더라도 그 친구가 사고를 당하지 않았을 텐데…. 나 때문에 사고를 당한 거야'라는 생각

(7) 재앙화(파국화)

항상 최악을 생각하고 그것이 언제든지 자신에게 일어날 수 있다고 생각하는 것, 최악의 상황만을 떠올리며 미리 걱정하는 것이다.

예 '그 일이 생기면 나는 매우 화가 날 것이고 어떤 일도 할 수 없을 거야', '실수를 하다니 나는 이제 창피를 당하고 두 번 다시 어떤 일도 성공할 수 없을 거야'라는 생각

제3절 행동주의 모델의 주요 개념

행동주의 모델은 인간행동을 일으키는 요인은 환경적 자극이라고 본다. 인간행동은 학습의 결과로 새로운 학습을 통해 수정 가능하며, 과거의 요인보다 현재의 행동결정에 요인에 초점을 두고, 겉으로 드러난 관찰 가능한 행동에 초점을 둔다. 따라서 대표적인 행동주의 이론을 살펴보면 다음과 같다.

1. 파블로프(Pavlov)의 고전적 조건화

파블로프는 음식과 침샘 분비 간의 상관관계를 알아보려는 '개의 침샘 실험'에서 비롯된 이론이다. 즉, 개의 입 안에 있는 음식물의 존재와 침 분비 간의 관계를 알아보려는 것을 시작으로 지속적인 연구를 하던 중 개에게 음식을 주는 시간을 알리기 위하여 종을 쳤고, 개가 종소리만 듣고도 침을 흘리는 현상을 발견하고는 연구의 방향을 바꾸어 이에 관한 체계적인 연구를 시작하였다. 파블로프의 고전적 조건화의 주요 개념들을 살펴보면 다음과 같다(생각의마을, 2022; 홍봉수 외, 2022).

1) 무조건 자극

유기체로 하여금 자동적으로 정서적 · 생리적 반응을 일으키게 하는 자극을 말한다. 예를 들면, 개에게 무조건 침을 흘리게 하는 음식물은 무조건 자극이 된다.

2) 무조건 반응

무조건 자극이 제시되었을 때 자연적으로 유발되어 나오는 자동적인 반응을 말한다. 예를 들어, 개는 음식물을 보면 무조건 침을 흘리는데 침을 흘리는 것은 무조건 반응이 된다.

3) 중립 자극

반응을 일으키지 못하는 자극을 말한다. 예를 들어, 개에게 조건 자극이 되기 전의 종소리 자극은 개에게 침을 흘리는 어떠한 반응도 일으키지 못하는 중립 자극이다.

4) 조건 자극

유기체로 하여금 조건형성 후에 정서적 · 생리적 반응을 일으키게 하는 자극을 말한다. 예를 들어, 개에게 음식물을 주기 전에 종을 울리면 일정 기간이 지난 후 개는 종소리만 듣고도 침을 흘리게 되는데, 여기서 종소리는 조건 자극이 된다.

5) 조건 반응

조건 자극에 의해 유발되도록 학습된 반응을 말한다. 예를 들어, 개에게 음식물을 주기 전에 종을 울리면 일정 기간이 지난 후 개는 종소리만 듣고도 침을 흘리게 되는데, 여기서 종소리만 듣고 침을 흘리는 행동은 조건 반응이 된다.

6) 소 거

조건화된 행동을 조건화되기 전 상태로 되돌리는 것이다. 예를 들어, 개에게 종소리를 들려준 후 음식을 주는 것을 반복하였더니 어느 순간 개는 종소리만 듣고도 침을 흘리게 되었다. 조건화된 것이다.

그런데 이렇게 조건화된 개에게 어느 순간부터 종소리를 들려준 후에도 음식을 주지 않으면 종소리만으로 침을 흘리는 행동이 점차 사라지게 된다. 조건화된 행동이 소거되는 것이다.

7) 자발적 회복

소거된 행동이 자극이나 강화물 제시로 다시 나타나게 되는 것이다. 예를 들어, 개에게 이번에는 다시 종소리를 들려준 후 음식을 주기 시작했다고 하자. 그러면 처음 조건화된 상황보다 더 빨리 종소리만 듣고도 침을 분비하는 행동을 보이게 된다. 이는 자발적 회복이다.

〈표 5-1〉 고전적 조건화의 기본 원리

시간의 원리	조건 자극이 무조건 자극과 동시에 또는 무조건 자극보다 약간 먼저 주어져야 한다.
강도의 원리	먼저 제시되는 조건 자극보다 뒤에 제시되는 무조건 자극의 강도가 더 커야 한다.
일관성의 원리	질이 다른 여러 자극을 주기보다는 일관된 자극을 주는 것이 바람직하다. 동일한 조건 자극을 일관성 있게 강화할수록 조건형성이 잘 이루어진다.
계속성의 원리	자극과 반응 간 관계를 반복하여 횟수를 거듭할수록 조건형성이 잘 이루어진다.

출처 : 생각의마을(2022). 에쎕 인간행동과 사회환경.

2. 스키너(Skinner)의 조작적 조건화

스키너(Skinner)는 쥐를 이용한 심리실험을 하다가 '스키너의 상자'로 불리는 지렛대를 사용한 조작적 조건화 장치를 고안하여 조작적 조건화 이론을 도출하였다. 이는 조작적 조건화 실험을 통하여 환경에 대한 인간의 조작적인 반응을 강조하고 인간의 행동은 외부환경으로부터 받는 강화에 의해서 결정된다고 보는 급진주의적 행동이론이다. 주요 개념들을 살펴보면 다음과 같다(김현호 외, 2021; 생각의마을, 2022).

1) 반응 행동

자극에 의해 직접적으로 유발된 자동적 반응으로 침을 흘리는 행동이나 동공의 수축, 무릎 반사 등이 이에 속한다.

예 음식 냄새를 맡은 배고픈 사람의 입안에 침이 고이는 것은 의도적으로 선택한 행동이 아니라 자동적으로 유발되는 반응 행동이다.

2) 조작 행동

자극에 의해 자동으로 유발되는 행동이 아니라 자신이 선택하여 취하는 행동을 의미한다.

예 아동이 책을 읽자(특정 행동) 부모가 칭찬해 주었더니(행동에 뒤따르는 긍정적 결과) 아이가 다음에도 책 읽기를 더 많이 한다고 하자. 이때 아동이 독서를 더 많이 하게 된 것은 부모의 칭찬으로 인하여 학습된(조건화된) 행동이다. 자기도 모르게 자동으로 책을 읽는 것이 아니라 아이가 의식적으로 책 읽기를 더 선택하는 것이므로 조작 행동에 해당한다.

3) 조작적 조건화

유기체가 행하는 행동(조작 행동)이 결과에 따라 증가하기도 하고 감소하기도 한다고 보고 이를 통해 어떤 행동의 반응 비율을 증가시키거나 감소시키는 것을 조작적 조건화라고 한다.

(1) 강화

조작적 조건형성 과정에서 강화는 중요한 요인이 된다. 강화는 행동의 발생 빈도를 증가시키는 것으로, 긍정적 강화와 부정적 강화가 있다.

① **긍정적 강화** : 반응에 따르는 결과가 좋은 것으로 행동이 다시 발생할 확률을 증가시키는 자극이다.

예 자기 방 청소를 한 아이에게 용돈을 주거나 칭찬을 하는 것으로 그 행동을 유지하도록 하는 효과가 있다.

② **부정적 강화** : 불쾌하거나 혐오스러운 자극의 철회를 통해 행동이 다시 발생할 확률을 증가시키는 자극이다.

예 발에 파편이 있어 걷는 데 불편하다고 하자. 발의 파편을 제거하는 것은 불쾌한 것이 제거된 것이므로 강화된 것이다. 이런 경우 파편을 제거하는 행위는 부정적 강화로 작용한다.

(2) 처벌

처벌은 어떤 사람에게 그가 원하는 어떤 것을 빼앗아 가거나 혹은 원하지 않는 어떤 것을 줌으로써 행동의 발생 빈도를 감소시키는 것을 의미하는데, 처벌에는 정적 처벌과 부적 처벌이 있다(도광조, 2021).

① **정적 처벌** : 어떤 행동의 결과로 불쾌한 자극이 주어지면서 그 행동을 감소시키는 것을 의미한다.

예 수업 시간에 떠들다가 선생님께 걸린 아이를 교실 밖에 서있게 함으로써 수치감을 느끼게 하여 떠드는 행동을 멈추게 하는 것이다.

② **부적 처벌** : 행동의 결과로 인하여 유쾌한 것을 제거시킴으로써 행동을 감소시키는 것을 의미한다.

예 수업 시간에 떠들다가 선생님께 걸린 아이에게 간식을 주지 않음으로써 떠드는 행동을 줄어들게 하는 것이다.

(3) 소거

강화된 행동은 반복되는 경향이 있지만, 더 이상 강화되지 않은 행동은 반복되지 않거나 소멸되는 경향이 있다. 소거는 이처럼 조건화된 행동이 약화되거나 사라지는 것을 말한다. 따라서 어떤 특정 행동을 소거하려면 먼저 그 행동을 강화시키고 있는 강화물(그 행동을 했을 때 뒤따르는 좋은 결과)이 무엇인지를 확인해야 한다. 그리고 그 행동을 했을 때 그 강화물이 더 이상 뒤따르지 않도록 차단하는 전략을 통해 그 행동을 소거한다.

예 아동이 장난감을 사달라고 떼를 쓰며 우는 행동이 부모의 관심으로 강화된 경우, 아동이 장난감을 사달라고 떼를 쓰며 울 때 부모가 아동에게 관심을 보이지 않게 되면, 아동은 점점 떼를 쓰며 우는 행동을 하지 않게 된다.

(4) 강화계획

강화계획이란 강화가 제시되는 절차를 나타낸 계획을 말한다. 강화계획은 연속적 강화계획과 간헐적 강화계획으로 구분되는데, 구체적인 내용은 다음과 같다.

① **연속적 강화계획** : 어떤 행동이 나타날 때마다 강화를 제시하는 것이다.
② **간헐적 강화계획** : 어떤 행동에 대해 간헐적으로 강화를 제시하는 것이다.

그 밖에 고정간격 강화계획은 미리 정한 시간 간격에 맞추어 일정한 시간이 지나면 강화를 제공하는 것(예 매월 정해진 날짜에 지급하는 월급), 가변간격 강화계획은 강화를 주는 평균적인 시간 간격은 일정하지만 실제 강화를 제공하는 시간 간격에는 어느 정도의 편차를 두는 것(예 일주일에 1회 강화를 제공하지만 강화를 제공하는 요일은 그때그때 다른 경우), 고정비율 강화계획은 일정한 횟수나 양의 행동이 일어난 후에 강화를 제공하는 것(예 물건을 100개 판매할 때마다 성과급을 주는 경우), 가변비율 강화계획은 행동을 몇 번째 할 때쯤 강화를 제공할지 횟수를 정한 후 강화를 실제 제공할 때는 어느 정도 편차를 두고 제공하는 것(예 대략 10번마다 한 번씩 보상을 주기로 하고 8번째/ 11번째/ 10번째 등 약간 편차를 두고 보상을 제공하는 경우) 등이 있다.

(5) 체계적 둔감법

고전적 조건화에 의해 학습된 불안이나 공포를 반대 방향으로 다시 조건화시키는 원리(역조건화)에 기초하여 특정 자극에 대해 나타내던 비정상적인 불안이나 공포 반응을 제거하는 행동수정 기법이다. 즉, 불안이나 공포를 덜 일으키는 자극(상황)부터 많이 일으키는 자극(상황)까지의 단계를 개발한 후 단계적으로 해당 자극에 대해 느끼는 불안이나 공포를 극복하게 하면서 궁극적으로 불안이나 공포를 가장 크게 느끼는 자극(상황)을 극복하도록 돕는다. 따라서 불안이나 공포를 일으키는 상황에 대한 신체적 이완을 충분히 반복해서 연습하여 불안이나 공포를 제거하는 것이 중요하다.

(6) 토큰경제

개인이 적절한 행동을 할 때 상징적 강화물로서 토큰(스티커, 포인트 점수, 마일리지)을 주고, 토큰이 일정하게 모였을 때 개인이 원하는 것과 교환하는 방법으로 행동을 수정하는 기법이다.

예 쿠폰 5장 모으면 하나를 무상으로 더 제공하는 경우

(7) 타임아웃

부적절한 행동을 감소시키기 위한 방법으로서 그릇된 행동을 한 다음에 오는 정적 강화의 기회를 차단하는 것을 말한다. 일종의 소거 전략이다. 즉, 타임아웃 상태에 있는 개인은 일정 시간 동안 어떤 특정 강화를 받을 수 없도록 조치된다.

예 수업시간에 한 아이가 앞에 있는 아이를 괴롭히는 경우 문제행동을 한 아이를 그 상황으로부터 격리시키는 것이다.

(8) 홍수법

홍수법은 클라이언트가 겪은 충격적인 경험을 안전한 조건에서 다시 겪게 하여 공포나 불안 등 충격적인 정서 반응을 감소시키는 개입기법이다. 홍수법은 체계적 둔감법과 달리 한 번에 매우 강한 자극에 노출시켜 공포반응이 사라질 때까지 지속한다.

예 고소공포증 환자의 경우 가상현실을 사용하여 가상으로 높은 곳에 있는 것처럼 경험하게 하여 치료한다.

3. 반두라(Bandura)의 사회학습이론

반두라(Bandura)는 인간은 사회적 동물이기 때문에 직접적인 보상이나 벌의 결과를 통해서만 바람직한 행동을 하는 것이 아니라 다른 사람의 행동과 그 결과를 관찰하여 모방하는 것으로도 학습이 이루어진다고 주장하였다. 즉, 자기강화나 관찰학습을 통해 인간은 자신의 행동을 스스로 규제할 수 있는 존재라고 보았다. 반두라의 관찰학습의 구성요소와 특징, 상호결정론, 자기효능감 등의 내용을 살펴보면 다음과 같다(김현호 외, 2021; 생각의마을, 2022).

1) 관찰학습

인간의 학습은 단순한 환경 자극에 대한 반응이 아니라 타인의 행동을 관찰함으로써 이루어진다. 관찰학습은 직접적인 강화가 주어지지 않은 상태에서 관찰을 통하여 행동에 대한 학습이 이루어지는 것을 의미한다. 관찰학습의 구성요소의 특징은 다음과 같다.

〈표 5-2〉 관찰학습의 구성요소와 특징 및 사례

구성요소	특징 및 사례
주의집중 단계	관찰을 통해 학습이 이루어지기 위해서는 모델의 행동에 주의를 기울이고 집중해야 된다. 예 용수(7세)는 어느 날 옆집에 사는 친구 동진이가 아버지의 심부름을 잘 수행한 후 아버지에게 기분 좋은 칭찬을 듣는 것을 보았다. 자신도 그러면 좋을 것 같아 동진이와 아버지 사이에 있었던 일(동진이가 아버지의 심부름에 어떻게 반응하였으며, 어떤 결과가 뒤따르는지)을 주의 깊게 관찰하였다.
기억 단계	대부분 모델을 관찰한 후 어느 정도 시간이 지난 다음에 그 모델의 행동을 모방한다. 모델의 행동에 주의를 집중해서 기억한 정보를 상징적인 형태로 기억해 두어야 한다. 예 용수는 부모님께서 심부름시킬 때까지 관찰한 내용을 머릿속에 잘 담아두었다. '아버지가 심부름시키면 즉각 예! 하고 달려가는 거야' 등의 언어적 표상으로, 그리고 용수가 본 장면을 마치 스냅 샷처럼 이미지로 머릿속에 담아둔다.

운동재생 단계	관찰을 통해 모방될 새로운 반응패턴 등은 운동재생을 통해 획득된다. 즉, 아이는 자신이 수행하고 있는 운동기술은 이전에 관찰했던 것과 비교하여 차이가 나는 부분에 대해 스스로 교정하면서 학습한다. 예 드디어 아버지가 용수에게 심부름시키는 순간이 왔다. 용수는 그동안 기억해 둔 대로 언어나 행동을 재생하였다. "예. 아빠!" 하고 달려가 즉각 심부름을 한다.
동기유발 단계	어떠한 관찰학습을 하던 동기가 유발되어야 한다는 것이다. 즉, 아이는 모델의 행동을 모방할 때 직접적으로 동기가 유발되면 그 행동에 보다 주의를 기울이고 기억하려고 노력한다. 예 친구 동진이가 아버지에게 받은 결과처럼 기분 좋은 칭찬을 받는다면 용수는 다음에도 이렇게 행동하려는 동기를 더 갖겠지만 아버지로부터 예상한 기분 좋은 결과를 얻지 못했다면 '치, 다음부터 안 해!'라고 생각하게 될 것이다.

출처 : 김현호(2021), 생각의마을(2022)의 내용을 재구성하여 정리함.

2) 상호결정론

반두라(Bandura)는 사람이 동물과 달리 인지적 존재이며 발달은 사람과 환경 간의 상호작용을 통해서 이루어진다고 주장하였다. 이와 같은 견해가 상호결정론이다. 상호결정론에 따르면 인간의 발달은 능동적으로 개입하는 개인(P), 개인의 행동(B), 환경(E) 등 3요소 간의 양방성인 상호작용에 의해서 이루어진다는 것이다. 이러한 상호결정론의 모형은 다음 |그림 5-4|와 같다.

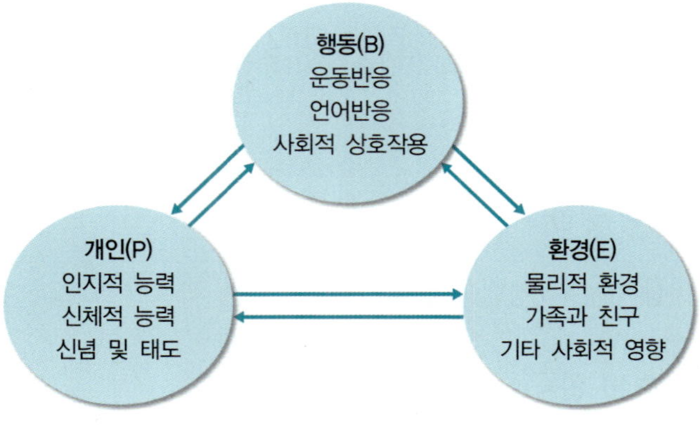

|그림 5-4| 상호결정론의 모형

|그림 5-4|에서 보듯이 상호결정론의 모형은 삼각형 모양의 상호작용으로 이루어진다. 개인(P)은 사람의 인지능력, 신체적 특성, 성격, 신념, 태도 등을 포

함한다. 이러한 것들은 사람의 행동이나 환경에 영향을 미친다. 인간은 자신이 원하는 것을 선택할 뿐만 아니라(P→B), 사람의 행동은 자신에 대한 느낌, 태도, 신념 등에 영향을 미친다(B→P). 또한 환경이나 사람들에 대한 인간의 지식은 대부분 방송매체, 부모, 교과서, 그리고 그 외 다른 환경으로부터 얻은 정보에 의한 것이다(E→P). 아이들의 행동 결과나 아이들이 관찰하는 모델은 아이들 자신의 행동에 영향을 미친다(E→B). 그리고 아이의 행동 또한 자신의 환경에 영향을 미친다(B→E). 따라서 사회학습이론은 아이와 환경 간의 지속적인 상호작용에 의해서 아이들의 발달이 이루어진다고 주장하였다(정옥분, 2007).

3) 자기효능감

자기효능감은 자신이 어떤 일을 잘 해낼 수 있다는 개인적 신념을 의미한다. 반두라(Bandura)는 자기효능감이 행동을 결정짓는 데 중요한 요소이며, 특히 자기에 대하여 확신을 갖느냐 또는 불신이 있느냐는 스스로의 동기화에 큰 영향을 미친다고 주장하였다. 이러한 자기효능감을 높이기 위한 방법에 대해 살펴보면 다음과 같다(생각의마을, 2022).

(1) 직접적 성취 경험

도달할 수 있는 목표를 세우고 수행능력을 증진시켜 성취(성공)한 경험을 갖게 한다.

(2) 대리적 성취 경험

대리적으로 성취(성공) 경험을 증진시킬 수 있는 적절한 모델과 접하게 한다.

(3) 언어적(사회적) 설득

성공적으로 수행할 수 있는 자신의 능력을 신뢰하도록 언어적인 설득과 격려를 제공한다.

(4) 심리사회적 능력의 촉진(정서적 각성)

힘을 증진시키는 운동 프로그램, 스트레스 감소, 대처능력의 향상 등을 통하여 심리사회적 능력을 촉진한다.

제4절 인지행동모델의 개입과정

1. 개입과정

1) 문제행동을 구체화한다

변화의 초점이 되는 '표적행동'을 가능한 한 구체적으로 설정한다. 표적행동을 과식, 흡연 등과 같이 소거되어야 할 행동으로 설정하거나 반대로 운동하기, 칭찬하기 등 긍정적인 행동으로 설정한다.

2) 자료를 수집한다

매일 일지를 쓰거나 메모를 하도록 함으로써 문제행동을 모니터링하고 문제행동과 그로 인해 부정적 결과를 초래하는 선행사건을 파악한다. 일지를 쓰는 것은 어떤 일이 발생했는지를 파악하는 데 유용하다. 또한 사건에 대한 느낌을 0에서 100까지 점수화해 보면 클라이언트가 사건에 대한 반응 강도를 스스로 인식하는 데 도움이 된다.

3) 목표를 설정한다

사회복지사와 클라이언트는 협력하여 변화를 위한 목표를 설정한다.

4) 개입을 한다

목표 달성을 위해 고안된 수많은 인지행동기법을 실시한다. 클라이언트의 임상 증상에 따라 다양한 기법의 적용이 가능하다.

5) 과제를 부여한다

과제를 부여하는 것은 회기와 회기 사이의 연결성을 제공하고 클라이언트가 개입 장면에서 배운 기술을 일상생활에 적용해 보도록 돕는다.

6) 변화를 위한 강화를 실시한다

새롭고 긍정적인 행동의 달성을 위해 정적 강화가 제공된다. 주로 외부에서 강화를 제공하지만 클라이언트 스스로 자신의 새로운 행동에 대해 보상을 하기도 한다.

7) 재발을 방지한다

예전의 습관을 깨뜨리는 것은 쉽지 않으며 오래된 습관은 되돌아오는 경향이 있다. 특히 스트레스 상황에 있으면 더욱 심해진다. 클라이언트는 재발 가능성에 대해 미리 준비하고, 재발 시에 어떻게 해야 할지 대처전략을 생각해야 한다.

제5절 인지행동모델의 개입기술

인지행동모델의 개입기술에는 의사소통의 명료화, 설명, 경험적 학습, 인지 재구조화, 시연, 자기지시기법, 사회기술훈련(김현호 외, 2021; 박병금 · 최은희, 2016; 이태희 외, 2019; 최희철, 2021)이 있다.

1. 개입기술

1) 의사소통의 명료화

클라이언트의 상황이나 문제에 개입할 때 그때그때 말로 피드백을 제공함으로써 자신의 생각과 이야기 속에 숨겨진 인지적 오류와 비합리적 신념체계에 대해 명확히 이해할 수 있도록 변화를 유도하는 의사소통기술이다. 이와 같은 인지적 오류를 수정하기 위한 방법을 살펴보면 다음과 같다.

① 지금 이 순간의 생각과 느낌이 무엇인지를 명확히 한다.
② 자신과의 자기대화를 되새기며 극단적인 것에 주의를 기울인다.
③ 심호흡을 세 번 하고 객관적인 사실을 천천히 살펴본다.
④ 있는 그대로 사실을 직시하며 부정적인 용어를 사용하지 않고 문제를 파악해 본다.
⑤ 상황을 직시하고 무엇을 해야 하는지 고려해 본다.

2) 설 명

설명은 클라이언트에게 생각이나 신념이 감정에 미치는 결과를 설명하는 것이다. 클라이언트의 정서가 엘리스가 제시한 ABC모델(사건→인지→정서적 결과)에서 어떻게 작용하는가를 설명해 주는 일련의 치료기술이다.

예 맛있게 음식을 먹은 후에(A) 친구의 장난으로 그 음식이 상한 것이라는 말을 듣는 순간(B) 갑자기 구토나 어지럼증을 느끼게 된다(C).

3) 경험적 학습

경험적 학습은 왜곡된 인지에 도전하여 변화하도록 유도하는 것으로 인지적 불일치 원리로 설명된다(엄명용 외, 2005). 자신의 인지에 부합하지 않는 특정한 행동을 함으로써 서비스의 이용자가 자신의 인지적 오류를 발견하고 수정하도록 하는데, 행동을 통해 인지를 변화시키고자 하는 의도를 가진 기법이라 할 수 있다.

예 집에 자신이 없다면 가족들이 생활할 수 없을 것으로 믿는 주부에게 여행을 가도록 하여 자신이 없어도 가족들이 큰 어려움이 없다는 것을 인식하게 함으로써 주부 스스로 가족에 대한 집착에서 벗어나도록 도울 수 있다.

4) 인지 재구조화

클라이언트의 비합리적 신념이나 왜곡된 인지 등을 발견하고 인식해서 이를 합리적이고 현실적인 사고로 바꾸고 순기능적인 사고가 될 수 있도록 원조하는 기법이다. 즉, 역기능적이고 자기패배적인 사고와 잘못된 신념을 인식하여 그것을 현실과 부합되며 클라이언트의 기능을 향상시킬 수 있는 신념과 행동으로 대체시키는 데 유용하다.

예 어머니는 고집불통이라는 생각 때문에 어머니와 대화를 거부하는 클라이언트에게 어머니는 주관이 강하고 소신 있는 분이라고 긍정적으로 생각하게 함으로써 어머니에 대한 인식과 태도를 긍정적으로 바꾸어 나가도록 돕는다.

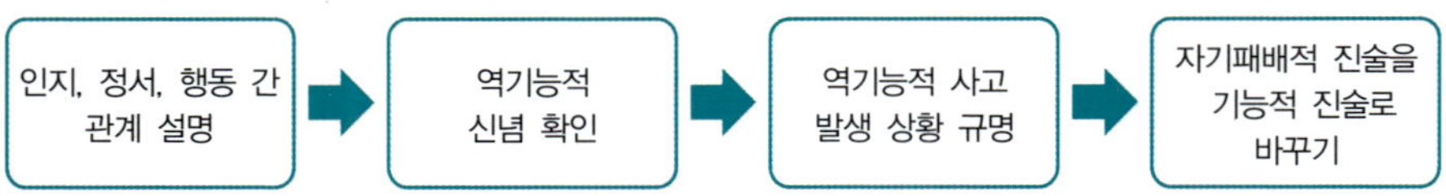

| 그림 5-5 | 인지행동모델의 인지 재구조화 기법의 절차

출처 : 이태희 외(2019).

5) 시 연

클라이언트가 변화시키고자 하는 행동을 반복적으로 연습한 행동을 현실 세계에서 직접 실행하기 전에 사회복지사 앞에서 반복적으로 연습하는 기술이다. 즉, 사회복지사가 언어적 반응이나 행동과 태도 등을 먼저 시범을 보여주고 클라이언트에게 학습하도록 한다.

6) 자기지시기법

클라이언트가 변화하고자 하는 행동을 조성하기 위해 실천지침을 가지고 익혀 나가는 기법이다. 목표 선택, 목적행동 형성, 자기탐지, 계획의 실천 등의 과정을 통해 자신이 통제하거나 변화시키기를 원하는 구체적인 행동에 대한 지침과 계획들을 세우는 기법이다.

7) 사회기술훈련

사회기술훈련은 클라이언트에게 현재의 환경 속에서 기대되는 역할수행이나 관계 문제, 그리고 생활 주기상의 문제에 효과적으로 기능하기 위해 필요한 기술을 학습하도록 돕는 과정이다. 사회적 부적응행동의 예방적 접근에 효과가 있으며, 자존감 손상 문제나 대인관계기술 결핍, 사회적 역할수행 문제 등과 관련된 사회적 역기능 문제에 대한 치료적 접근에 도움이 된다.

위의 내용을 토대로 사회기술훈련을 실시하기 위해서 필요한 요소는 다음과 같다.

① 클라이언트에게 사회기술훈련이 왜 필요한지에 대해 이해시키는 것이 필요하다.
② 문제가 발생하는 상황을 자세하게 파악한다.
③ 특정 행동의 복잡한 유형을 세분하여 이해하고 훈련하는 것이 필요하다.
④ 역할연습을 한다.
⑤ 역할연기를 할 때 즉각적으로 긍정적 강화를 한다.
⑥ 클라이언트가 새롭게 배워야 할 행동이 있을 경우 모델링을 통해 시범을 보여주어 특정 기술을 배우게 한다.
⑦ 모델링과 역할연기를 통해 학습한 행동을 클라이언트가 반복적으로 연습해야 한다.
⑧ 사회기술훈련 끝에 실제 생활에서 적응할 수 있는 과제를 부여한다.

제6절 인지행동모델의 장점과 단점

1. 장 점

- 인지이론과 행동주의 이론이라는 두 가지 중요한 접근을 결합시킴으로써 각 이론의 장점으로 약점을 서로 보완한다.
- 현재에 초점을 맞추지만 과거를 무시하지 않는다.
- 상담자와 내담자가 함께 작업을 하며, 구조화되어 있고 목표 지향적이어서 상담이 수월하다.
- 인지치료의 개입은 정서장애, 불안장애, 후유증, 스트레스 장애, 결혼생활 문제 등을 포함하는 폭넓은 정서장애와 행동문제에 대한 치료에서 효과성이 있다.
- 클라이언트 스스로의 삶에 대한 책임을 강조하며 교육을 통한 능동적인 변화방법을 제시하였다는 점에서 기여한 바가 매우 크다.

2. 단 점

- 일정한 교육수준과 능력을 가진 클라이언트에게 적용이 가능하나 지적 능력이 떨어지는 클라이언트에게는 많은 제약이 따른다.
- 치료방법이 매우 지시적으로 클라이언트에게 가치중립적이어야 한다는 전문적 윤리원칙과 갈등을 초래할 수 있다.
- 교육적이므로 클라이언트의 가치와 철학을 강요할 수 있어서 치료자의 인지와 신념에 대한 강조는 자칫 사건 자체의 중요성을 간과할 수 있다.
- 지금-여기에만 집중하면 과거의 상처와 억압된 분노, 적개심을 과소평가하는 결과를 낳는다(이재선 외, 2016).

CHAPTER 06

과제중심모델

CHAPTER 06

과제중심모델

제1절 과제중심모델의 개념 및 이론적 배경

1. 과제중심모델의 개념

과제중심모델(task-centered model)은 특정 심리 · 사회적 문제를 가진 개인이나 가족을 돕기 위해 1970년대 리드(Reid)와 엡스타인(Epstein)에 의해 개발된 단기 또는 시간제한적 모델이다. 이 모델은 기존의 장기적인 치료가 비용문제, 중도 포기 문제, 사회복지사의 업무부담 등으로 인해 회의와 비판이 확대되고, 현재의 문제상황에 개입의 초점을 두는 단기치료에 대한 관심이 고조되면서 등장하였다(Epstein, 1980). 이 모델의 보다 구체적인 내용을 살펴보면 첫째, 장기간의 치료기간 중 일부를 생략한 치료는 전 과정을 모두 거친 장기간의 치료만큼이나 효과적이었다는 것이고, 이는 전혀 예상 밖의 결과였다. 둘째, 계획된 단기치료가 효과적이었다는 것이다. 셋째, 그 결과를 토대로 하여 고안된 과제중심 실천모델도 효과적이었다는 것이다.

이 접근법은 정해진 시간 내에 수행해야 할 특정한 과제를 선택한다는 점을 강조한다. 문제해결을 위한 시간제한을 두는 것은 빠뜨릴 수 없는 중요한 치료 요소이다. 시간제한을 둠으로써 클라이언트는 자신의 관심과 에너지를 문제해결에 집중하게 되고, 문제해결을 위한 과제를 신속히 채택할 수 있게 된다. 클라이언트가 문제를 신속히 의미 있게 파악하고 대응하며 행동을 취하게 하도록 고안된 행위모델이 과제중심모델이다(Doel & Marsh, 1992).

2. 이론적 배경

과제중심모델은 경험에 기초한 지식을 바탕으로 하여 계획적이고 의도적인 과정을 통해 클라이언트의 문제를 구체적인 과제로 해결해 나가려는 것인데 어떤 특정한 이론이나 개입방법에 고정되지 않는다. 오히려 일반체계이론, 의사소통이론, 인지이론과 정신분석이론, 그리고 학습이론의 기본 원칙들을 통합하여 절충적인 접근을 시도하고 있다.

행동주의 원칙 중에서는 문제 발생과 변화를 설명하는 데 도움이 될 수 있는 방법에 관한 지식이 선택되어 사용되고 있다. 예를 들어, 과제 수행을 촉진하기 위한 강화, 모델링 기법들이 그것이다. 또한 과제 수행을 어렵게 하는 심리적 장애에 대한 통찰력 획득에 도움이 되는 정신분석이론과 인지이론의 원리, 가족이나 중요한 타자들과 함께 과제를 수행하는 데에 도움이 될 수 있는 의사소통이론의 원리, 그리고 개인과 다른 사람들, 또는 클라이언트가 속한 조직들과 같은 소규모 사회체계 내에서의 의사결정과 과제 수행에 도움이 될 수 있는 사회체계이론의 원리들 역시 과제중심모델에서 발견할 수 있다.

과제중심모델은 단기 심리사회적 접근의 기술을 이용하여 클라이언트가 자신들의 문제를 완화하기 위한 과제나 활동을 고안하고 수행하되 시간 제한을 두는 구조를 이용하고 있다. 이 모델에서는 펄만(Helen Peman)의 문제해결 과정과 엘리엇 스텃(Elliot Studt)의 서비스 초점을 클라이언트의 과제에 둔다는 생각이 특히 유용하게 받아들여졌다. 이 외에도 과제중심모델은 경험에 기초한 지식을 일반화하고 있는데, 예를 들면 과제중심모델이 창안되기 이전까지의 심리치료나 사회사업 상담에서 발견된 사실들, 즉 단기의 시간 제한적 치료를 받은 사람들이 장기치료를 받은 사람들과 효과 면에서 별 차이가 없었다든가, 의도된 기간과 상관없이 비교적 짧은 시간 안에 효과를 볼 수 있었다든가 하는 발견들이 이 모델의 밑받침이 되었다.

제2절 과제중심모델의 특징

과제중심모델의 특징은 시간 제한적인 단기 개입, 클라이언트가 인식한 문제와 클라이언트의 욕구 중심, 과제 중심의 개입, 경험적 자료에 근거한 모델, 사회복지사와 클라이언트 간 협조적 관계, 클라이언트의 자기결정권 강조, 특정 이론에 근거하지 않고 다양한 이론을 절충적으로 사용, 구조화된 접근, 클라이언트의 환경에 대한 개입 강조, 개입의 책무성 강조 등으로 구분할 수 있는데, 구체적인 내용을 살펴보면 다음과 같다(박병금 · 최은희, 2016; 생각의마을, 2022).

1. 과제중심모델의 특징

1) 시간 제한적인 단기 개입

과제중심모델은 2~3개월 동안 8~12회기 전후로 이루어진다. 4개월 이내에 종결되는 단기 개입 모델이다. 즉, 4개월이라는 시간제한은 계획적 단기성을 뜻하는데, 이런 단기 개입은 대부분의 클라이언트들이 8회 이내에 상당한 개입 효과를 보고한다는 메타분석 결과에 근거를 두고 있다.

2) 클라이언트가 인식한 문제와 클라이언트의 욕구 중심

개입의 초점은 사회복지사와 클라이언트가 계약한 문제를 해결하는 것이다. 개입은 클라이언트가 문제라고 인식한 문제를 중심으로 하며, 클라이언트의 욕구를 최대한 반영한다.

3) 과제 중심의 개입

과제중심모델에서 변화는 기본적으로 클라이언트가 사회복지사와 만나는 면접 내부와 외부에서 행한 문제해결활동을 통해 이루어진다. 면접 내부와 외부에서 행하는 문제해결활동을 과제라고 한다.

4) 경험적 자료에 근거한 모델

과제중심모델은 이론보다는 조사에 근거한 경험적 자료에 기초하여 만들어졌다. 근거가 확실하지 않은 상태에서 모델의 요소를 만들지 않고 실증적 연구 및 조사에 의해 검증되고 지지되는 방법을 선호한다.

5) 사회복지사와 클라이언트 간 협조적 관계

단기 모델은 기본적으로 사회복지사와 클라이언트 간에 협조적인 관계가 수립되어야 하며, 클라이언트와 사회복지사는 모두 적극적으로 참여해야 한다. 사회복지사는 클라이언트가 제한된 기간 내에 문제를 해결할 수 있도록 원조하며 클라이언트의 적극적 참여와 동기를 중시한다.

6) 클라이언트의 자기결정권 강조

클라이언트의 자기결정권은 윤리적, 실제적인 이슈로 인해 사회복지실천에서 중요하게 여겨졌다. 하지만 과제중심모델에서는 이를 실제로 적용할 수 있는 구체적인 실천방법을 제시한다. 사회복지사는 자신이 클라이언트의 문제에 대해 최선의 해결책을 알고 있다는 가정을 하지 않는다. 오히려 클라이언트가 자기 문제라고 인정하고 함께 해결하고자 지적한 문제에 제한하여 접근한다. 개입활동을 할 때에도 클라이언트가 동의한 해결방법이 사용되어야 하며, 클라이언트는 자기 프라이버시에 대한 권리를 주지하여 어떤 도움이 어떤 방식으로 제공될 것인지에 대한 알 권리를 가진다(엄명용 외, 2013).

7) 특정 이론에 근거하지 않고 다양한 이론을 절충적으로 사용

과제중심모델은 특정 이론이나 접근 방법을 고집하지 않고 다양한 접근 방법을 사용하는 절충적 모델이다. 계획적이고 구조적인 과정을 통해 클라이언트의 문제를 구체적인 과업 수행을 통해 해결할 수 있도록 다양한 이론을 융통성 있게 통합하고 활용한다. 클라이언트의 문제 특징에 따라 인지적 접근, 행동적 접근 등 다양한 접근을 사용한다.

8) 구조화된 접근

시간 제한적인 단기 개입을 하기 위해서는 정해진 시간 동안 수행해야 할 내용과 절차가 구체적으로 계획되어야 한다. 과제중심모델은 개입의 각 단계마다 특정한 과제수행을 요구하는 구조화된 전략을 취한다.

개입순서는 시작하기→표적문제 규명→계약하기→실행→종결로 이루어진다.

9) 클라이언트의 환경에 대한 개입 강조

과제중심모델에서는 대부분의 클라이언트의 문제는 자원의 부족, 혹은 기술의 부족과 연관된 것으로 이해한다. 따라서 문제와 관련된 자원에 대해 탐색하고 이를 활성화하기 위한 방안을 개입의 모든 과정에서 강조한다. 클라이언트가 의뢰된 경우, 활용 가능한 의뢰기관의 자원을 알아보고 표적문제와 관련된 사회환경적 맥락을 탐색하며, 클라이언트와 사회복지사 외에도 문제해결 과정에 참여해야 할 사람들을 관여시키고, 사회복지사는 주요 과제로 클라이언트의 공식적·비공식적 환경에 적극 개입한다.

10) 개입의 책무성 강조

과제중심모델이 개발된 배경 중 하나가 개입의 책무성을 향상시키는 것이다. 사회복지사는 사회복지실천 과정을 기록하고 모니터하며, 개입과정과 결과를 평가함으로써 개입의 책무성을 높인다.

제3절 과제중심모델의 주요 개념

과제중심모델의 주요 기본 개념은 표적문제, 과제, 과제 형성 시 고려사항 등으로 구분할 수 있는데, 구체적인 내용은 다음과 같다(김혜영 외, 2017; 이애재, 2022).

1. 표적문제

과제중심모델에서 다룰 수 있는 문제는 심리 · 사회적 문제를 포괄하는 넓은 대상이 되는데, 주로 대인관계 갈등, 사회적 관계에 대한 불만, 조직체와의 문제, 역할수행상의 어려움, 사회적 변천에 따른 문제, 정서적 고통, 자원의 부족 등 일곱 가지로 분류하고 있다(Reid & Epstein, 1972). 클라이언트와의 초기면접(1회 혹은 2회 면접)에서 문제에 대한 정보를 획득하여 클라이언트와의 협조에 따라 표적문제를 잠정적으로 결정하며, 클라이언트의 강조점을 근거로 우선순위를 매기며 지속적인 탐구를 통해서 표적문제는 상술된다.

표적문제 선정 시 고려되어야 할 중요한 세 가지 원칙은 다음과 같다.

첫째, 클라이언트가 인정하는 문제를 대상으로 삼아야 한다.

둘째, 대상이 되는 문제는 클라이언트 자신의 노력을 통해서 해결될 수 있는 것이어야 한다.

셋째, 대상이 되는 문제는 비교적 구체적인 특정 문제이어야 한다.

2. 과 제

과제중심모델에서 과제란 클라이언트가 자신의 문제를 감소시키기 위해서 어떤 일을 수행하는 것을 의미하며, 설정된 과제는 구조화되어야만 달성될 기회가 부분적으로나 전체적으로 높아진다. 이러한 과제에 의해서 워커는 특수목표에 개입의 초점을 두며 클라이언트 문제를 해결하는 데 있어 자기의 방향감을 가진다. 과제선정 시에는 클라이언트의 동기화, 과제의 실행 가능성, 바람직성, 하위 과제나 복수과제, 개방과제와 폐쇄과제 등의 지침을 고려하여 결정하여야 한다(Reid & Epstein, 1972).

3. 과제 형성 시 고려사항

먼저 클라이언트의 동기화 정도를 파악하는 것이 중요한데, 구체적인 내용은 다음과 같다(Epstein, 1992).

첫째, 클라이언트가 자신의 문제에 대해 무엇을 하고자 하며 그 문제의 해결을 어느 정도 희망하고 있는가 하는 점을 고려해야 한다.

둘째, 워커는 클라이언트 행동, 지적 능력, 감정처리 방식, 타인과의 관계 형성 등의 관찰을 통해 클라이언트가 설정된 과제를 실행할 수 있는가에 대한 가능성을 살펴본다.

셋째, 그 과제가 과연 바람직한가 하는 점이다. 만일 특정 과제가 클라이언트 자신이나 다른 사람에게 부정적인 결과를 초래할 경우라면 의문을 제기해야 한다.

넷째, 과제에는 하위과제와 복수과제가 있다. 가장 단순하게는 단 한 가지의 표적문제와 한 가지의 하위과제가 있을 수 있으나, 하나의 과제에서도 하위과제들이 있을 수 있으며, 하나의 문제에 대해서 두 개 이상의 복수과제도 생길 수 있다.

다섯째, 과제는 자연적인 종결시점이 없는 개방과제와 종결점이 있는 폐쇄과제로 나누어 볼 수 있다.

제4절 과제중심모델의 개입원칙 및 개입목표와 개입과정

1. 개입원칙

과제중심모델의 개입원칙은 경험적 기원, 통합적 자세, 클라이언트가 인식한 문제에 초점 두기, 체계와 맥락, 계획된 단기개입, 협력적 관계, 구조화, 문제해결활동 등으로 분류되는데, 구체적인 내용은 다음과 같다(양옥경 외, 2011).

1) 경험적 기원

과업중심모델은 경험적 연구에 의해 검증되고 지지된 방법과 이론을 선호한다. 클라이언트체계에 대한 가설과 개념은 실제 자료에 근거한 것이어야 하며, 사정, 과정, 성과 자료는 개별 사례에서 체계적으로 수집되어야 한다. 또한 모델의 개선을 위해 지속적인 프로그램의 연구가 이루어진다.

2) 통합적 자세

과제중심모델은 다양한 접근방법, 즉 문제해결, 인지행동적, 인지적, 가족구조적 접근방법 등 양립 가능한 접근방법 가운데 경험적 기초가 있는 이론과 방법을 선별적으로 선택하여 사용한다.

3) 클라이언트가 인식한 문제에 초점 두기

클라이언트가 관심을 가지고 명백하게 인식하는 특정 문제에 서비스 초점을 둔다.

4) 체계와 맥락

문제는 복잡한 체계의 맥락에서 발생한다. 문제의 해결이나 재발의 예방을 위해 맥락적 변화가 필요하며 문제의 해결은 역으로 문제가 발생한 맥락에 긍정적 영향을 미칠 수 있다.

5) 계획된 단기개입

서비스는 일반적으로 계획된 단기간 동안 실행된다.

6) 협력적 관계

클라이언트와의 관계는 돌봄보다 협력적 노력을 강조한다. 사회복지사는 사정 정보를 공유하며 숨겨진 목적이나 의도는 피한다. 치료 전략을 개발하는 데 클라이언트를 최대한 참여시킴으로써 보다 효과적인 개입을 고안하고 클라이언트의 문제해결능력을 개발한다.

7) 구조화

치료 회기를 비롯한 전체 개입 프로그램은 잘 다듬어진 연속된 활동으로 구조화된다.

8) 문제해결활동(과정)

변화는 기본적으로 클라이언트가 회기 중이나 회기 외의 시간에 문제해결활동을 수행함으로써 달성된다. 특히 클라이언트가 자신의 환경 속에서 스스로 행동을 동기화하는 데 초점이 있다. 또한 사회복지사의 과업은 클라이언트 환경 변화에 영향을 미치는 수단을 제공하는 것이다.

2. 과제중심모델의 개입목표

과제중심모델의 개입목표는 클라이언트의 표적문제를 완화하는 것에 중점을 두고 있다. 즉, 사회복지사는 클라이언트가 가지고 있는 문제에 대해 구체화하는 것을 도와줄 뿐만 아니라 과제 수행 계획 및 동기를 부여하여 과제 수행을 촉진시키는 과정에서 다양한 장애물을 예견하고 제거해 줄 수 있도록 노력하는 것이다. 이런 과정을 통해 클라이언트가 자신의 문제를 성공적으로 해결한 경험 등을 토대로 향후 어려움을 맞이하더라도 스스로 해결해 나갈 수 있는 능력을 향상시키고자 하는 것이 개입목표이다.

3. 과제중심모델의 개입과정

과제중심모델의 개입과정은 시작, 표적문제 규명, 계약, 실행, 종결 등으로 구분할 수 있는데, 구체적인 내용을 살펴보면 다음과 같다(Epstein & Brown, 2002).

1) 시작(stating up)

시작하기는 과제중심모델에서 클라이언트가 직접 찾아오는 경우와 다른 기관이나 시설로부터 의뢰된 경우로 시작하게 된다. 특히 클라이언트가 다른 기관이나 시설로부터 의뢰된 경우 사회복지사는 먼저 의뢰기관에서 제시하는 클라이언트의 문제들과 실천의 목표들이 무엇인지를 파악하고 클라이언트가 제시하는 문제, 목표와 서로 일치하는지 알아본다.

클라이언트와 의뢰기관이나 시설의 문제와 목표가 서로 일치하지 않는 경우에는 사회복지사가 서로의 의견을 조정하거나 협상하여야 하며, 법정명령으로 위임된 목표와 클라이언트의 목표가 다른 경우에는 클라이언트의 이해를 구하여야 한다. 또한 사회복지사는 정서적 지지와 관심 등의 정서적 자원뿐 아니라 실제적 또는 물질적 자원을 포함하여 의뢰기관이나 시설에서 클라이언트에게 제공할 수 있는 자원이 있는지 알아보고 계속 활용한다.

클라이언트가 자발적으로 지원한 경우에는 클라이언트의 문제오류 우선순위 등을 확인하고 서비스 제공이 적합한 경우에는 다음 단계로 바로 넘어가고 적합하지 않을 경우에는 다른 기관이나 시설로 의뢰한다.

2) 표적문제 규명(target problem identification)

표적문제 규명에 대한 구체적인 내용은 다음과 같다.

① 클라이언트가 제시하는 문제에서 출발을 하지만 과제중심모델에서 강조하는 문제는 실천의 초점이 되는 표적문제를 규명한다. 즉, 클라이언트가 자신의 문제로 인식하고 실천의 초점으로 동의한 것을 표적문제로 규명하는 것이며, 문제를 구체적으로 규명하는 책임은 사회복지사에게 있다. 이 경우 사회복지사는 제안하거나 권유한 표적문제를 가능한 한 명확하게 설명해 주며, 클라이언트에게 질문하고 반응하고 생각할 수 있는 기회를 충분히 주어야 한다.

② 표적문제가 규명되면 실천의 우선순위를 결정할 차례이다. 우선순위를 결정하기 위해서는 문제목록에서 출발하여 사회복지사의 제안을 소개하고 문제를 분류한다. 그중에서 클라이언트가 가장 중요하게 생각하고 있으며 현실적으로 변화의 가능성이 높은 것부터 우선순위를 결정하게 된다.

③ 사회복지사는 면접을 통해서 표적문제와 그들의 사회적 상황을 세밀하게 조사하고 문제에 영향을 미치는 클라이언트의 특성을 인식하는 초기 사정에 주력한다. 보통 클라이언트는 자발적으로 문제 구체화의 과정 동안 사회적 상황에 관한 많은 정보를 제공한다. 이러한 탐색과 사정은 동시에 이루어진다. 또한 가능하면 빨리 고통을 덜어주기 위해서 초기 사정은 신속히 이루어지는 것이 좋다.

3) 계약(contracting)

계약하기를 하는 것은 문제해결 방향에 대한 동의로서 클라이언트와 사회복지사 간의 목표달성을 명확히 하는 중요한 수단이다. 클라이언트의 자기결정권과 문제해결 의지를 최대한 반영하기 위해서 서면 또는 구두계약으로 이루어진다. 계약에서 다루어야 할 구체적인 내용은 다음과 같다.

① 우선순위가 되는 주요 문제, 최대 세 가지 표적문제를 우선순위를 정하여 제한된 시간 안에 다룰 수 있도록 제한한다.

② 구체적 목표를 선정한다.

③ 클라이언트의 과제는 표적문제를 줄이기 위해 클라이언트가 수행해야 하는 활동이다.

④ 사회복지사의 과제는 사회복지사가 수행해야 할 활동으로서 주로 클라이언트의 과제수행을 지원하거나 다른 기관이나 시설, 클라이언트의 가족, 친지, 이웃 등과 협의하고 협상하는 활동에 초점을 맞는다.

⑤ 개입 스케줄과 면접 스케줄을 협의한다.

⑥ 개입의 지속기간을 협의한다.

⑦ 참여자는 누가 될 것인가를 협의한 후 면접 장소를 협의한다.

4) 실행(implementation)

① **실행단계에서의 사정** : 초기단계에서의 사정을 더욱 정교하게 만드는 과정으로 표적문제와 사회적 맥락, 클라이언트의 장점을 포함한 인지 · 정서적 상황에 대해 포괄적으로 이루어진다. 이 단계에서 사회복지사는 기초선을 설정한다. 사회적 맥락은 클라이언트의 물리적 환경, 사회적 관계망, 사회 · 경제적 조건, 문화, 지역사회 등을 말하는 것으로, 이런 사회적 맥락이 클라이언트의 문제를 촉진하고 유지시키는 역할을 할 수도 있기 때문에 중요하다. 효과적인 실천을 위해서는 클라이언트의 인지 · 정서적 상황에 대한 사정이 필요하다. 심리검사나 정신의학적 조사가 유용하며 이를 통해 사회복지사는 클라이언트의 성격, 특성, 생활방식, 대인관계능력, 문제해결능력, 인지능력 등의 문제상황에 어떤 영향을 미치는지 그리고 클라이언트의 잠재력과 한계는 어떠한지를 이해하는 데 도움을 얻게 된다.

② **문제해결 과정** : 사회복지사와 클라이언트는 과제들을 수행해 가는 과정에서 문제가 해결되거나 감소되는 것을 경험하게 된다. 과제를 실천하는 것은 클라이언트이기 때문에 클라이언트가 과제를 잘 이해하도록 충분한 토

의를 하도록 하고 동기를 유발하여 과제수행의 가능성을 증가시켜야 한다. 과제를 수행하는 데 직면하는 장애요인을 예견하여 미리 클라이언트와 토론함으로써 두려움을 경감시키는 작업도 필요하다.

주기적인 모니터링을 실행하여 과제수행이 잘 이루어지고 있는지 효과를 보이고 있는지를 점검해야 한다. 사회복지사는 개입으로 인한 성급한 변화의 기대를 가져서는 안 되고, 초조해하지 말아야 한다. 실천과정 중에 문제를 재정의하고 새로운 계약을 맺어야 할 만큼 문제의 양상이 변화한다면 실천 또는 개입의 전면적인 수정이 필요하다.

과제수행이 예상대로 진전되지 않을 때에는 심리적 상태 등의 주거, 직장, 학교 등과 같은 클라이언트의 자원 부족, 스트레스, 적절한 강화의 결여, 클라이언트의 과제수행에 대한 상반되는 신념, 클라이언트가 과제수행의 방법을 모르거나 능력이 부족한 경우, 사회복지사는 클라이언트에 대한 편견 등을 검토해야 한다.

5) 종결(termination)

종결에서 사회복지사는 면접 때마다 현재 면접횟수가 몇 번째이고 종결 시까지 몇 회가 남았는가를 알려주어야 하며, 실천계획에 따라 종결하는 것이 중요하다. 종결할 때에는 표적문제로 선정한 문제들과 목표에 대하여 검토하고 달성된 목표를 점검할 뿐만 아니라 문제상황 전체에 대하여 검토를 한다. 목표를 달성하고 표적문제를 해결했을 때는 개입을 종결한다. 필요에 따라 개입을 연장하는 경우에는 클라이언트가 문제해결 의지를 가지고 있는지 신중하게 고려하여 계약을 연장하거나 사회지도를 한다.

사회복지사는 달성된 목표를 강조하고 목표달성 과정에서 클라이언트가 습득한 문제해결 기술을 점검하며, 앞으로 클라이언트가 문제해결 기술을 유지·활용하여 혼자 수행해 나갈 수 있도록 돕는다. 또한 종결 시 해결되지 않은 문제들이 남은 경우는 이를 어떻게 할 것인가에 대한 논의가 있어야 한다.

제5절 과제중심모델의 개입기술

과제중심모델의 개입기술은 직접적 행동변화 기술과 간접적 행동변화의 기술로 구분할 수 있는데, 구체적인 내용을 살펴보면 다음과 같다(Reid & Epstein, 1972).

1. 직접적 행동변화 기술

직접적 행동변화 기술은 인식 증진, 격려, 지시 등으로 구분할 수 있는데 구체적인 내용을 살펴보면 다음과 같다.

1) 인식 증진

인식 증진 기법은 서비스 이용자의 과제 성취에 장애가 되는 요인을 제거하거나 극복할 수 있도록 서비스 이용자를 지원하는 과정에서 드러난다. 서비스 이용자의 인식 증진을 원조하기 위해서는 개별화된 교육적 노력이 필요하며, 특수한 기능과 상황에서의 인식 증진에 대한 사회복지사의 집중적 노력이 요구된다. 인식 증진은 서비스 이용자로 하여금 과제를 수행할 수 있도록 지원하는 데 큰 도움을 준다. 이는 인지적 왜곡이 과제 성취의 장애가 되고 있는 상황에서는 특히 중요한 기술이다.

2) 격 려

격려는 서비스 이용자가 세운 계획이나 수행한 행동에 대해 긍정적 반응을 표하는 것으로 서비스 이용자의 긍정적 행동을 강화하게 된다. 또한 과제수행을 도울 것이라 기대되는 서비스 이용자의 행동을 강화하고 자극하기 위해 사회복지사가 그 행동에 선택적으로 사용해야 하며, 진솔하고 정성된 마음으로 표현해야 한다.

3) 지 시

사회복지사가 과제와 관련된 가능한 행동에 대해 서비스 이용자에게 조언·충고를 하는 것을 말한다. 지시는 격려와는 달리 서비스 이용자가 생각하지 못했던 가능한 행동을 제안하거나 서비스 이용자가 생각하고 있는 내용에 대한 조언으로 이루어진다. 그러나 서비스 이용자의 의존성을 조장할 우려가 있기 때문에 무차별적으로 이유 없이 제공해서는 안 된다. 과제가 설정되면 지시는 서비스 이용자의 과제의 진보를 촉진할 목적으로 사용된다.

2. 간접적 행동변화 기술

변화는 기본적으로 문제해결 행동이나 과제를 통해서 이루어진다. 과제중심모델의 중심적이고 독특한 전략은 문제해결 수단인 과제에 의존한다는 점이다. 또한 사회복지사와 서비스 이용자의 관계는 문제해결 행동을 자극하고 촉진하는 수단이 된다. 문제해결은 서비스 이용자가 수용되고, 존경받고, 좋아지고, 이해된다는 느낌을 가질 수 있는 관계를 통해 촉진될 수 있는 것이다. 따라서 간접적 행동변화 기술은 의사소통기술, 탐색, 구조화, 상황분석 등으로 구분할 수 있는데 구체적인 내용을 살펴보면 다음과 같다.

1) 의사소통기술

과제중심모델은 단기간에 서비스 이용자가 선택한 명확한 목표를 성취할 수 있도록 원조하는 서비스이다. 따라서 서비스 이용자가 무엇을 추구하고 바라고 있는가를 서비스 이용자와 함께 언어화하는 것이 이 모델에서 가장 중요하다.

2) 탐 색

탐색은 서비스 이용자로부터 자료 및 정보를 이끌어 내려는 사회복지사의 노력이다. 탐색은 두 가지 목적을 갖는데, 하나는 서비스 이용자에 관한 정보를 얻어내는 것이고, 또 하나는 의사소통의 내용을 문제와 관련시켜 초점화하는 데 목적을 둔다. 즉, 탐색과정을 통해 서비스 이용자의 문제를 이끌어 내고 이를 명료화하며, 과제의 방향과 가능성을 검토하게 된다.

3) 구조화

서비스 이용자와의 상호작용 구조와 방향에 대한 사회복지사의 의사소통으로 구성된다. 구조화에는 세 가지 단계가 있는데 그 내용을 살펴보면 다음과 같다.

- 1단계 : 서비스 이용자에게 개입의 성격과 목적, 개입의 조직화와 관련된 문제 과제, 시간제한 등 과제와 관련 있는 내용에 대한 명확한 의사소통 반응에 대해 서비스 이용자에게 다시 들려주는 작업
- 2단계 : 서비스 이용자를 위해 개입계획을 구체화하는 사회복지사의 노력
- 3단계 : 조작적 과제를 구조화하는 작업으로써 사회복지사가 서비스 이용자의 의사소통에 대한 명확한 지침을 제공하는 것 등의 활동들로 구성

4) 상황분석

문제의 상황은 문제를 유지시키는 원인, 즉 문제해결의 장애물과 문제를 다룰 때 동원될 수 있는 자원으로 구성된다. 상황요인, 물리적 요인, 인지적 요인, 가족, 지역사회체계가 포함된 다차원적 틀 속에서 이루어지며 표적문제와 관련하여 검토한다.

사회복지사는 서비스 이용자의 왜곡된 지각, 비현실적 기대를 수정하도록 돕고 역기능적 상호작용이나 행동유형을 지적한다. 상황분석과 관련하여 사회복지사는 서비스 이용자가 스스로 문제해결의 장애물을 확인하여 해결하도록 돕고 서비스 이용자의 생활상에서 나타나는 문제의 변화를 확인한다.

제6절 과제중심모델의 한계점

다양한 문제를 가진 클라이언트를 대상으로 과제중심모델은 성공적으로 잘 적용되고 있다. 하지만 '단기적인 접근방법으로 클라이언트에게 적용시켜야 할 사례인가?'라고 묻는다면 이 부분에 대한 명확한 답을 하기에는 여러 의문점이 제기된다.

1. 한계점

과제중심모델은 문제가 청소년의 중증상태의 만성적 과다행동과 관련된 경우에는 성공하기 어렵다. 특히 문제가 지역사회 내의 반사회적 행동이나 부모-자녀 간의 갈등 혹은 부모 간의 갈등일 경우 더욱 그러하다. 또한 과제가 변화를 가져오는 도구라는 증거가 상당히 있기는 하지만, 어떤 문제와 클라이언트에게 어떤 과제가 가장 좋은지에 대해서는 아직 연구가 더 필요하다(신성자 외, 2007). 또한 이 모델의 성과는 서비스 기간의 제한을 얼마나 효과적으로 활용하느냐에 따라 달라진다. 많은 연구들에서 단기적 · 시간제한적 치료가 적어도 장기적 · 개방적 치료만큼 효과가 있다는 것이 입증되었다.

과제중심모델의 핵심은 클라이언트가 인정하고 이해하고 있으며, 주의를 기울이고자 하는 특정한 구체적 표적문제를 완화시키려는 기술이며, 단기과제 중심으로 진행되기 때문에 대부분의 사회복지실천 현장에서 사용할 수 있지만, 클라이언트가 문제해결의 책임을 지고 개입이 진행되는 것이므로 동기화가 잘 되어 있는 클라이언트와 일할 때 더욱 효과적일 것이다(Doel & Marsh, 1992).

CHAPTER 07

위기개입모델

제1절 위기개입모델의 개념 및 이론적 배경

제2절 위기개입모델의 특성과 주요 개념

제3절 위기개입모델의 개입목표와 개입원칙 및 개입과정

제4절 위기개입모델의 장점과 단점

CHAPTER 07

위기개입모델

제1절 위기개입모델의 개념 및 이론적 배경

1. 위기개입모델의 개념

위기는 개인의 현재 자원과 대처기제로는 감당하기 어려운 사건이나 상황을 지각하거나 경험하는 것이다. 대개 사람들은 생활 도처에서 스트레스를 가져다주는 사건들에 직면하게 된다. 새로운 환경, 새로운 지위, 갑작스러운 사건 · 사고, 중요한 타인의 죽음 등 다양한 상황에서 심한 스트레스를 받아, 심각한 고통을 겪기도 한다. 특히 외상적이고 부정적인 사건들은 대부분의 사람들을 심각한 고통에 빠뜨리고 이후 부정적 결과가 발생할 위험을 증가시킨다. 이는 역기능적 행동, 신체적 · 사회적 기능의 손상, 그리고 급성적 · 장기적 정신장애의 주요 위험요인이 될 수 있다(도광조, 2021).

하지만 위기는 위험과 동시에 기회의 시기이기도 하다. 위기상황에서 개인은 심각한 병리적 상태에 빠질 수 있으므로 위기는 명백한 위험이다. 위기가 건설적으로 해결되지 않으면 위기가 발생하기 이전에 비해 기능수준이 낮아진 상태로 고찰될 수 있다는 위험이 있다. 반면 고통을 경험하고 극복하는 과정에서 자각과 자기성장을 하게 된다. 새로운 대처기술을 배울 수 있고 기능수준을 한층 더 향상시키는 생활의 변화를 갖는 기회가 되기도 한다. 위기는 모든 사람들의 생활경험의 한 부분이다. 위기에 처한 클라이언트를 대하는 사회복지사들은 그들이 위기사건 전에는 적절하게 기능하고 있었다고 가정해야 하며, 사회복지사의 역할을 치료라기보다는 원래 수준으로 클라이언트의 기능을 회복시킨다는 관점으로 생각해야 한다(Johsnon & Yanca, 2007; 김혜영 외, 2020 재인용).

따라서 생활에서의 위기상태이고 위험사건에 노출된 이후 나타나는 부정적 결과를 예방하기 위해서 정서 · 정보 · 환경적 원조를 즉각적으로 제공해야 하는데 위기개입모델은 위기 상황에 즉각적으로 개입하여 단기간의 전문적인 원조를 제공하기 위한 모델이다.

2. 위기개입모델의 이론적 배경

위기개입모델은 린더만(Lindemann)의 격심한 슬픔반응에 관한 연구와 캐플란(Caplan)의 1970년대 파괴적 위기상황을 완화하고 예방할 수 있는 지역사회 내의 자연적 상호 지지체계에 관심을 가지게 되면서 발전하게 되었다(양옥경 외, 2001). 에릭슨(Erikson)은 사춘기를 자아 동요로 인한 갈등이 증대하는 정신적 성숙단계로 보고 성숙위기와 상황적 위기 그리고 환경적 위기에 대한 연구의 기초를 제공하였다. 그리고 힐(Hill)은 가족 스트레스에 관한 연구로 위기이론 발달에 큰 영향을 주었다.

이와 같이 위기개입모델은 여러 학자들이 제시하여 강조한 것처럼 우리에게 전혀 생소한 것이 아니며, 근본적으로 기존 모델들과 절충적이고 통합적인 형태를 가지고 위기에 직면한 클라이언트에게 개입하는 모델이라고 볼 수 있다.

제2절 위기개입모델의 특성과 주요 개념

1. 위기개입모델의 특성

① 위기는 위기를 경험하는 개인에게 위험과 기회를 준다.
② 위기는 일반적으로 시간 제한적이지만 일련의 반복적인 전환 위기 시점으로 발달될 수 있다.
③ 위기는 복잡하며 해결하기가 어렵다.
④ 위기개입전문가의 삶의 경험이 위기개입의 효과성을 높일 수 있다.
⑤ 위기는 성장과 변화의 원동력이 될 수도 있다.
⑥ 위기에는 만병통치약이나 빠른 해결책이 적용되지 않는다.
⑦ 위기에는 무엇을 할 것인가에 대한 선택이 필요하다.
⑧ 위기는 정서적 불균형을 동반한다.
⑨ 위기의 해결과 위기개입전문가의 개인적 특성은 서로 관련이 있다.

2. 위기개입모델의 주요 개념

1) 위기의 유형

위기의 유형은 발달적 위기, 상황적 위기, 실존적 위기, 환경적 위기 등의 네 가지로 구분할 수 있는데, 구체적인 내용을 살펴보면 다음과 같다(이재선 외, 2016; 이태희 외, 2019).

(1) 발달적 위기

발달적 위기는 인간이 성장하고 발달해 나가는 가운데 자연스럽게 발생하는 사건으로, 이 사건으로 인하여 비정상적인 반응을 일으키는 경우이다.

① 개인의 발달과정상의 위기

에릭슨(Erikson)은 인간의 성장은 일련의 위기를 성공적으로 해결하는 결과라고 했으며 한 단계와 다음 단계 사이에 인식과 감정의 혼란이 현저한 과도기로서 행동의 미분화상태인 기간이 있는데 이 기간을 발달과정상의 위기 혹은 성숙상의 위기라고 했다.

예 청소년 정체성 위기, 중년의 위기, 노년의 위기 등

② 가족의 발달과정상의 위기

개인의 생활단계는 가족의 생활단계와 병행하는 경우가 대부분이며, 개별 가족 구성원의 연령단계와 각 발달 단계에서 과업에 대한 가족의 지각은 다르다.

예 결혼, 자녀의 출생, 자녀의 학교입학, 청년기의 시작 등

(2) 상황적 위기

위기상태를 촉발하는 사건을 중심으로 갑작스럽게 발생하는 외부사건에 의한 위기로 예견할 수 없다. 누구에게나 일어날 수 있으며, 갑작스럽고 충격적이며 강렬하다.

예 가족의 죽음, 갑작스러운 질병, 교통사고

(3) 실존적 위기

실존적 위기는 내적 갈등이나 불안을 포함하는 것으로 이는 삶의 목표나 책임감, 독립성, 자유, 의무와 같은 중요한 인간적 이슈와 함께 일어난다. 따라서 실존적 위기는 발달단계 및 발달과제와 큰 관련이 없다. 자신의 분야에서 최고가 되는 것을 행복이라고 여기며 열심히 직장생활을 하던 어떤 사람이 행복에 대한 새로운 의미를 발견하면서 지금까지 자신이 살아온 방식에 대해 후회하고 앞으로 어떻게 살아가야 할지 내적 갈등과 정신적 방황을 하게 된다면 이것은 실존적 위기이다.

예 개인의 특정 전문성이나 조직에서 중요한 영향을 주지 못한다는 불안이나, 노년기 인생의 허무함과 절망감

(4) 환경적 위기

개인이나 집단에 자연이나 인간이 일으킨 재해가 갑자기 덮쳤을 때 발생한다. 이러한 위기는 태풍이나 홍수, 지진, 폭풍, 눈보라, 산불과 같은 자연재해일 수도 있으며, 전염병이나 기름유출과 같은 생물학적으로 파생되는 위기일 수도 있다.

예 러시아와 우크라이나 전쟁, 9 · 11테러, 튀르키예 지진 등

2) 위기의 구성요소

골란(Golan, 1978)은 위기의 구성요소를 위험 사건, 취약 상태, 위기 촉발 요인, 실제 위기 상태, 재통합(회복) 등의 다섯 가지로 구분하였는데, 구체적인 내용은 다음과 같다.

(1) 위험 사건

위기는 대개 위험 사건에 의해 시작되는데, 위험 사건은 외부적인 사건일 수도 있고 내부적인 사건일 수도 있으며, 하나의 재앙 사건일 수도 있고 혹은 연속적으로 측정된 사건일 수도 있다.

하나의 위험 사건은 이혼, 강간, 교통사고로 인한 장애, 갑작스러운 가족의 죽음이 있으며, 연속적인 사건으로는 최근 직장에서 상사와의 갈등이 있는 여성이 남편의 질환, 시집과의 갈등, 자녀의 성적 부진 등을 연속적으로 경험하면서 위기에 빠지는 경우 등이 있다.

(2) 취약 상태

위험 사건으로 항상적 균형(homeostasis)을 잃으면 취약 상태가 된다. 취약 상태에서는 이전의 평형 상태를 회복하기 위해 평소 사용하던 문제해결 기제를 시

도하며, 이에 성공하지 못하면 위기 상황에 대처하기 위한 새로운 방법을 찾아 시도하게 된다.

(3) 위기 촉발 요인

위기 촉발 요인이란 긴장과 불안을 한층 고조시켜 취약 상태를 불균형 상태로 만드는 요인이다. 어떤 위기 상황에서는 위험 사건이 워낙 압도적이어서 위험 사건이 동시에 촉발 요인이 되지만, 어떤 경우에는 촉발 요인은 위험 사건과 직접적 관련이 없을 수도 있다. 예를 들어, 최근 이혼한 여성이 운전 중 접촉사고를 당하고 가까스로 유지하여 오던 평형 상태가 깨지면서 실제 위기를 맞이하는 경우이다.

(4) 실제 위기 상태

실제 위기 상태는 혼돈, 불안, 염려, 절망, 분노 등과 같은 감정을 동반하는 격심한 정서적 혼란 상태를 말한다. 위기에 처한 개인은 심리적 취약성, 방어기제의 위축, 문제해결 및 대처 능력의 와해를 경험한다. 따라서 불균형의 위기 상태는 4주에서 6주간 지속되는데, 이 기간에 위기개입이 이루어져야 효과적으로 문제를 해결할 수 있다.

(5) 재통합

재통합 단계에서는 일어난 문제에 대해 인지적으로 이해하게 되고 위기 관련 감정을 방출하고 변화를 수용하며, 새로운 대처 행동유형을 개발한다. 또한 위기 상황을 극복함으로써 숙달감, 자기 존중감의 증진을 경험하게 된다.

이 단계에서 학습한 새로운 적응기제는 장래 다른 상황을 효과적으로 대처하는 데에 적용될 수 있다. 하지만 위기 상황에서 부적절하고 부적응적 행동유형을 학습한다면 앞으로의 상황에 적절하게 대처하는 능력이 손상될 수 있다. 예를 들어, 위기 상황에서 술로 대처하거나 '아무것도 소용없다', '나는 못 한다' 등의 학습된 무기력감을 경험하게 되므로 상황에 적절히 대처하는 능력이 손상되어 위기 상황 이전보다 전반적 기능이 떨어질 수도 있다.

제3절 위기개입모델의 개입목표와 개입원칙 및 개입과정

1. 위기개입의 목표

첫째, 위기로 인한 증상을 제거한다.

둘째, 위기 이전의 기능수준으로 회복한다.

셋째, 불균형 상태로 만든 촉발사건에 대해 어느 정도 이해한다.

넷째, 클라이언트나 가족이 사용하거나 지역사회 자원에서 이용할 수 있는 치료기제에 대해 규명한다.

다섯째, 현재의 스트레스를 과거의 생애 경험, 갈등과 연결한다.

여섯째, 새로운 인식, 사고, 정서 양식을 개발하고 위기 상황 이후에도 사용할 수 있는 새로운 적응적 대처기제를 개발한다(Rapoport, 1970; 김혜영 외, 2017 재인용).

2. 위기개입모델의 개입 원칙

위기개입모델의 개입 원칙은 신속하고 즉각적인 개입, 행동 지향성, 제한된 목표, 희망과 기대, 지지, 문제해결에 초점, 자립 등의 일곱 가지로 구분되는데, 구체적인 내용은 다음과 같다(Puryear, 1984; 김경호, 2010; 양옥경 외, 2010; 장인협, 1996; 최희철, 2021 재인용).

1) 신속하고 즉각적인 개입

위기는 보통 시간 제한적이며, 4~6주 동안 지속된다. 따라서 위기개입이 즉각적으로 이루어지는 것이 매우 중요하다. 이 시기가 지나면 급성위기는 사라지지만 위기를 유발하는 상황은 계속될 수 있다. 예를 들어, 사고로 부모를 잃고 가장으로 살아가야 하는 장남은 부모의 죽음으로 인한 위기가 지나갔다고 하더라도 앞으로 어린 동생들을 돌보며 살아가야 하는 힘든 상황이 계속될 것이다. 이와 같은 경우는 당장의 위기개입 이후 사례관리와 같은 지속적인 사회복지실천이 요구된다(장수미 외, 2010).

2) 행동 지향성

위기개입에서 사회복지사의 역할은 적극적이고 직접적인 역할을 수행해야 하며, 서비스 이용자가 위기에 대처하는 어떤 행동을 하게 할 만큼 적극적인 개입이어야 한다. 비활동적이고 간섭적인 과정은 좋지 않다. 위기 상황에서는 서비스 이용자나 가족이 당황하여 어떠한 생각이나 대안을 찾아내기 어려운 행동 불가능 상태에 있으므로, 사회복지사가 해결의 대안을 제시해 주고 이끌어 갈 필요가 있다.

3) 제한된 목표

위기개입의 목표는 위기 이전의 기능수준 회복에 있다. 성격변화 또는 환경 전체적인 변화를 추구하지 않는다. 균형상태만 회복하면 되는 것이다. 그러므로 위기개입은 클라이언트의 과거를 탐색하는 데에는 큰 비중을 두지 않는다. 과거에 대한 정보 수집을 한다면 위기와 직접적으로 관계된 부분에 한정하는 것이 좋다. 즉각적으로 현재의 위기를 해결하는 것이 중요하기 때문에 그것과 관련이 없는 과거로 인해 시간을 낭비하는 것은 불필요하다.

4) 희망과 기대

위기에 처하여 절망감을 가진 사람에게 그들의 문제가 마술적으로 해결될 수 있다는 지나친 희망을 갖게 하는 것은 피해야 하지만 클라이언트에게 희망을 갖게 하는 것은 중요하다. 이는 주로 사회복지사의 태도에 의해 성취된다. 위기 해결과 클라이언트의 기능 회복에 대한 사회복지사의 희망적인 태도가 중요하다. 사회복지사는 위기가 어떤 형식으로 해결될 것이라고 기대하고 클라이언트가 기능을 잘할 것이라는 기대를 한다.

5) 지 지

서비스 이용자에게 위기 극복에 도움이 되는 실용적인 정보를 제공하거나 정서적으로 지지하며, 강점에 대한 명확한 지지를 제공할 필요가 있다. 또한 사회적 지지체계를 개발하고 형성하도록 해야 한다. 그렇지만 서비스 이용자에게 필요한 만큼만 지지를 제공해야 한다. 필요 이상으로 지지를 제공하여 서비스 이용자가 사회복지사에게 의존하지 않게 해야 하며, 서비스 이용자의 비현실적인 기대는 조정해 주어야 한다.

6) 문제해결에 초점

위기개입은 직접적으로 위기 상황과 관련된 구체적인 문제 또는 위기를 유발한 문제해결에 초점을 두고 이루어져야 한다. 신속하고, 정확하게 위기를 유발한 문제를 파악하는 데 초점을 두고, 그것을 해결하는 데 초점을 유지하도록 노력해야 한다. 위기개입을 할 때에는 적절한 원조전략을 수립해야 한다. 위기상황에 대해 정말로 최선의 접근이 되도록 잘 계획되어야 한다. 위기란 본질적으로 심각하기 때문에 가장 적절한 해결책을 모색하는 것 자체가 개입의 최우선순위가 되어야 한다. 클라이언트가 가지고 있는 다른 문제들에 대해서는 위기개입을 하고 난 후에 다룰 수 있다.

7) 자 립

위기에 처한 사람은 그가 아는 지식과 생각을 동원하여 많은 고민과 노력을 해보고 최종적으로 사회복지사의 도움을 받기 위하여 오는 경우가 많다. 이때 서비스 이용자는 자기 자신을 실패자로 보는 경향이 있다. 그러므로 서비스 이용자가 문제해결능력을 가질 수 있도록 문제해결에 이들의 생각을 적극적으로 반영하고 서비스 이용자가 할 수 있는 것은 스스로 하게 해서 자립심을 길러주는 것이 필요하다.

3. 위기개입모델의 개입과정

1) 골란의 개입과정

골란(Golan, 1978)은 위기개입 과정을 시작단계, 중간단계, 종결단계로 구분하였는데, 구체적인 내용은 다음과 같다.

(1) 시작단계

사회복지사와 클라이언트가 처음 대면하는 것으로 시작된다. 사회복지사는 위기상황을 파악하고자 현재 클라이언트가 처한 어려움에 대하여 의논하고, 앞으로의 개입과정에 대하여 계약을 형성하게 된다. 시작단계는 가능한 한 클라이언트의 주관적 반응을 이끌어 내어 감정을 표현하도록 한다.

(2) 중간단계

실질적으로 계약을 이행하는 단계로 클라이언트의 중요문제에 대하여 현재와 과거의 일까지 탐색하여 본다. 사회복지사는 클라이언트가 성취할 수 있는 과제를 작업화하여 행동변화를 초래할 수 있도록 노력한다. 클라이언트가 점차 자율성을 회복함에 따라 사회복지사는 단계적으로 자신의 역할을 줄이고, 일상생활에서 활용할 수 있는 자원과 지지체계를 찾아내어 연결해 준다.

(3) 종결단계

종결단계에서는 개입상황을 점검해 보고, 클라이언트가 성취한 과제, 또는 성취하지 못한 과제를 대상으로 미래에 대한 계획을 수립한다. 클라이언트가 사회복지사에게 의존하지 않도록 격려하고, 유사시에는 클라이언트가사회복지사를 활용할 수 있음을 인식시켜 준다. 또한 종결 시기도 클라이언트와 의논하여 결정한다.

2) 아길레라와 메식의 개입과정

아길레라와 메식(Aguilera & Messick, 1982)의 개입과정은 사정단계, 계획단계,

개입단계, 위기대비 계획단계로 구분하였는데, 구체적인 내용은 다음과 같다(신성자 외, 2012).

(1) 사정단계

사회복지사는 사정단계에서 클라이언트의 정서적 고통을 완화하거나 경감시키는 것과 동시에 개인과 문제에 대한 사정을 수행하게 된다. 사회복지사는 사건 및 위기에 대한 사정을 위해 초점화 기술을 적극적으로 활용하여야 한다.

① 클라이언트의 위기와 선행사건에 관한 파악

클라이언트의 위기와 선행사건에 대해 파악(무슨 일이 언제, 어디서, 어떻게, 누구에게)하여 클라이언트에게 '무슨 일로 여기에 오셨나요?'라고 질문으로 위기 상황을 체크할 수 있다.

② 현재의 위기와 선행사건에 관한 클라이언트의 인식

클라이언트에게 '이 사건에 대해 어떻게 느끼십니까?' 혹은 '이 사건이 앞으로 당신에게 어떤 영향을 줄 것 같습니까?' 등의 질문을 통해 클라이언트가 위기와 선행사건을 어떻게 인식하고 있는지 파악할 수 있다. 이는 클라이언트가 그 일을 얼마나 객관화시킬 수 있는지를 파악하게 도와준다.

③ 자원에 관한 고려

클라이언트에게 도움을 줄 만한 지지적 자원과 자원의 지지 수준 및 질을 고려해야 한다. 지지적 자원은 보호요인으로 사회복지사는 주변에 '이 일에 대해서 이야기 나눌 수 있는 사람이 있습니까?' 또는 '누구와 이야기를 나눌 때 가장 편하신가요?'라고 질문을 하여 클라이언트의 주변 자원에 대해 파악해 볼 수 있다.

④ 과거의 문제경험과 대처 기술

클라이언트가 과거에 비슷한 문제를 겪은 적이 있는지, 있다면 어떻게 해결했는지 고려하여 클라이언트의 대처기술을 탐색한다. 이는 기존의 대처기술이 현재의 위기 극복에 도움이 될 수 있는지 탐색하기 위한 것으로 이를 위해 '전에도 이와 비슷한 일을 겪은 적이 있습니까? 있었다면 그때는 어떻게 해결하셨습니까?' 등의 질문을 할 수 있다.

⑤ 클라이언트의 자해 또는 타해 위험 정도

클라이언트가 자해나 타해의 위험이 있는지 그 치명성을 사정하여야 하고, 자해의 위험성이 있다고 판단되면 입원치료 의뢰와 같은 절차를 즉시 연결해야 한다. 자살의 위험을 파악하기 위해서는 자살에 대해 구체적 계획을 가지고 있는지, 그 방법이 어느 정도 치명적인지, 그리고 신변정리나 가족에 대한 염려 혹은 우울의 정도나 일상생활의 변화가 어느 정도인지 등을 본인과 가족을 통해 자세히 알아보아야 한다. 또한 타해 위험을 파악하기 위해서는 클라이언트의 폭력적 표현이나 약물남용 등에 대해 조사해야 하고 구체적 대상에 대한 적개심을 보이거나 해칠 가능성이 있는 경우에는 당사자에게 알려주는 것이 중요하며 후속조치로 의료기관에 의뢰 등 신속한 조치를 취하여야 한다.

(2) 계획단계

계획단계에서는 위기로 인해 클라이언트의 기능에 어느 정도 손상이 있는지 일상생활 수행이 어느 정도 회복될 것인지, 직업, 가사, 부모 역할, 학업 등의 기능이 얼마나 회복될 수 있을지, 클라이언트 주변의 자원들은 어떻게 반응하고 있는지, 그들로부터 클라이언트는 어떤 도움을 받을 수 있는지 등에 대한 평가가 우선 이루어져야 한다. 다음으로 가능한 잠재적 대안들을 고려하고 이들의 장단점 평가와 무엇을 추구할 것인지에 대한 행동계획을 수립한다. 또한 과거에 사용하였던 대처전략을 확인하고 다시 활용하면 유용할 것인지 아닌지 결정하는 것이 포함되어야 한다.

(3) 개입단계

① 클라이언트가 표현하기 힘든 감정을 드러내도록 돕는다

스트레스는 불안과 불편함, 강한 부정적 감정을 불러일으키지만 사람들은 이러한 감정을 드러내기보다는 다루려고 노력하며 통제하여 내면에 담아둔다. 이처럼 감정을 억압하는 것은 사람을 움직이지 못하도록 하는 원인이 된다. 이러한 감정을 다루기 위해서는 클라이언트가 먼저 감정을 인정해야 하기 때문에 사회복지사는 감정을 표현하도록 돕는 것이다.

② 대처기제를 탐색한다

과거에 클라이언트에게 어떤 대처방식이 성공적으로 사용되었는지, 이것이 지금의 위기에도 적용 가능한지 탐색한다. 또한 새로운 대처기제로는 무엇이 적절한지 조사하여 클라이언트가 변화하도록 돕는다. 위기개입은 다른 어떤 개입보다 직접적이기 때문에 문제해결을 위해 무엇을 해야 할지 방향 제시를 해줄 수 있다.

③ 사회적 활동 재개를 돕는다

이는 클라이언트가 사회적 지지체계를 형성하거나 재형성할 수 있도록 돕는 것이다. 위기에 처한 사람들은 가능한 한 많은 사회적 지지와 자원을 필요로 한다. 따라서 이미 존재하는 지지자원을 확보하고 사용하도록 하며, 기존의 자원이 존재하지 않거나 부적절한 경우에는 새로운 자원을 개발하여 새로운 관계를 형성할 수 있도록 도울 수 있다.

(4) 위기대비 계획단계

위기대비 계획은 클라이언트가 미래의 다른 위기를 준비하도록 돕는 것을 의미한다. 위기개입의 마지막 단계는 클라이언트가 위기를 다루는 과정에서 무엇을 배웠는지 정리하는 것이다. 이때 사회복지사의 과제는 클라이언트가 대처행동을 명확하고 구체적으로 이해할 수 있도록 도우며, 이를 통해 클라이언트가 미래에 위기를 맞았을 때 학습한 대처기술을 활용할 수 있도록 돕는 것이다.

사회복지사는 클라이언트가 모든 문제를 미래에 혼자 해결해야 한다는 것을 전달하지 않는 것이 좋다. 미래에 도움이 필요할 때 언제든지 도움을 받을 수 있으며, 사후지도도 이루어질 것이라는 점을 설명해 주어야 한다.

이 단계에서는 평가와 사후관리도 함께 이루어지며 평가의 초점은 효과적 대처기제를 중심으로 이루어져야 한다. 그리고 위기개입의 경우 타 기관에 의뢰해야 하는 경우가 많기 때문에 의뢰하고 난 후의 사후관리가 필요하다.

제4절 위기개입모델의 장점과 단점

1. 장 점

위기개입모델은 다양한 단기간의 위기에 유용하며 새로운 적응적 대처방법을 발달시킬 수 있다면 좀 더 높은 수준에서 기능할 수 있다. 또한 도움을 주는 시간이 제한적이어서 노력 자원에 비추어 볼 때 효과적이라고 할 수 있다.

2. 단 점

첫째, 실천가들의 위기개입이라는 용어는 대체로 위기 관련 활동을 기술하거나 위기가 만성화된 사람들에 대해 개입을 기술하기 위함인데 이는 위기상황에서 활용되는 개입과 하나의 특정 접근으로서의 위기개입을 구분하기 어렵다.

둘째, 새로운 적응상태를 발달시키는 데 많은 자원이 필요하다.

셋째, 제한된 자원, 시간 때문에 긍정적 변화에 필요한 모든 요소들을 모으는 것이 가능하지 않다.

셋째, 개인상황의 반성만으로 클라이언트의 문제를 효과적으로 해결하기 힘들다.

넷째, 이 개입을 활용하는 사회복지사는 매우 지시적이고 강요적이 될 수 있는데 이는 중요한 윤리적 문제, 특히 임파워먼트 개념과 관련하여 중요한 문제를 제기한다.

다섯째, 구체적 기술이 개발되지 못한 한계성을 지닌다(Brammer, 1985).

CHAPTER 08

해결중심모델

CHAPTER 08

해결중심모델

제1절 해결중심모델의 개념 및 이론적 배경

1. 해결중심모델의 개념

해결중심모델이란 내담자가 이미 문제해결을 위한 자원을 가지고 있으며, 내담자의 강점, 장점, 건강한 특성, 과거의 성공경험 등에 초점을 맞추고 그의 자원을 충분히 활용하여 면접을 이끌어 나가며 개입방법을 계획하는 치료기법으로, 문제가 아닌 해결에 중점을 두는 단기 가족치료모델이라고 할 수 있다.

2. 해결중심모델의 이론적 배경

해결중심모델의 이론은 클라이언트의 지향적 접근방법으로 클라이언트를 문제를 가장 잘 아는 전문가로 인정함과 동시에 문제해결의 주체로서 전문적 관계의 동반자로 인정한다. 1960년대와 1970년대에 가족치료모델이 발전하면서 해결중심 가족치료모델이 주목받게 되었다.

또한 1978년 미국 위스콘신(Wisconsin) 주의 밀워키(Milwaukee)에 의해 설립된 단기가족치료센터에서 MRI(Mental Research Institute)에서의 경험을 살려 치료의 초점을 문제중심에서 해결중심으로 전환하면서 스티븐 드 세이저와 인수 버그(Steve De Shazer & Insoo Kim Berg)에 의해 정립되어 등장하게 되었다(엄명용 외, 2021).

현재 해결중심모델은 미국, 독일, 일본, 한국 등 여러 나라로 확산되어 실천과 조사연구가 진행 중이다. 정신건강, 학교, 가정폭력, 아동, 청소년, 가족관계 등 다양한 이슈들에 대해 여러 현장에서 적용되고 있다. 이 모델에서는 언어가 인간의 세계를 구성하며 인간의 세계는 전 세계를 구성한다고 보았다. 따라서 사람들이 그들의 문제에 대해 말하는 방식을 바꾸면 문제도 해결된다고 보고 있다 (Nichols & Schwartz, 2008).

제2절 해결중심모델의 기본가정과 주요 원칙

1. 해결중심모델의 기본가정

멧칼프(Metcalf, 1998), 오코넬과 팔머(O'Connell & Palmer, 2003), 펠러와 월터(Peller & Walter, 1998)는 해결중심모델의 기본가정을 다음과 같이 제시하고 있다.

① 클라이언트는 자신이 무엇을 원하고 삶에서 어떤 변화가 일어나기 바라는지를 가장 잘 알고 있는 전문가(expert)다. 치료는 클라이언트가 원하는 것이어야 한다.

② 해결중심이론을 활용하는 사회복지사는 클라이언트를 변화시키는 전문가가 아니라 클라이언트의 변화에 도움을 주는 자문가(consultant)의 역할을 한다. 사회복지사와 클라이언트 간의 상호존중, 대화, 탐구, 확인, 시도와 관련된 상담과정으로 간주한다.

③ 해결중심이론을 기반으로 한 개입과정에서는 문제내용 자체보다는 문제해결 방안과 새로운 행동유형을 시작하는 데 초점을 둔다. 즉, 해결방안 구축 과정에 초점을 둔다. 문제 자체에 초점을 두지 않기 때문에 클라이언트가 문제의 원인에 대한 통찰력을 가질 필요가 없다.

④ 클라이언트의 잠재적인 변화 욕구를 인정하고 중요시한다.

⑤ 사회복지사의 역할은 클라이언트가 문제해결을 위한 열쇠를 사용하도록 돕는 데 있다. 클라이언트들이 자신의 목표를 알 수 있도록 돕기 위한 상황을 제공하고 성공적인 경험을 하도록 돕는다.

⑥ 사회복지사와 클라이언트 관계는 협력적인 동료관계다. 클라이언트에게 좀 더 나은 해결방안과 최선의 것을 탐색하고 선택하는 데 있어서 함께 작업을 해야 하기 때문이다.

2. 해결중심모델의 주요 원칙

드세이저(Steve de Shazer, 1986)는 해결중심모델에서 적용되는 8가지의 주요 원칙을 중요시하고 있는데, 구체적인 내용을 살펴보면 다음과 같다(이태희, 2019 재인용).

1) 병리적인 것 대신에 건강한 것에 초점을 둔다

클라이언트가 자신의 문제를 다루는 데 있어서 잘못된 것 대신에 성공했던 경험에 초점을 맞추고 그것을 어떻게 활용할 것인가에 관심을 둔다. 클라이언트의 실패보다는 성공경험 및 그 방법에 초점을 두고 이를 치료에 활용한다. 혹여 문제가 있다 하여도 해결 가능성이 있다는 전제하에 클라이언트의 강점, 자원, 능력에 초점을 두며 결함, 장애는 가능한 한 다루지 않는다.

이와 같은 방법은 클라이언트가 자신을 보는 관점을 새롭게 해주는 방법이 되므로 클라이언트가 재진술을 할 수 있도록 독려한다.

2) 클라이언트의 강점, 자원, 건강한 특성을 최대한 발견하여 문제해결에 활용한다

사람은 문제를 해결할 자원과 능력을 지니고 있다는 전제하에 클라이언트가 활용 가능한 자원, 기술, 지식, 믿음, 동기, 행동, 증상, 사회관계망, 환경, 개인적인 특성 들을 활용할 수 있도록 돕는 것을 의미한다. 치료는 클라이언트를 전문가로 여겨 해결점이나 목표 지향으로 나아가는 노력을 지속하고 클라이언트의 능력에 대해 유연성 있게 맞추어 나갈 책임은 치료자에게 있다고 생각한다.

3) 탈이론적이고 비규범적 입장이며, 클라이언트의 결정을 존중한다

해결중심모델은 클라이언트가 호소하는 독특한 불평에 기초하여 개별화된 해결책을 발견하고자 한다. 클라이언트는 자신의 문제를 해결하기 위해 필요한 모든 것을 이미 가지고 있다고 주장한다. 따라서 클라이언트가 결정한 관점과 견해를 수용하고 그 안에서 클라이언트가 지닌 긍정적인 자원들을 활용해야 한다.

4) 변화는 항상 일어나며 불가피하다

해결중심모델은 변화가 클라이언트 삶의 일부라고 생각하여 변화를 막을 수는 없다고 생각한다. 따라서 자연스럽게 일어나는 변화를 단지 확인하고 그 변화를 해결책으로 활용하는 것이다. 다만, 클라이언트는 자신의 문제에만 관심을 두기 때문에 많은 예외적인 것, 즉 문제가 발생하지 않는 상황은 인식하지 못하고 무시하기 때문에 문제가 발생한다고 본다.

5) 작은 변화가 큰 변화로 이끈다

해결중심모델에서는 단지 작은 변화의 시작을 필요로 한다. 사회복지사는 클라이언트의 작은 변화는 큰 변화로 이끌며, 체계의 모든 부분은 서로 연결되어 있으므로 체계의 한 부분의 변화가 전체 체계에 변화를 가져오는 개입방안을 모색해야 한다. 예를 들어, 가족 중 한 사람의 변화를 통하여 가족 전체의 변화를 가져올 수 있다고 생각한다. 이는 해결중심이론에서 매우 중요한 부분을 차지한다.

6) 현재와 미래를 지향한다

해결중심모델은 클라이언트를 과거와 문제로부터 멀리하고 현재와 미래의 문제해결방안을 구축하는 데 관심을 집중하도록 한다. 그러나 간혹, 과거에 대한 이해가 현재의 문제를 이해하는 데 도움이 될 경우에는 매우 제한적으로 시도하기도 한다.

7) 클라이언트의 자율적인 협력을 중요시한다

해결중심모델은 클라이언트와 사회복지사가 함께 목표성취에 협력하는 것을 중요시한다. 그러나 클라이언트의 자율적인 협력을 중요시하는 이유로 비자발적인 클라이언트에게 협력을 요청하는 것이 어려운 과제로 떠오르게 된다.

8) 해결중심모델은 다음의 철학을 중요시한다

첫째, 클라이언트가 중요하게 생각하지 않거나, 기능을 하고 있는 것은 고치지 않는다.

둘째, 어떤 것이 효과가 있는지를 알게 되면 그것을 더 많이 실천하게 한다.

셋째, 진행하고 있는 그 어느 것도 효과가 없다면 다른 방법을 시도하게 한다.

제3절 해결중심모델의 개입목표 및 목표설정의 원칙

1. 해결중심모델의 개입목표

해결중심모델의 개입목표 달성 과정에서 사회복지사가 다루는 네 가지 영역을 살펴보면 다음과 같다(솔루션센터, 2008).

첫째, 서비스 이용자가 상담을 통해 원하는 것이 무엇이라고 말하는가?

둘째, 서비스 이용자가 원하는 것이 그들에게 어떻게 변화를 줄 수 있는가?

셋째, 서비스 이용자가 자신이 원하는 것을 위해 노력하고 있다는 것을 어떻게 알 수 있는가?

넷째, 서비스 이용자가 그들이 지금 원하는 것을 얼마나 경험하고 있는가?

2. 해결중심모델의 목표설정의 원칙

해결중심모델의 개입 목표를 설정하기 위해서는 다음과 같이 여섯 가지의 원칙이 필요하다(Dejong & Berg, 1998).

1) 클라이언트에게 중요한 것을 목표로 한다

치료목표가 클라이언트에게 중요할 때 목표를 성취하기 위해 더 노력하게 된다. 클라이언트에게 중요한 것과 치료에서 성취하기를 원하는 것을 분명히 하는 것은 치료자가 목표설정을 명확히 하는 데 도움이 된다.

2) 작은 것을 목표로 한다

클라이언트가 설정하는 목표가 작을수록 클라이언트가 쉽게 목표를 성취할 수 있다. 성취감은 클라이언트로 하여금 성공의 경험을 가지게 함으로써 희망과 변화하고자 하는 동기를 증가시킬 수 있게 된다.

3) 구체적이며 명확하고 행동적인 것을 목표로 한다

행복하게 되는 것과 같이 애매모호한 목표가 설정되면 목표가 성취되었는지 파악하는 것이 불가능하다. 따라서 전문가와 내담자가 진행하고 있는 것을 쉽게 평가할 수 있는 목표를 설정하는 것이 유용하다.

4) 문제를 없애는 것보다는 더 나은 것에 관심을 둔다

문제를 없애는 것에 관심을 두기보다는 긍정적인 행동에 관심을 둔 목표가 더 성취하기가 쉽다.

5) 지금 여기에서의 목표로 시작한다

클라이언트는 처음에 왔을 때 완전히 사라지거나 성취하기를 바라는 최종 결과에 목표를 둔다. 해결중심 전문가는 클라이언트의 견해를 전적으로 수용하는 한편, 원하는 결과를 성취하기 위하여 처음 단계에서 필요한 것을 명확하고 구체적으로 설명해야 한다.

6) 클라이언트가 성취 가능한 현실적인 것을 목표로 한다

클라이언트가 비현실적이고 성취 불가능한 목표를 가지고 있을 때 전문가는 클라이언트가 실제로 실행할 수 있는 목표를 설정하도록 조정하여야 한다.

제4절 해결중심모델의 개입과정과 개입기술

1. 해결중심모델의 개입과정

해결중심모델의 개입과정은 4단계로 구성되는데, 구체적인 내용을 살펴보면 다음과 같다(최희철, 2021).

1) 라포형성 및 문제로부터 해결책 모색으로의 전환

서비스 이용자와 처음 만나게 되면 라포를 형성하는 것이 중요하다. 서로에 대한 소개와 간단한 대화 등을 수행할 수 있다. 서비스 이용자에게 '당신은 대부분의 시간을 어떻게 보내는지, 어떻게 보내는 것을 좋아하는지' 등으로 시작하는 것이 좋다. 서비스 이용자는 종종 이런 질문에 답하면서, 자신에게 무엇이 그리고 누가 중요한지 또는 자신의 강점 등을 드러내기 때문이다. 이후 '제가 어떻게 도움이 될 수 있을까요?', '오늘 여기 오신 목적이 무엇인가요?', '오늘 상담하신 결과로 뭐가 좀 달라지면 여기 온 것이 보람 있었다고 말할 수 있습니까?' 등의 질문(시작을 위한 질문)을 통해 문제를 서술하게 한다. 그리고 그 문제가 서비스 이용자에게 어떤 영향을 미치는지, 서비스 이용자는 무엇을 시도했는지 등을 질문하고 이러한 과정에서 서비스 이용자의 성공의 경험과 그러한 성공을 이루어내기 위해 활용한 강점들에 대해 이용자 스스로 인식하도록 돕는다.

문제를 서술하는 과정에서는 문제를 분석하기보다는 더 나아지는 상태가 되기 위한 일, 즉 해결방법을 생각해 보도록 돕는다. 아울러 문제의 원인에 대해서는 묻지 않는다. 서비스 이용자가 문제를 서술하는 과정에서 문제에 초점을 두는 것보다는 그가 생활에서 무엇이 변화되기를 바라는지 등 목표 및 해결책 모색으로 전환해야 한다는 것이다.

2) 목표 설정하기

해결중심모델에서 개입의 효과를 가져오는 가장 중요한 요인들 중 하나는 서비스 이용자가 분명한 목표를 갖도록 돕는 것이다. 보통 서비스 이용자가 문제나 어려움을 설명한 다음 사회복지사가 공감하며 그 문제를 잘 요약하여 설명한 후 '자, 그럼 그러한 어려움들이 모두 해결되었다면 생활에서 무엇이 달라질 것 같나요?'라는 질문을 하여 서비스 이용자가 바라는 궁극적 목표를 설정하도록 돕는다(이신영 · 박선영, 2012).

물론 시작을 위한 질문과정에서 서비스 이용자가 원하는 것에 주목하여 목표를 탐색할 수도 있다. 그러나 이 경우 시작을 위한 질문에 대한 서비스 이용자의 응답이 해결목표로 설정하기에 크거나 추상적이고 막연한 경우가 대부분이다. 크고 막연한 목표를 현실적이고 실행 가능한 작은 목표로 바꾸어 나가야 한다. 작은 변화라도 그것이 한번 이루어지면 조금씩 커지면서 또 다른 변화가 일어나고 결국은 문제가 해결될 수 있다는 점을 인식시키면서 재차 질문을 통해 '무엇이 조금이라도 변하면 원하는 일이 일어날 수 있을까요?', '그런 기적이 일어나면 무엇이 달라질까요?', '건강해지면 생활에서 무엇이 달라질까요?' 등의 질문을 통해 작고 실행 가능한 목표를 설정해야 한다.

3) 예외탐색을 통해 해결책 구축

해결해야 할 목표를 설정한 후에는 해결책을 구축해야 하는데, 해결중심모델에서는 생활 속에서 목표 또는 문제가 일어나지 않은 상황 혹은 그 정도가 좀 덜한 상황에 대한 예외탐색을 통해 해결책을 구축해 간다. 예외란 서비스 이용자의 생활에서 일어난 과거의 경험으로서 문제가 발생할 것이라고 기대하였으나 문제가 발생하지 않은 상황을 말한다.

해결중심적 면접자로서 예외를 탐구하는 데는 몇 개의 확인할 수 있는 부분들이 있다. 첫째, 서비스 이용자가 최근 몇 주 동안 문제가 발생하지 않았거나, 적어도 문제가 심각하지 않았던 때가 있었는가에 대해 인식하고 있는지 여부이다. 둘째, 서비스 이용자가 예외를 인식하고 있다면 예외가 의도적 예외였는지, 우연적 예외였는지를 확인할 필요가 있다. 그러한 예외가 일어났을 때에 '누가, 무엇을, 언제, 어디서 예외가 일어났는가'를 확인함으로써 서비스 이용자의 예외적 상황이 서비스 이용자가 어떤 행위를 해서 나타난 것인지, 아니면 우연히 나타난 것인지를 탐구할 필요가 있다.

의도적 예외였다면, 서비스 이용자에게 있어서는 성공의 경험인 것이고, 강점이 될 수 있을 것이다. 일반적으로 서비스 이용자들은 예외를 인식하게 되면, 태도가 달라진다. 의자에서 몸을 똑바로 고쳐 앉거나, 자주 미소 지으며 더 열심히 작업에 임하려고 한다.

4) 서비스 이용자의 진전 · 변화에 대한 평가

첫 면접 이후에는 서비스 이용자가 자신에게 중요한 해결책을 얼마나 만족스럽게 수행해 나가는지, 어떻게 진전 · 변화하고 있는지에 대한 평가를 통해 변화 동기와 자신감을 강화하고, 진전을 확대시킬 필요가 있다. 이 과정에서는 첫 면접 이후에 조금이라도 나아지거나 변화된 것에 초점을 두면서 사회복지사의 활동 'EARS'가 필요하다.

- E(Eliciting) : 무엇이 나아졌는지를 이끌어 내는 것
- A(Amplifying) : 나아진 것을 확장시키는 것
- R(Reinforcing) : 나아진 것을 통해 나타나는 성공과 감정을 강화시키는 것
- S(Start again) : 또 다시 나아진 다른 것에 관하여 묻는 것

위의 'EARS'를 통해 변화가 없다고 한다면 작은 변화라도 찾아보게 함으로써 변화의 파급 효과를 기대한다(정문자 외, 2012). 이 과정에서 동기와 자신감의 수준을 평가하기 위해 척도 질문을 사용한다.

2. 해결중심모델의 개입기술

1) 상담기술

해결중심모델의 개입기술 중 상담기술에 대해 살펴보면 다음과 같다(이재선 외, 2016).

(1) 경험과 인정

사회복지사와 클라이언트 간의 신뢰형성을 기초로 클라이언트의 강점과 능력에 대해 경청하고 인정해 줌으로써 존중받고 있다는 느낌을 갖게 한다.

(2) 호기심 갖기

클라이언트를 진단하거나 어떤 것을 강요하는 것이 아니라 클라이언트가 원하는 것을 성취할 수 있도록 질문하고 그에 대한 반응에 호기심을 갖는 것이다.

(3) 초대하기

클라이언트가 기대하는 것을 상담하고 그 목적이 성취, 해결, 발전할 수 있는 징조가 무엇인가에 대해 대화하도록 초대한다.

(4) 격려하기

클라이언트에게 효과적인 것을 하도록 용기를 북돋워 주는 것을 중요하게 여긴다.

2) 해결중심적 기술

(1) 첫 면담 이전의 변화에 관한 질문

클라이언트가 처음 전화를 걸거나 약속 시간을 정한 후부터 처음 면담에 왔을 때까지 변화된 것이 있는지를 묻는 것으로, 긍정적 변화가 있었다면 이를 강화해 준다(Dejong & Berg, 1998).

예 전화로 상담을 신청해 놓고, 오늘 여기 오기까지 어떤 변화가 조금이라도 있었습니까?

(2) 예외질문

예외질문은 클라이언트가 성공했던 경험과 현재 잘하고 있는 것을 발견하는 질문이다. 이러한 예외질문은 문제보다는 해결책을 모색하는 것에 관심을 집중하도록 돕는 데 효과적이다. 따라서 문제의식에서 벗어나도록 돕기 위해서는 반복적으로 강점과 자원 중심의 대화를 하도록 하는 예외질문이 도움이 된다.

예 최근에 조금이라도 나아졌다고 느꼈던 적은 언제인가요? 최근 며칠 중에서 조금 덜 우울했던 날이 있었다면 무엇이 달랐던 걸까요?

(3) 척도질문

문제의 심각한 정도를 사정하고, 치료목표 성취 정도를 측정하고, 결과를 구체적으로 평가하는 데 있어 구체적인 수치를 사용하여 그 정도를 표현할 수 있도록 하기 때문에 유용한 질문이다.

예
- 1점에서 10점까지 있는 척도 중에서 최악의 상태를 1점, 모든 문제가 해결된 상태를 10점이라고 한다면, 오늘은 몇 점이라고 할 수 있습니까? 몇 점까지 도달하면 만족하겠습니까?
- 현재의 상태가 4점이라면 무엇이 달라지면 1점을 높일 수 있을까요?

(4) 대처질문

자신의 미래를 절망적으로 보아 희망이 없다고 하는 클라이언트에게 사용하는 기술이다. 클라이언트가 절망적인 상황에서도 잘 견디어 내어 더 나빠지지 않은 것을 강조하고, 위기에서 살아남기 위해 대처해 온 방법을 파악하고, 그것을 인식, 강화, 확대하기 위해 기술을 활용한다.

예 어려운 상황 속에서도 오늘까지 잘 지탱할 수 있었던 힘은 무엇입니까?

제5절 해결중심모델의 장점과 단점

1. 장 점

해결중심이론은 단기치료 접근방법이면서 장기치료와 비슷한 치료의 효과가 있으며, 클라이언트중심의 관계 및 협조를 활용하고 클라이언트의 장점을 파악한다는 점에서 많은 유용성을 가지고 있다.

2. 단 점

① 대화를 나누는 데 있어 철학적인 접근방법으로 보기보다는 여러 기법의 배합 혹은 절충주의적 접근방법으로 보려는 경향이 있다.
② 문제의 원인을 해결하기 위해 임시대응적인 응급기법을 사용하고 있다.
③ 비용효과성에 대하여 비현실적인 기대를 가지고 있다.

④ 단시간에 더 효과적인 문제해결을 할 수 있을 거라는 기대에 반해 사회복지사들은 이 모델을 적용하는 데 많은 시간과 노력이 필요하다.

⑤ 과거에 대한 이해를 중요시하지는 않지만 사회복지사는 여전히 클라이언트에 대하여 사정하고 진단할 필요가 있다.

⑥ 클라이언트의 변화에 대하여 기술하고 이야기할 때 병리적인 것에 초점을 두는 모델과는 다른 용어를 사용하므로 다른 전문가들과 협력하는 것이 쉽지 않다.

⑦ 클라이언트가 추후상담과 종결을 결정하기 때문에 사회복지사의 업무일정을 계획하고 실행하는 데 어려움을 경험할 수 있다(O'Connell & Palmer, 2003; 이재선 외, 2016 재인용).

CHAPTER 09

개인대상 사회복지실천기술

제1절 개인대상 사회복지실천의 개념 및 특징

제2절 개인대상 사회복지실천의 구성요소 및 구성체계

제3절 개인대상 사회복지실천기술의 개입과정

제4절 개인대상 사회복지실천기술의 개입기술

CHAPTER 09

개인대상 사회복지실천기술

제1절 개인대상 사회복지실천의 개념 및 특징

1. 개인대상 사회복지실천의 개념

사회복지실천기술은 사회복지사가 해결해야 할 인간의 문제는 복잡하고 다양하기에, 이에 대처할 수 있는 고도의 기술이 무엇보다도 중요하다. 역사적으로 사회복지교육자들은 학생들의 전문적 능력을 증진하고, 도움의 관계를 강화시키는 데 필요한 도움의 기술을 개발하는 데 많은 관심을 기울여 왔다. 개인대상 사회복지실천의 개념은 개인대상의 사회복지실천 혹은 개별사회사업은 개인의 인격존중을 전제로 한 전문적인 대인관계의 기반 위에서, 클라이언트가 직면하고 있는 문제상황을 분석하고 검토하여, 클라이언트의 생활상의 욕구를 충족시켜 나가는 전문적인 방법이다(김현호 외, 2021). 리치몬드(Richmond, 1994)에 의하면 개별사회사업은 개인과 사회환경 간의 개별적인 의식적 조정을 통해 인격발달을 도모하는 과정이라 하였다. 최근 들어서는 사회복지대상자의 증가와 사회복지서비스의 범위가 확대됨에 따라 사회복지사에게 다양한 역할이 요구되고 있다. 펄만(Perlman, 1957)은 개인사회복지실천이란 '사회적 기능수행 중에 나타나는 개인의 문제를 효과적으로 대처하기 위해 사회복지기관 또는 전문기관에서 활용하는 하나의 과정'으로 정의하였다. 개인사회복지실천의 목적은 치료가 아니라 현재의 문제에 대처하는 개인의 능력을 향상시키는 것이다.

사회복지실천의 발달과정을 볼 때 직접적 서비스(미시적 접근)를 주로 하는 사회복지사들은 사회적 역기능을 가진 클라이언트의 기능을 향상시키기 위해 개인대상 실천을 중요한 개입의 수단으로 활용해 오고 있다. 개인대상 실천은 클라이언트를 개별적으로 원조하며 클라이언트가 스스로 문제를 해결할 수 있도록 하는 방법이다.

사회복지실천의 초기단계에서 주로 사용되었던 개인대상 실천은 개인의 부적응에 대한 치료적 개입을 강조하였고, 사회문제에 대한 거시적 접근보다는 개별화된 문제에 대한 적응에 초점을 두는 미시적 접근 중심적이었다. 개인대상 실천은 현재에도 사회복지실천 현장에서 사용하는 중요한 기법 가운데 하나이며 사회복지사는 기본적으로 개인대상 실천가의 역할이 요구된다. 따라서 실천 현장의 대부분의 사회복지사들은 클라이언트와의 치료적 관계(therapeutic relationship) 내에서 서비스를 제공하며, 오늘날에도 개인대상 실천은 사회복지의 직접적 서비스의 핵심으로 자리잡고 있다.

개인사회복지실천은 개인의 내적인 그리고 환경적인 문제를 해결하도록 돕는 기술이며, 면담과 평가는 개인사회복지실천의 주요한 도구이다. 개인사회복지실천에서 사회복지사와 클라이언트의 역동적인 관계는 클라이언트의 감정과 사고 그리고 행동을 변화시킬 수 있다. 개인사회복지실천은 사람들의 문제해결을 도와주는 원조의 방법으로 과학적이며 예술적이다.

이러한 측면에서 사회복지실천에서 개인을 돕는 한 가지 방법인 개인사회복지실천은 상담, 심리치료와 중복된다. 개인사회복지실천은 전문가의 개입방식에 따라 대면서비스를 통해 서비스를 제공하는 직접실천과 자원연계나 환경조정과 같은 개입을 하는 간접실천으로 나눌 수 있다. 직접치료란 사회복지사와 클라이언트 간의 관계를 통하여 개인을 돕는 것으로 상담과 치료라고도 한다. 오스틴(Austin, 1983)은 심리치료를 직접치료에 해당하는 것으로 제시하고 있다. 이와 같이 개인사회복지실천에 있어서 직접치료와 밀접한 관계를 가지고 혼용되고 있는 것이 상담과 심리치료이다. 심리치료란 그 취급하는 내용이나 수준의 차이에 의하여 개인사회복지실천의 직접치료와 구분된다. 원래 심리치료는 주로 치료면접의 기술을 사용하여 클라이언트의 성격의 기본구조를 근본적으로 바꾸어 적응의 형태를 변용하는 것을 목적으로 하는 것이다.

2. 개인대상 사회복지실천의 특징

개인대상 사회복지실천의 특징으로 클라이언트 체계가 1인의 클라이언트, 클라이언트와 사회복지사와의 전문적 관계, 다양한 모델과 개입 방법 활용, 개별 클라이언트에 대한 사회적 기능 및 문제해결능력 향상 등으로 구분되는데, 구체적인 내용을 살펴보면 다음과 같다(김귀숙 외, 2022).

① 클라이언트 체계가 1인의 클라이언트라는 점이다. 개별 클라이언트와의 협력적인 문제해결 과정에서 클라이언트의 선택권을 중요시하며 개인의 개별적인 욕구와 특성, 상황에 맞는 알맞은 방법과 전략을 활용한다. 이를 위해서는 개인의 존엄성, 자기결정권, 개별적 욕구와 특성, 상황에 맞는 방법과 전략을 선택해야 한다.

② 클라이언트의 문제를 해결하기 위해 사회복자사와의 전문적인 관계를 도구로 활용한다는 점이다. 이는 사회복지사와 클라이언트가 일대일 관계 속에서 대인관계의 기술을 활용하여 클라이언트의 문제해결을 돕게 되기 때문이다.

③ 개인의 적응과 변화를 위한 다양한 모델과 개입 방법을 활용한다. 역동심리이론, 자아심리이론, 행동주의심리학, 역량강화이론, 페미니스트이론, 정신치료 등 다양한 모델과 개입 방법을 활용하여 개인의 변화 또는 개인과 환경의 상호작용을 변화시키기 위해 노력한다는 것이다.

④ 개별 클라이언트를 대상으로 한 개입 활동은 클라이언트의 사회적 기능 수행 향상 및 문제해결능력 향상을 위한 개인의 변화뿐만 아니라 개인과 환경 사이의 상호작용을 변화시키기 위한 개입 노력을 기울인다.

따라서 개인대상 사회복지실천의 대상은 문제를 가진 개인이고, 주체는 문제에 대한 과학적 지식과 전문적 기술을 가진 전문가이다. 그리고 그 방법은 대상에 따라 달라지는 개별적인 것이며, 개인 성격의 성장, 발달과 환경에의 적응을 다루는 의식적인 노력을 통해 사회복지사와 클라이언트 간의 인간관계를 중요시하는 협동적인 활동으로 문제해결 및 재조정을 하게 된다.

제2절 개인대상 사회복지실천의 구성요소 및 구성체계

개인을 대상으로 하는 사회복지실천 구성요소는 학자에 따라 다양하게 구분할 수 있으나 여기서는 펄만(Perlman, 1957)이 사회복지실천의 구성요소를 분석하여 네 가지로 요약한 4P(사람, 문제, 장소, 과정)로 구분하였다. 펄만은 1986년에 2P(전문가, 제공물)를 추가하여 6P로 재정의하였다.

1. 개인대상 사회복지실천 구성요소

1) 사람(Person)

사람은 일상생활의 사회적 측면이나 정서적 측면에 있어서 도움을 필요로 하는 개인을 가리킨다. 클라이언트는 어떤 도움을 필요로 하는 사람이며 개별사회사업 관계가 형성되어 어떤 도움의 단계에 들어간 대상자, 즉 도움을 신청한 신청자(applicant)이다. 실제적 클라이언트는 현재 도움을 필요로 하고 있거나 도움을 받고 있는 사람이며, 잠재적 클라이언트는 현재는 별 문제가 없어 도움이 필요 없거나, 문제가 있어도 여러 가지 이유에서 도움을 요청하지 않는 사람을 말한다.

2) 문제(Problem)

문제란 개인의 바람직한 생활에 지장을 주거나 방해가 되는 충족되지 못한 욕구불만(경제적, 의료적, 오락적인 것 등)이나 또는 그 개인이 사회적 역할을 수행함에 있어서 비효율적이거나 방해가 되는 긴장(심리적, 사회적, 신체적인) 같은 것들이다.

3) 장소(Place)

장소는 문제를 가진 개인이 도움을 받기 위해 찾아오는 사회시설 또는 여러 종류의 사회복지기관을 말한다. 이 기관의 기본적인 성격은 물질적 원조, 환경의 조성이나 조정, 상담이나 심리적 도움을 주는 사회복지의 기능을 수행하는 장소이다.

4) 과정(Process)

과정은 사회복지사와 클라이언트 사이의 전문직업적 대인관계를 매개로 하여 도와주는 문제해결의 과정을 말한다. 이 과정에서의 대인관계는 문제해결에 유익하도록 전문적으로 확립된 관계이며, 사회복지사의 지식과 기술에 의해 의식적으로 조작되는 대인관계이다.

5) 전문가(Professional)

전문가는 지식, 기술, 가치 등의 전문적인 자질을 갖춘 사회복지사를 의미한다.

6) 제공물(Provisions)

제공물(자원)은 클라이언트에게 제공되는 유·무형의 서비스를 의미한다.

2. 개인대상 사회복지실천 구성체계

개인대상 사회복지실천에서 구성체계에서 핀커스와 미나한(Pincus & Minahan, 1973)의 4체계 모델은 클라이언트체계, 표적체계, 행동체계, 변화매개체계 등으로 구분할 수 있는데, 구체적인 내용을 살펴보면 다음과 같다(서보준 외, 2021).

1) 클라이언트체계

클라이언트체계(client system)란 서비스나 도움이 필요한 사람을 지칭하며, 사회복지사(변화매개인)와 계약이 이루어졌을 때 클라이언트가 된다. 사회복지사는 클라이언트체계와 결과목표에 대한 합의에 이르지 못하고서는 목적을 명확히 할 수 없다. 이 목표는 사회복지사와 클라이언트 사이의 계약으로 구체화될 수 있으며 변화할 수 있다.

2) 표적체계

표적체계(target system)란 변화매개인이 변화 혹은 그의 목표를 달성하기 위해 영향을 미칠 필요가 있는 사람들로서 클라이언트체계와 같을 수도 있고 다를 수도 있다. 표적체계는 클라이언트체계 외부에 있을 때 클라이언트체계의 목표에 동조적이거나 적대적일 수 있다.

3) 행동체계

행동체계(action system)란 변화매개인이 변화노력을 달성하기 위해 상호작용하는 사람을 말하는데, 이웃, 가족, 전문가 등이 포함된다. 계획적 변화노력에서 사회복지사가 함께 일하는 사람들로 구성된 행동체계가 클라이언트 이외의 사람을 포함할 때 그들의 결과목표 또한 고려되어야 한다. 행동체계의 구성원들이 클라이언트체계의 결과목표에 찬성한다면 그들의 협력은 좀 더 쉽고 확고해질 수 있지만, 그들은 또한 그들 나름대로의 개인적 이익을 위해 변화노력에 참여할 수 있다.

클라이언트체계와 행동체계의 목표가 갈등적이고 행동체계의 구성원들이 클라이언트체계의 결과목표를 희생시키면서 그들의 결과목표를 성취하려고 한다면, 사회복지사는 클라이언트체계를 지원하여 행동체계에 영향을 미쳐야 할 것이다.

4) 변화매개체계

변화매개체계(change agent system)란 변화를 이끄는 체계로 사회복지사와 사회복지사를 고용하는 기관과 조직을 말한다. 계획된 변화를 향해 체계와의 활동을 계획하며, 사회적 인가와 자원을 제공한다.

제3절 개인대상 사회복지실천기술의 개입과정

개인대상 사회복지실천기술의 개입과정은 초기단계, 중기단계, 종결단계로 구분되는데, 구체적인 내용은 다음과 같다.

1. 초기단계

1) 접수(intake)

접수란 문제를 가진 사람이 사회복지기관을 찾아왔을 때, 사회복지사가 그의 문제와 욕구를 확인하여 그것이 기관의 정책과 서비스에 부합되는지 여부를 판단하는 과정으로, 접수과정에서 사회복지사의 구체적인 활동과 결정은 클라이언트의 문제와 욕구를 확인하는 것, 원조의 목적을 분명히 하는 것, 원조과정에서 기대하는 바가 무엇인지를 명확히 하는 것, 클라이언트의 욕구가 기관의 자원과 정책에 부합하는지 여부를 판단하는 것이다(오봉욱 외, 2015).

(1) 접수단계의 과제

접수단계에서는 클라이언트와의 신뢰관계 형성, 문제 확인, 원조과정에 대한 안내, 의뢰 등이 있는데, 구체적인 내용을 살펴보면 다음과 같다(길귀숙 외, 2022).

① 신뢰관계 형성

신뢰관계 형성은 기관을 찾는 클라이언트들이 일반적으로 새로운 환경에 대한 두려움과 양가감정을 해소하기 위해 사회복지사와 상호 긍정적인 친화관계, 즉 라포를 형성하는 것이다. 라포가 형성됨으로써 효과적인 의사소통을 할 수 있다. 사회복지사는 클라이언트의 문제에 대한 이해와 진실된 관심을 표명함으로써 클라이언트로 하여금 수용감과 존중감을 전달받을 수 있도록 해야 한다. 이를 위하여 사회복지사는 클라이언트를 가장 효율적으로 대할 수 있는 전문적 자질을 갖추어야 하는데, 이는 관계의 원칙을 잘 지킴으로써 클라이언트와의 신뢰적 관계를 형성할 수 있게 된다. 또한 관계 형성이 어려운 클라이언트에게는 인내심과 깊은 관심, 의미를 부여해 주어야 한다.

신뢰관계 형성은 개입과정 초기에 집중적으로 이루어지기는 하지만 개입기간 내내 진행되는 지속적인 과정이다. 초기 접수과정에서 사회복지사의 효과적 관계 형성기술로서 경청, 침묵의 허용, 감정이입, 클라이언트의 저항 다루기 등이 있다.

② 문제 확인

클라이언트의 문제가 무엇인지를 확인하는 것이다. 문제의 확인에서는 문제의 성질, 문제의 중요성, 문제의 원인, 클라이언트의 문제해결 노력과 방법, 기관에 요구하는 해결책, 클라이언트의 문제해결방법과 기관의 성격 등을 확인하는 단계이다. 이때 클라이언트의 실제 문제가 무엇인지 정확하게 파악하고 기관에서 그에 관한 서비스를 제공할 수 있는지 평가하여야 한다.

③ 원조과정에 대한 안내

클라이언트에게 서비스 제공을 결정한 후에는 서비스 제공에 대한 규칙과 조건, 그리고 서비스 제공 과정에서 사회복지사와 클라이언트가 각기 수행해야 할 역할 등에 대하여 설명해 준다. 제공해야 할 사항은 서비스에 관련된 세부 사항, 즉 시간, 장소, 빈도, 모임 횟수, 프로그램 진행시간 등이 포함된다.

④ 의뢰

클라이언트가 서비스에 대한 정보를 얻게 되면 사회복지사는 서비스의 수혜 여부를 결정하게 된다. 의뢰는 클라이언트의 문제와 욕구를 기관에서 해결할 수 없을 경우 혹은 문제해결에 더 적합한 기관이 있을 경우 다른 기관으로 클라이언트를 보내는 것이다. 이때 반드시 클라이언트의 동의가 필요하며 사후 의뢰된 기관에서 클라이언트가 서비스를 적절히 받고 있는지 확인이 필요하다.

2) 자료수집(data collection)

자료수집은 클라이언트의 문제를 분석하여 해결하는 데 필요한 모든 자료를 수집하는 과정으로 접수단계부터 실천의 모든 과정에서 이루어진다. 사회복지사는 클라이언트의 문제와 그 문제에 관련된 개인, 환경, 그리고 환경과의 상호작용 과정에서의 역기능 등 클라이언트의 문제 상황에 관련된 실질적인 자료들을 수집하게 된다. 즉, 클라이언트와의 직접적인 상담 내용, 클라이언트의 비언어적 행동, 클라이언트가 작성한 서류, 주변 사람들로부터 수집된 정보 및 주변 사람과의 상호작용 유형, 심리검사, 클라이언트와 상호작용하면서 느끼는 사회복지사의 감정 등 다양한 자료를 수집하게 된다. 이때 사회복지사는 클라이언트의 개인력, 가족력, 사회력, 지적 · 신체적 · 행동적 능력, 문제해결능력, 클라이언트의 강점과 약점 등으로 분류하여 클라이언트를 사정하는 데 도움이 되도록 재구성할 수 있다(김향선 외, 2015).

또한 사회복지사는 클라이언트의 개인정보 수집단계에서 기본적으로 다음과 같은 기능을 포함한다.

첫째, 클라이언트의 복합적이고 잠재적인 욕구를 파악하는 것이다.

둘째, 클라이언트의 개인적인 상황에 대해서 조사하는 것이다.

셋째, 클라이언트의 공식적인 자원뿐만 아니라 비공식적인 자원에 대한 조사가 이루어지는 것이다.

넷째, 최근 개인정보 보호법에 따른 개인정보 수집함에 있어 개인정보 보호법에 대한 지식도 숙지해야 한다.

그 외에 자료수집에 포함되어야 할 내용을 살펴보면 다음과 같다(김현호 외, 2021).

① **클라이언트의 기본 정보** : 이름, 성별, 나이, 학력, 종교, 결혼 관계, 주소, 연락처, 직업 등

② **가족관계** : 가족 구성원의 이름, 나이, 직업, 교육 수준, 종교, 동거 여부 등

③ **주 호소 문제** : 클라이언트가 가지고 있는 문제, 언제 발생했고 어떻게 지속되었는지에 관한 내용

④ **문제해결을 위한 구체적인 내용** : 클라이언트의 문제와 그동안의 사건 경과, 견해, 생각 등의 구체적인 내용

⑤ **클라이언트의 기능 및 능력** : 클라이언트의 신체적 · 정서적 · 사회적 · 지적 능력에 대한 내용, 또한 그의 문제해결능력, 대인관계능력, 업무능력 등에 대한 내용

⑥ **클라이언트의 강점 및 한계** : 문제를 해결하는 데 있어서 그의 환경에 있는 강점 및 한계에 대한 내용

⑦ **기관에 오게 된 동기** : 스스로 기관에 방문했는지, 대동한 사람이 있는지, 기관을 찾아오게 된 동기

⑧ **이전 사회복지서비스의 경험** : 과거에 어떤 사회복지기관에서 어떤 서비스를 받았는지에 대한 내용

⑨ **클라이언트가 활용할 수 있는 공식적 · 비공식적 자원에 대한 내용** : 공식적 · 비공식적 자원에 대한 내용

3) 사정(assessment)

사정은 클라이언트의 문제와 원인이 무엇인지, 그리고 문제를 완화 및 해소하기 위하여 무엇이 변화될 수 있는지를 탐색하는 사회복지실천과정의 핵심적 단계이다. 따라서 사정은 클라이언트의 욕구나 문제해결을 위한 자원을 조사하여 사회복지사의 개입계획을 세우기 위한 토대를 제공하는 것이다. 따라서 사정은 클라이언트의 욕구를 파악한 후 이 욕구에 따라 사회복지사가 실천 가능한 프로그램을 결정하게 되는데, 사정의 특성을 살펴보면 다음과 같다(황인옥, 2018).

(1) 사정의 특성

① 사정은 지속적인 과정이다. 즉, 개입과정 내내 계속된다.

② 클라이언트의 문제와 욕구에 따라 개별화된다.

③ 클라이언트의 문제와 자원을 함께 다룬다. 클라이언트의 강점과 자원을 확인한다.

④ 상황 속의 인간이라는 이중적 관점을 가진다. 혹은 인간과 환경에 대한 이중초점을 가진다.
⑤ 클라이언트와 사회복지사의 상호작용과정 혹은 쌍방적 활동이다.
⑥ 수집된 정보를 바탕으로 전체적인 상황을 이해하는 사고의 전개과정이다.
⑦ 이웃이 제공한 의견도 사정 자료로 활용한다.
⑧ 수평적·수직적 탐색으로 초기 과정에는 수평적인 정보(현재의 인간관계, 능력, 기능 등)를 중심으로 클라이언트의 욕구를 발견하고 시간이 경과하면서 수직적인 정보(과거력, 개인력, 문제력 등)를 수집한다.
⑨ 클라이언트의 상황을 이해하기 위한 전문지식이 필요하다.
⑩ 클라이언트를 완전히 이해하는 것은 불가능하며, 상황에 대한 완벽한 이해 또한 불가능하다.

(2) 사정을 위한 질문

① 주로 언제 그런 일이 생기나요?
② 그 일에 관련된 사람은 누구인가요?
③ 그런 일이 생길 때 주로 어떻게 하셨나요?
④ 그 일로 가장 큰 영향을 받는 분은 누구인가요?

2. 중기단계

1) 목표 설정

(1) 클라이언트에게 중요한 것을 목표로 한다

클라이언트의 가치와 본인이 중요시하는 것에 따라 상담의 목표가 정해져야 한다. 모든 개입의 목표는 클라이언트를 돕기 위한 것이며, 클라이언트 중심으로 이루져야 한다. 클라이언트가 원하는 목표의 우선순위는 다음과 같다.

첫째, 클라이언트에게 가장 시급한 문제
둘째, 단기간에 성취 가능한 것
셋째, 클라이언트에게 강한 동기를 부여할 수 있는 것
넷째, 무리 없이 달성 가능한 것

이와 같은 우선순위를 정하는 이유는 클라이언트에게 가장 필요하고 원하는 일을 조그마한 것부터 실시해서 일단 성공적으로 달성하게 되면 자신감을 회복하게 되어 그 다음은 스스로 할 수 있도록 하기 위한 것이다.

(2) 작고 쉬운 것을 정한다

작고 쉬운 것을 목표로 정하면 그 목표를 달성하기가 쉬워진다. 클라이언트가 상담을 통해서 성공적인 경험을 한다는 것은 스스로 문제를 해결할 수 있는 자신의 능력을 인정받는 것으로, 뒤이은 개입을 위한 자신감을 회복한다는 차원에서 큰 의미를 가진다. 예를 들면, '체중을 줄이기 위해서 밤 10시 이후에는 간식을 먹지 않는다', 또는 '저녁에는 과일을 먹지 않는다'와 같이 작고 쉬운 것을 정한다.

(3) 목표를 구체화한다

클라이언트들은 상담을 하러 올 때 복잡하고 추상적이며 모호한 목표를 가지고 온다. '우리 남편 일찍 귀가하게 해주세요', '우리 아이 공부하는 습관 고쳐 주세요' 등 모호하고 구체적이지 않은 목표를 작고 쉬운 것으로 구체화해서 어떤 변화를 원하는 것인지 명확히 할 필요가 있다. 바로 행동적으로 나타나는 것, 변화를 측정할 수 있고 수치화할 수 있는 것으로 목표를 정하는 것이 효과적이다. 예를 들면, '하루 1시간씩 도서관에서 영어공부를 한다' 또는 '하루에 30분씩 일주일에 세 번 학교 운동장을 걷는다'와 같이 구체적이고 바로 행동으로 실행할 수 있는 것으로 정한다.

(4) 현실적이고 성취 가능한 것을 목표로 한다

개입의 목표가 비현실적이거나 성취 가능한 것이 아니라면 아예 목표가 될 수 없다. 상담자는 클라이언트의 비현실적이고 성취가 어려운 목표를 상담을 통해서 현실적이고 성취 가능한 목표로 바꿀 수 있도록 도와나가야 한다. 만일 그렇지 못한다면 슈퍼바이저를 통해서 능력을 성장시키거나 다른 능력 있는 사회복지사에게 넘겨야 할 것이다.

(5) 긍정적인 목표를 정한다

개입의 목표는 부정적인 것보다는 긍정적인 것이 더 효과적이다. 예를 들면, 초등학생 클라이언트에게 '그렇게 하면 안 된다'라고 하면 다른 방법을 모르기 때문에 당황하게 된다. 그러므로 '그렇게 하지 마라' 대신 '이렇게 하라'고 하는 것이 더 효과적이다. 개입의 목표도 긍정적인 목표를 가짐으로써 더 효과를 가질 수 있다. 예를 들면, '저녁에 과일을 먹지 않는 대신에 물을 마시도록 한다'가 더 실행하기 쉽고 나은 목표가 된다.

(6) 선택의 폭을 넓혀주며 스스로 선택하게 하고 선택에 대한 책임을 지게 한다

사티어(Satir)는 개입의 목표가 자기 스스로가 선택할 수 있고 결정자가 되는 것이라고 했다. 그래서 상황이나 다른 사람에 의해서 수동적으로 응하는 것이 아니라 스스로의 삶을 주도해 나가며 선택하고 책임지도록 도와나가야 한다.

(7) 목표가 사회복지사의 중요한 권리나 가치에 위배된다면 동의하지 않아야 한다

사회복지사는 클라이언트의 권리와 선택권을 존중한다. 그럼에도 불구하고 클라이언트가 정하는 개입의 목표가 사회복지사에게 받아들이기 힘든 권리나 가치에서 나온 것이라면 동의하지 말아야 한다. 마음으로는 동의하지 않으면서 겉으로는 동의하는 척하는 이중성을 가지면 안 된다. 예를 들면, 실직한 가장이 아동이 수급권을 받을 수 있도록 하기 위해서 일부러 아이들을 버리고 가출하려고 할 경우 사회복지사는 아버지의 결정에 동의하지 않을 수 있다.

(8) 목표는 기관의 기능과 일치해야 한다

클라이언트나 사회복지사가 시도하는 변화를 위한 노력이 기관의 기능이나 설립 목적과 일치하지 않거나 위배될 때, 사회복지사는 클라이언트를 다른 기관으로 의뢰해야 한다. 예를 들면, 미혼모가 임신중절을 원하는 경우 특정 기관에서는 동의하지 않을 수 있다. 이런 경우 다른 기관으로 의뢰하는 것이 요구된다(최선화, 2022).

2) 개 입

개인대상 사회복지실천의 중간단계인 개입단계는 사회복지사와 클라이언트가 합의하여 결정한 문제를 해결하기 위한 계획을 실천하는 단계이다. 개입단계에서 사회복지사의 활동(역할)은 매우 다양하다. 즉, 변화 촉진자, 중개자, 옹호자, 조력자, 중재자 등이 있는데, 구체적인 내용을 살펴보면 다음과 같다(황인옥, 2018).

(1) 변화 촉진자

클라이언트의 변화 전략을 설정하고 변화를 촉진한다.

(2) 중개자

클라이언트를 위해 서비스를 연계하고 조정한다. 예를 들면, 가족이 없는 중증장애인에게 주거시설을 소개해 주는 것이다.

(3) 옹호자

클라이언트를 대변하여 자원을 확보한다. 예를 들면, 장애학생의 교육권 확보를 위해 학교 당국에 편의시설을 요구하는 것이다.

(4) 조력자

클라이언트가 스스로 문제해결 능력을 키우고 필요한 자원을 찾아낼 수 있도록 돕는 것으로, 클라이언트의 문제해결을 위해 그가 속해 있는 환경의 자원을 발견하고 자원을 발굴하며 심지어 자원을 창출하기도 한다. 예를 들면, 알코올중독자가 자신의 문제를 깨닫고 금주 방법을 찾도록 도와주는 것이다.

(5) 중재자

체계 사이의 갈등이나 의견을 조정한다. 예를 들면, 갈등으로 이혼위기에 처한 부부관계에 개입하여 상호 만족스러운 합의점을 도출하는 것이다.

〈표 9-1〉 직접적 개입과 간접적 개입

직접적 개입	간접적 개입
• 사회복지사가 클라이언트의 기술과 능력을 향상시키거나 문제를 경감시키기 위해 직접 활동을 수행하는 것 • 후술할 의사소통과 면접의 기술들(명료화, 직면, 해석, 초점화, 부분화, 재명명, 재보증 등) • 독거노인의 정서적 환기를 위해 개별상담 실시 • 가족 내 의사소통 증진을 위한 가족 면접 실시 • 예비부모를 대상으로 가족교육 실시	• 클라이언트를 둘러싼 환경을 변화시킴으로써 클라이언트의 문제를 해결하는 것 • 이혼자의 자조집단 형성을 통한 지지체계 개발 • 가족환경 내 자원을 보충하기 위해 가정봉사원 파견 • 서비스 조정 • 옹호, 대변 • 프로그램 개발(청소년 유해환경을 줄이기 위한 프로그램 개발) • 장애인 인식개선을 위한 지역사회 홍보활동 • 가정폭력 피해여성을 위한 모금활동 • 사각지대 발굴을 위해 이웃주민 조직

출처 : 황인옥(2018).

3. 종결단계

1) 평 가

평가는 사회복지실천과정에서 개입이 성공적으로 달성되었는지, 그리고 그 변화가 개입에 의한 것인지를 구체적으로 확인하기 위해 효과성과 효율성을 측정하는 과정이다. 여기서 효과성은 목표 달성 여부를 의미하며, 효율성은 투입된 비용과 산출된 성과 간의 비율을 의미한다. 이와 같은 평가를 통해 클라이언트는 자신의 문제해결을 위해 서비스 계획을 이행했는가의 여부와 목적들이 성취되었는지 검토하여 문제나 목표, 서비스 계획 등을 수정할 수 있다.

2) 종 결

종결단계는 목표 달성에 따라 혹은 목표 달성의 여부와 상관없이 사회복지사와 클라이언트의 전문적 원조관계를 끝내는 과정을 의미한다. 그러나 갑작스러운 종결을 피하여야 하며, 점차적으로 클라이언트가 종결을 준비할 수 있도록 과정이 마련되어야 한다. 즉, 종결은 클라이언트의 목표가 달성되었거나 클라이언트의 변화를 기대할 수 없거나 다른 기관에 의뢰할 때, 클라이언트가 개입을 거부할 때, 사회복지사의 능력의 한계로 인해 다른 기관에 의뢰할 때 이루어진다. 따라서 종결단계에서 이루어져야 할 과업은 다음과 같다(오봉욱 외, 2020).

① 클라이언트와 함께 서비스 전달체계, 서비스의 효과성과 성취도를 확인하는 과정이다.
② 사회복지사의 개입과정에 대한 검토와 평가가 이루어진다.
③ 앞으로의 방향에 대한 논의가 이루어진다.
④ 클라이언트와의 종결을 준비한다.
⑤ 만일 별다른 변화가 없거나 부정적인 결과를 보이는 경우, 이전의 사정이나 계획, 개입 단계에 대한 점검이 필요하다.
⑥ 종결의 사유는 목표를 성취했거나, 클라이언트의 변화를 기대할 수 없거나, 다른 기관에 의뢰한 경우, 클라이언트가 개입을 거부하는 경우, 사회복지사의 능력의 한계로 인해 다른 기관에 의뢰할 경우이다.
⑦ 종결 감정을 공유하는 것과 개입과정에 대한 요약, 사후활동의 계획을 다루며, 종결기록을 작성하는 것이 중요하다. 종결 시 클라이언트의 감정으로는 장래에 대한 두려움, 자신이 획득한 성과에 대한 의문 등이 있을 수 있는데, 이 경우 상실감을 극복하고 새로운 생활상황을 부딪치게 하는 것은 클라이언트에게 중요한 학습경험을 제공한다.

따라서 종결단계에서는 최종평가와 함께 원조 관계를 끝내는 데 대한 클라이언트의 종결 소감을 함께 나누면서 다루는 기술이 중요하다.

〈표 9-2〉 개인대상 사회복지실천기술의 단계별 개입과정

구 분	단 계
초기단계	접수
	자료수집
	사정
중기단계	목표 설정
	개입
종결단계	평가
	종결

제4절 개인대상 사회복지실천기술의 개입기술

사회복지실천의 개입기술은 매우 다양하다. 이 장에서는 관계기술, 의사소통에 관한 기술에 대하여 살펴보고자 한다. 구체적인 내용은 다음과 같다.

1. 관계기술

사회복지실천 현장에서 사회복지사들이 클라이언트를 대상으로 원조하는 과정에서 전문적 관계를 형성하기 위해 갖추어야 할 요소들은 다양한데, 기본적으로 학자들이 주장하는 전문적 관계기술의 공통적인 부분들은 다음과 같다(Compton & Galaway, 1994; Hollis, 1970).

1) 타인에 대한 관심

타인에 대한 관심이란 클라이언트에게 일어난 일에 대해 진실된 관심을 가지며, 이들의 감정과 교류할 수 있어야 함을 의미한다. 사회복지사는 목적 의식을

가지고 클라이언트와의 관계를 유지해 나가는 민감성과 책임성이 있어야 한다. 책임감, 배려, 존중, 타인에 대한 이해는 필수적인 요소이다. 하지만 다른 사람을 도우려고 할 때 깊이 있는 관계를 맺어야 하는 것이 사실이지만, 정서적으로 유대가 가까워질수록 해결해야 할 문제에 대해 과도하게 관여하게 될 위험이 있다. 전문적 관계에서 타인에 대한 진정한 관심은 자신의 기술과 지식, 그리고 자기 자신을 이용하여 목표를 달성하는 방향으로 나아가는 것을 의미한다. 따라서 항상 도움을 받는 사람을 주체로서 존중하고, 봉사하며, 클라이언트가 자유로울 수 있도록 도와야 한다.

2) 수 용

수용이란 사회복지사가 클라이언트의 장점·단점, 잠재력과 제한, 바람직한 행동이나 바람직하지 않은 행동, 긍정적 감정과 부정적 감정 등을 가진, 실제로 있는 그대로의 모습을 받아들이는 것을 뜻한다. 수용의 특징은 온정, 정중한 태도, 경청, 존경, 관심, 변함없는 중립성과 확고한 태도, 그리고 다른 사람의 생활체험 속에 의식적으로 들어가고 분합하려는 의지이다. 수용은 행동에 관한 의견을 표현하는 것이 아니고 클라이언트에 관한 계속적인 선의를 표현하는 것이다.

3) 헌신과 의무

헌신과 의무는 돕는 과정에서 책임감을 의미하는 것으로 일관성을 포함하는 개념이다. 전문적 관계에서 관계의 목적을 달성하기 위해서는 사회복지사뿐만 아니라 클라이언트도 관계에 대한 헌신과 의무를 가져야 한다.

사회복지사의 헌신과 의무는 관계를 맺을 때 필수적인 절차상의 조건들로서 시간, 약속, 클라이언트의 문제에 대한 초점을 유지하는 것, 성장과 변화를 가져오는 관계 유지를 지키는 것을 의미한다. 따라서 클라이언트의 헌신과 의무는 자신의 문제에 대해서 정직하고 개방적으로 제시하고 전문적 관계에서 요구되는 시간 약속 등을 지키는 것이 필요하다.

4) 진실성

진실성이란 솔직성과 관련된 개념으로 정직성, 믿음직함, 가장되지 않은 것, 신뢰감 그리고 진실함과 같은 뜻을 함축하고 있다(Northen, 1995). 신뢰는 클라이언트가 자신의 문제를 돕는 사회복지사의 정직성과 성실성을 시험하여 성공적인 경험을 함으로써 발달된다.

대부분의 정서적 어려움을 겪는 클라이언트들은 신뢰와 불신감이라는 기본적 문제에 대하여 성공적인 경험을 가질 기회를 갖지 못한 경우가 많다. 즉, 새로운 관계를 가질 기회가 생겼을 때 클라이언트는 신뢰보다는 불신의 태도를 가지고 대하게 된다. 그리고 신뢰의 능력이 적을수록 클라이언트는 사회복지사와의 관계, 또는 가족과 집단의 다른 성원들과의 관계에서 치료적 동맹관계로 들어가는 데 어려움이 많다. 따라서 사회복지사가 클라이언트와 관계를 맺을 때 일관성이 있고 정직한 개방성을 유지하며, 대화의 내용과 행동이 항상 일치하면서도 전문가로서의 자아와 가치체계에 부합하여야 한다.

5) 감정이입

감정이입이란 다른 사람의 감정과 경험을 이해하는 능력으로 클라이언트 내면의 느낌을 정확하게 감지하고 이해하는 것을 의미한다. 즉, 이것은 다른 사람의 감정을 같이 느낄 수 있는 능력이며, 그 감정으로부터 분리되어 객관적인 지식을 활용할 수 있는 능력이다. 이는 클라이언트의 동일한 감정·관심을 가지는 동정과는 다른 것이다.

2. 의사소통에 관한 기술

의사소통에 관한 기술은 경청, 명료화, 직면, 해석, 요약, 반영하기, 재보증, 재명명, 격려, 환기법, 초점화, 침묵 다루기, 정보제공 등으로 구분되는데, 구체적인 내용을 살펴보면 다음과 같다(김현호, 외, 2021; 박귀영 외, 2021).

1) 경 청

경청이란 사회복지사가 클라이언트의 말에 선택적으로 주목하는 것을 의미한다. 즉, 클라이언트가 무엇을 말하는지, 면접자의 질문에 어떻게 반응하는지를 듣는 것이다. 이때 경청은 클라이언트의 어려움에 공감하고 그에게 필요한 반응을 해가면서 적극적으로 잘 듣는 것이다. 경험이 없는 사회복지사의 공통된 실수는 자신이 이야기를 많이 하고 클라이언트가 말할 기회를 적게 주는 것이다. 이러한 태도는 전문적 관계 형성을 방해할 뿐 아니라 클라이언트로 하여금 사회복지사의 신뢰감을 떨어뜨리게 한다. 사회복지사가 효과적인 의사소통을 위한 중요한 관건은 상대적으로 더 비중을 두어야 할 내담자의 말과 행동을 선택하여 주목하는 것이다. 따라서 사회복지사가 적극적으로 경청을 시도하고자 할 때 다음과 같은 내용을 기억하면 좋다(김혜란 역, 1998).

① 단지 클라이언트가 말한 단어의 뜻보다는 클라이언트의 잠재된 감정에 더 주목한다.
② 목소리는 분명하고, 조용하고, 흥미를 가지고 있는 어조를 이용한다.
③ 듣고 있으며 개방성과 관심을 가지고 있다는 몸짓을 이용한다.
④ 클라이언트가 말한 것을 명확히 하는 질문을 사용한다.
⑤ 논지를 잡거나 의견을 제시하기 위해서가 아니라 클라이언트를 더 잘 이해하기 위해서 말한다.

2) 명료화

명료화란 클라이언트의 메시지가 추상적이거나 혼란스러운 경우 보다 구체적으로 표현하도록 하는 것이다. 즉, 클라이언트가 말한 내용을 사회복지사가 잘 이해했는지 확인하는 기법이다. 이 기술은 클라이언트가 한 말을 사회복지사가 보다 이해하기 쉬운 말과 생각으로 정리를 하는 것이며, 클라이언트 자신의 느낌이나 생각을 분명히 할 수 있게 하는 기술이다(서울대 사회복지실천연구회 역, 2001).

예
- 당신이 친구와 싸웠다고 할 때 난 그 뜻을 정확하게 잘 모르겠어요. 서로 치고받는 것까지 포함하는 것인가요?
- 당신은 너무 빠르게 말을 하셨어요. 난 이해할 수 없었고 혼란스러워요. 차근차근 하나씩 말씀해 보시죠. 그리고 내가 당신이 말하는 것을 놓치지 않게 좀 천천히 말씀해 주세요.
- 죄송합니다. 내가 이해하지 못했어요. 죄송하지만 한 번만 다시 말씀해 주세요.

3) 직 면

직면이란 클라이언트가 모르고 있거나 모순점이 있을 때 그의 어려움을 야기하거나 유지시키는 사고, 감정, 행동 등의 특정 측면을 그에게 직시하게 하여 자기인식을 증진시키고 변화를 촉진하여 도전하게 하는 기술이다. 이러한 기술은 클라이언트 자신의 문제를 부정하거나 회피하고 합리화하여 변화를 거부하고 개입을 회피하려고 할 때 자기인식을 고양하고 변화를 촉진할 때 사용되는 기술이다.

예
- 시아버지가 돌아가셔서 슬프다고 하셨는데 표정은 그렇게 보이지 않습니다.
- 한편으로 당신은 어머니를 사랑한다고 말하는데 그 반면에 또 다른 한편으로 당신은 어머니를 증오한다고 말합니다.

4) 해 석

해석이란 어떤 현상이나 행동, 글 따위의 의미를 이해하거나 판단하는 것으로 사회복지실천에서는 클라이언트에게 새로운 준거 틀을 제공해 주는 것인데, 이 부분은 사회복지사가 훈련이 잘 되어 있어야 한다. 사회복지사의 인식과 직관력을 통해 유추하는 것이다. 이러한 해석은 긍정적인 관계 형성을 제공하여야 한다. 그리고 해석의 내용이 충분한 타당성을 가지고 있어야 한다. 임시적 가설의 형태로 제공하고 클라이언트가 동의하지 않을 때 사과할 필요가 없고 '수용할 준비가 되어 있지 않구나'라고 인정하면 된다.

예 어떤 남성이 가정과 직장생활 모두를 실패했다고 느낄 때, 실패의 원인은 환경(부모나 형제, 아내 및 직장 상사 등)의 탓으로 돌리기보다 본인 스스로가 어떤 역할을 하였는가를 깨닫도록 돕는 것이다.

5) 요 약

요약이란 클라이언트가 지금까지 말한 내용과 그 속에 담겨 전해진 감정들을 전체적으로 묶어 정리하는 것을 의미한다. 요약은 클라이언트의 생각, 행동, 감정들을 사회복지사의 언어로 정리해 줌으로써 사회복지사가 클라이언트의 말을 주의 깊게 듣고 있다는 확신을 주고 또한 클라이언트의 말을 정확히 이해했음을 확인시켜 준다.

예 '지금까지 우리가 대화한 내용을 간단히 정리해 보겠습니다'라고 말하면서 중요한 내용을 간단히 정리할 수 있다.

6) 반영하기

반영하기란 감정 반영하기와 내용 반영하기로 구분된다. 감정 반영하기는 말하고 있는 개인의 감정을 분명하게 파악하고 그것을 다시 그 사람에게 전달하는 것이다. 또한 내용 반영하기는 클라이언트가 말한 내용을 부연하고 다시 클라이언트에게 표현하는 것으로, 클라이언트의 이야기를 사회복지사가 경청하고 이해하는 노력을 보여주며, 클라이언트가 자신의 생각을 구체화시켜 볼 수 있는 기회를 제공한다.

예 사회복지사가 "그 생각을 하니 지금 너무 슬프신 거죠", "아, 그렇군요", "많이 힘드셨겠어요"라고 말하거나 혹은 울고 있는 클라이언트의 손을 잡아주는 것이다(사회복지교육연구센터, 2019).

7) 재보증

재보증이란 클라이언트가 고심하고 있는 상황에 대해서 해결책이 있다는 사실을 확인시켜 주는 기술이다. 이러한 기술은 클라이언트가 실제로 자신의 결정이나 행동을 망설이거나 확신이 없을 때 사용하는 기술이다.

예 시험을 앞두고 불안해서 공부를 포기하려고 하는 수험생에게 '넌 충분히 잘할 수 있어. 이번에는 정말 열심히 노력했으니 마음을 가다듬고 침착하게 하면 잘할 수 있어. 나는 네가 잘할 것이라고 믿어'라고 하는 것

8) 재명명

재명명이란 어떤 문제의 행동과 사건에 대해 클라이언트가 부여하는 의미를 수정해 줌으로써 그의 시각을 긍정적인 의미로 바꾸어 주는 것을 의미한다. 즉, 문제나 상황을 판단하는 관점의 변화로 문제나 상황을 다르게 해석하여 새로운 의미를 발견하도록 하는 방법이다.

예 남편에게 잔소리를 하는 아내의 말과 행동을 '남편에 대한 애정과 사랑이 아직도 많은가 보아요'라고 긍정적인 해석으로 설명하는 것이다.

이러한 방법은 가족 구성원들이 문제라고 규정한 것을 다시 검토해 보도록 격려하며 다른 구성원들의 행동을 다른 각도에서 이해하도록 도움을 줄 수 있다. 또한 인지·행동적 접근에 많이 활용되며 인지 및 사고 과정과 행동의 변화에 목표를 두고 특정 사건이나 행동에 붙여졌던 낙인이나 죄책감, 수치심 등을 정상화, 일반화시킬 수 있다.

9) 격 려

격려란 개인들이 삶에 대처하는 긍정적인 태도를 증진시켜 행동과 도전을 할 수 있도록 돕는 행위이다. 여러 가지 문제 상황에 대처하는 긍정적인 태도를 높여 문제를 해결하고 건강한 생활을 이루도록 돕는 요소라고 할 수 있다. 즉, 격려는 어려운 문제에 놓여 있거나, 자존감이 낮거나, 무력감과 절망감을 경험하거나 또는 불안한 상황에 있는 클라이언트에게 유용하다. 격려를 할 때에는 격려 내용이 클라이언트의 행동이나 태도와 직접적으로 관련되어야 하며 그 의미가 구체적이고 분명하게 전달되어야 한다.

예 '음', '그렇군요', '계속하세요' 등과 같은 표현하기도 하고, 비언어적인 '머리를 끄덕이는 것', '눈을 마주치며 웃어주는 것' 등이 포함된다.

10) 환기법

환기법이란 클라이언트가 자신의 감정을 자유롭게 표현할 수 있도록 분위기를 마련하는 것으로 자유롭게 감정을 표현하는 것만으로도 해결되는 경우가 있다. 이것은 단순하게 클라이언트의 감정을 자유롭게 표현할 수 있도록 분위기를 마련해 주는 것이다. 즉, 환기법은 의식하고 있는 공포나 스스로 알고 있는 죄책감에서 클라이언트를 해방시켜 줄 뿐만 아니라 계속적인 환기를 통해서 행동에 영향을 주고 깊이 잠재해 있는 태도를 밝게 표출시킬 수 있게 하는 것을 의미한다.

예 아버지의 학대로 상담하는 동안 울음을 참지 못하고 터뜨린다거나 분노를 표출할 때 충분히 표출할 수 있도록 지지해 준다. 이때 사회복지사는 그만하라고 하거나 울지 말라고 달래는 것은 옳지 않다.

11) 초점화

초점화란 클라이언트가 자기 문제를 언어로 표현할 때 혼란스러워하거나 산만한 경우에 점검해 주고 말 속에 숨겨진 선입견, 편견, 혼란 등을 표출하여 자신의 사고 과정을 명확히 볼 수 있도록 해주는 기술이다. 이러한 기술은 제한된 시간 내에 최대한의 효과를 추구해야 하는 전문적 관계에서 불필요한 시간낭비를 막아주는 효과가 있다.

예 지금까지 이야기한 것 중에서 가장 중요하다고 생각되는 부분은 무엇인가요?

12) 침묵 다루기

침묵 다루기란 클라이언트와 사회복지사 모두에게 어려운 감정을 초래할 수 있다. 이러한 침묵을 성급하게 깨려는 것은 좋지 않다. 침묵을 다루는 사회복지사의 태도에 대해 살펴보면 다음과 같다(김현호 외, 2013).

① 침묵은 저항의 유형으로 볼 수 있다. 다른 주제로 대화를 전환해서는 안 되

고, 사회복지사도 잠시 침묵하며 기다려 준다. 즉, 침묵을 기다리는 배려가 필요하다.

② 그 사이 사회복지사는 침묵의 의미를 탐색해 본다. 즉, 사회복지사는 클라이언트가 침묵하는 이유를 파악한다.

③ 잠시 기다려 준 후 침묵을 깰 때, "당신이 말할 준비를 하고 있다고 생각합니다" 혹은 "당신이 하고 싶은 말이 있을 거라고 생각합니다"라고 말을 건네면서 편하게 대해준다.

④ 침묵이 계속되면 면접을 중단할 수 있다.

⑤ 생각과 감정을 정리할 수 있도록 휴식을 취하여 시간을 제공할 수도 있다.

13) 정보제공

정보제공이란 클라이언트가 문제해결을 하는 과정에서 필요한 정보가 있을 경우 정보를 제공하는 것이다. 사회복지사가 말하고자 하는 정보를 분명하게 알도록 확인하는 것이 필요하며, 내가 제공하는 정보가 클라이언트와의 문제와 밀접한 관련이 있는지 확인해야 한다. 정보제공 시 클라이언트의 수준에 맞게 정보 조절을 해야 한다. 이때 어휘 능력, 교육 수준 등을 고려하여야 하며, 가능하면 정보제공 시에는 문서화해야 한다. 이유는 정보의 제공이 말로 이루어질 경우 왜곡될 가능성이 있고, 누락될 수 있기 때문이다.

CHAPTER 10

가족대상 사회복지실천기술

CHAPTER 10

가족대상 사회복지실천기술

제1절 가족의 개념 및 특성과 기능

1. 가족의 개념

가족은 인간의 성장과 발달은 물론, 문화 전달에 필요한 모든 것을 전수·양육하는 일차적인 집단이며, 이 사회를 구성하는 기본적인 단위이다. 즉, 가족이란 동일한 가구에 거주하고 가족생활을 유지하기 위한 특정한 역할과 지위를 가진 자들이라고 할 수 있다. 우리나라 민법 제4편 '친족편' 제779조에서는 배우자, 직계혈족 및 형제자매 또는 직계혈족의 배우자, 배우자의 직계혈족 및 배우자의 형제자매를 가족의 범위에 규정하고 있다.

1) 전통적 가족의 개념

전통적으로 가족은 혼인과 혈연을 중심으로 성립된 체계로 성인 남녀와 그 자녀로 구성된 전통적 핵가족의 개념으로 경제적 협력과 서로에 대한 의무를 가지며, 함께 거주하는 사람들로 구성된 사회집단으로 규정할 수 있다.

머독(Murdok, 1949)은 가족은 공동의 거주, 경제적 협동, 생식(재생산)의 특징을 갖는 집단으로, 사회적으로 인정받는 성관계를 유지하는 최소한의 성인 남녀와 한 명 이상의 자녀로 이루어진다고 하였다.

레비스트라우스(Levy-Strauss, 1969)는 가족은 결혼에 의해 시작되고 부부와 자녀 그리고 다른 근친자로 구성되었으며 법적 유대 속에서 경제적 · 성적 의무와 권리 그리고 존경 및 애정 등과 같은 다양한 심리적 감정을 공유하는 집단으로 정의하였다.

2) 현대적 가족의 개념

가족의 개념은 현대사회에 접어들면서 좀 더 개방적이고 다양한 집단까지도 포함되어 포괄적으로 나타나고 있다. 즉, 획일적이고 협의적인 개념을 초월해 가족의 다양성을 인정하는 기능적인 차원의 포괄적이고 광의적인 가족으로 확대되었다. 올슨(Olson, 1993)은 가족이란 둘 또는 그 이상의 가족 구성원이 서로 돕고 몰입되어 있으며, 애정과 친밀감, 가치관과 의사결정, 그리고 자원을 서로 나누는 집단으로 정의하였다. 흘러(Eichler, 1988)는 가족은 한 명 혹은 그 이상의 자녀를 포함하거나 포함하지 않을 수 있으며(무자녀 부부), 이 자녀가 혼인 관계에서 태어날 수도 있고 그렇지 않을 수도 있는(입양아동 혹은 배우자가 전혼에서 낳은 자녀) 사회집단이라고 하였다. 이들 성인관계는 결혼에 근원을 둘 수 있고 그렇지 않을 수도 있다(사실혼에 의한 부부). 또한 이들 성인들은 성적으로 동거할 수 있고 그렇지 않을 수도 있으며, 이 관계는 애정, 매력, 경건성, 경외감 같은 사회적으로 패턴화된 감정을 포함할 수도 있고 그렇지 않을 수도 있다고 정의하였다(Eichler, 1988; Collins, Joudan & Coleman, 1999; 사회복지연구회 역, 2001 재인용).

2. 가족의 특성

인간의 발달과정에서 가족은 근원적 집단이라 할 수 있으며 강제로 구속하는 특성을 가지고 있다. 가족의 특성을 일차적 집단, 공통된 사회집단, 폐쇄집단, 이질적 구성원들로 구성된 집단으로 구분하여 살펴보면 다음과 같다(설진화, 2010).

1) 일차적 집단

일차적 집단은 가족 구성원들이 하나의 공동체로 전체 속에 융합되어 '우리'라는 강한 일체감을 유지하는 일차적 특성을 갖는 집단이다. 따라서 가족은 가족 구성원 간의 관계가 직접적이며 친밀하고 항구적으로 지속된다.

2) 공통된 사회집단

공통된 사회집단은 가족 구성원들 간의 애정과 이해로 결합되어 외부 장애로 인해 분열되지 않고 본질적으로 결합된 집단이다. 즉, 가족 구성원들 간에 상호 신뢰를 바탕으로 한 정서적·감정적 기초로 성립되는 관계이다.

3) 폐쇄집단

폐쇄집단은 가족 구성원이 되기 위한 자격의 획득이나 포기가 용이하지 않은 집단을 의미한다. 즉, 내가 우리 가족으로 태어난 것은 내 스스로의 의지나 선택과는 상관없이 운명적으로 결정지어진 결과라고 할 수 있다.

4) 이질적 구성원들로 구성된 집단

이질적 구성원들로 구성된 집단은 객관적으로 볼 때 가족은 남자와 여자, 성인과 아동 및 노인, 성장배경이 다른 사람(며느리, 사위) 등 이질적 구성원들로 이루어진 집단이다. 따라서 성별이나 세대별로 가치관과 입장의 차이가 나타날 수 있다.

3. 가족의 기능

가족의 기능에는 친밀한 관계, 경제적 협조, 자녀 출산, 가족 구성원에 따른 지위와 사회적 역할 등으로 구분할 수 있다. 구체적인 내용은 다음과 같다(생각의마을, 2023).

1) 친밀한 관계의 근원을 제공한다

사회가 산업화되고 복잡해질수록 사람들은 가족 내에서 친밀성을 찾으려고 노력하는데 가족은 가족원이 친밀성을 느낄 수 있는 근원이 된다.

2) 경제적 협조의 단위로서 기능한다

가족은 생산의 기본 단위이자 소비의 기본 단위이다. 자녀양육이나 가사노동, 동생 돌보기 등과 같은 활동도 생산활동에 포함된다.

3) 자녀를 출산하고 자녀를 사회화시킨다

전통적으로 자녀 출산은 가족의 가장 중요한 기능이다. 자녀를 출산하는 것은 사회가 유지될 수 있도록 하는 가장 중요한 기능이다. 출산을 통해 사회 구성원을 유지하여 전통과 문화를 이어갈 수 있도록 한다. 또한 자녀가 인간다운 삶을 살 수 있도록 다양한 사회기술을 가르치며 사회화시킨다.

4) 가족 구성원에게 지위와 사회적 역할을 할당한다

결혼을 통해 가족이 형성되면 남편이나 아내로서 새로운 가족역할이 부여되며, 사회에서 성인의 지위를 획득하도록 돕는다. 가족을 통해 남편으로서, 아내로서, 자녀로서의 역할과 지위를 받고 이를 수행한다.

〈표 10-1〉 시대에 따른 가족의 기능 변화

전통적인 가족 기능	현대사회의 가족 기능
• 경제적 기능 • 지위와 명성 부여 기능 • 교육적, 보호적, 종교적 기능 • 오락 기능 • 애정과 출산의 기능	• 친밀한 관계의 근원적 기능 • 경제적 협조 단위 • 출산과 사회화 기능 • 보호와 지위부여 기능

출처 : 김성철 외(2020).

제2절 현대사회 가족의 변화

현대사회의 가족은 구조와 기능, 가족관계와 가족 가치관, 가족생활주기 면에서도 많이 변화하고 있다. 현대사회에 따른 가족의 변화를 살펴보면 다음과 같다(김혜영 외, 2018; 도광조, 2021).

1. 가족의 변화

1) 가족구조의 변화

산업화와 여성의 경제활동 참여 증가로 가족의 규모가 축소되고 가족의 기능도 취약해졌다. 가구 구성의 변화는 결혼 여부, 결혼연령, 첫아이 출산, 자녀 수, 이혼 등의 영향을 받는다. 우리 사회는 무자녀이거나 자녀가 평균 1명에 불과하다 보니 사회의 유지에 어려움이 따르게 되었다. 무엇보다도 1세대 가구의 급증이 가장 주목할 만한 것으로 무자녀-부부 가족의 증가와 독신가구, 비혈연 가구의 준가족적 형태의 가족 구성의 증가가 현대 가족의 특징으로 대두되었다.

결혼하지 않은 독신가구는 증가한 반면, 결혼한 가족의 경우 무자녀이거나 자녀 수가 감소하고, 여성의 경제활동 참여 증가로 맞벌이 가구가 증가하고 있다. 이에 따라 자녀의 보육서비스에 대한 욕구가 증가하였다. 보육시설의 질과 비용의 문제, 자녀양육과 관련된 심리사회적 부담의 증가, 핵가족화로 인한 친지 및 이웃의 사회적 지지망 부족으로 자녀양육 스트레스가 증가하는 것으로 보고되고 있다.

국제화 시대에 세계가 한 가족인 현대사회에서는 한 지역, 한 도시는 물론 한 나라에 거주하지 않는 가족들도 증가하고 있다. 세계적인 이주화 현상으로 한국인들이 해외에 많이 거주하고 있고, 많은 외국인들이 우리 사회에 이주해 오고 있다. 기러기 아빠나 결혼이민자 여성, 북한이탈주민, 외국인 근로자의 가족과의 별거가 좋은 예다. 맞벌이 부부가 늘고 직장에 대한 가치관과 생활양식이 많이 변화하면서 예전에는 생각지도 못한 활동반경을 갖기도 하는데, 주말부부나 월

례부부 그리고 전원과 도시 생활의 병행, 해외 활동의 증가, 취업의 어려움으로 직장 유지를 위해 자녀와 많은 시간 떨어져 지내는 가족이 늘고 있는 현실이 바로 현대사회의 가족구조라고 할 수 있다.

2) 가족기능의 변화

자녀교육을 위한 경제적인 지원 역할은 증가하였으나 예전보다 많은 시간과 노력을 기울이지 않으며 부모가 합리적이고 설득력 있는 교육을 담당하기 어려워진 것이 사실이다. 연장자, 노인 등 기성세대에 대한 부정적인 인식 그리고 성실함과 꾸준함 등 내적인 가치의 추구보다는 실적과 자기관리 등 외적인 가치의 추구로 인해 중년과 노년의 부모세대의 권위가 도전받고 있다. 예전에 가족에게 기대하던 부분 중 많은 부분을 가족 외부에서 해결하거나 충족하는 것이 가능하게 되었고, 정보기술의 발달로 가족 외 생활경험은 확대되었다. 이에 따라 가족 외에도 정신적인 지원체계가 매우 다양해졌다. 가족끼리의 활동보다 동호인 클럽이나 인터넷 카페에서의 손쉬운 접속과 다양한 경험이 상당 부분 가족의 사회적 기능을 대체하기 때문이다.

가족 구성원마다 개인 컴퓨터로 많은 것을 검색하고 배우며 나눈다. 이러한 시대적 변화에 적응하거나 문제 제기를 통해 변화하고자 노력하지 않는 가족은 갈등을 경험할 가능성이 높다.

이러한 예로 가정 내 부양부담이나 자녀양육에 대한 부부간 역할이 합리적으로 분담되지 않아 한쪽의 생활 스트레스가 증가하면서 야기될 수 있는 갈등이 있다. 성차별로 인한 가정폭력, 이혼을 전후한 결정 과정에서 나타나는 여성에 대한 사회적 차별이 감소하지 않고 있다. 이러한 문제점은 낮은 혼인율과 높은 이혼율이 여실히 증명해 준다고 할 수 있다.

3) 가족관계의 변화

현대사회의 가족관계는 가족에서의 다양성에 대한 이해와 수용이 요구되고 있다. 다양성이란 가족 구성원에 대한 권위주의적 사고를 내세우기보다는 개개인의 개성과 강점, 기여할 수 있는 역할이 최대한 발굴되고 발휘될 수 있는 가능성을 의미한다. 이러한 다양성에 대한 존중과 신념은 다른 구성원과 조화를 이루기 위한 기본자세가 되기도 한다. 가부장적 사회에서 양성평등으로의 가족의 변화는 가족 내 남성의 적응을 필요로 한다. 경제적인 부양의무의 부담을 분담하는 대신에 이양해야 하는 가족 내 결정권과 영향력에 대한 재인식이 요청된다.

또한 이혼 문제는 부부 당사자뿐만 아니라 자녀에게도 극도의 혼란과 불안을 경험하게 하는 가족 전체의 위기로 다가온다. 협의 이혼에서 미성년 자녀에 대한 친권, 양육권, 양육비, 면접교섭권에 대한 부부간의 합의 정도를 점검하는 상담제도는 자녀에게 미치는 부정적인 영향을 줄이기 위한 방안이다. 또 다른 변화는 재혼가족의 증가다. 재혼가족은 초혼가족과는 매우 다른 구조와 내력으로 시작된다. 재혼은 초혼과 달리 재혼을 안내해 주는 규범이 없기에 불완전한 제도이며 실제 재혼이 초혼보다 이혼율이 높다고 보고되고 있다.

4) 가족 가치관의 변화

가족 가치관의 변화로 전통적인 가족관계를 지배해 온 가족과 가치관은 민주적 사고방식, 평등의식, 개인주의적 사고, 독립의식 등에 대한 사회교육으로 가치의 혼돈을 일으키고 있다. 이러한 혼돈과 갈등은 가족 구성원 간에 심리적 압박감, 저항감, 긴장감 등을 유발하므로 가족 구성원 간의 갈등, 부부간의 갈등 또는 이혼, 부모와 자녀 간의 갈등, 자녀들의 비행이나 일탈행동 발생의 중요한 요인이 된다. 게다가 소속감의 부족으로 가족해체의 증가, 인간소외, 청소년 문제 및 일탈행동 발생의 주요 원인이 된다. 이 외에도 노인들의 거처문제, 간병문제, 소외와 고독의 문제, 제반 경제적 · 심리적 · 정서적 문제 등이 증가하고 있는 현실이다.

5) 가족생활주기의 변화

결혼을 통하여 가족이 형성된 순간부터 자녀의 출산이나 성장, 독립, 은퇴, 배우자, 사망 등에 이르기까지 가족구조와 관계상의 발달 및 변화를 가족생활주기라고 한다. 즉, 부부가 늙어 사망하게 되면 이 주기가 끝난다.

현대사회에서 가족은 가족생활주기 면에서도 많은 변화를 나타내고 있다. 결혼연령의 상승, 혼인 감소와 이혼율 증가 및 재혼율 증가, 출산 자녀 수의 감소, 평균수명의 연장(저출산과 고령화), 여성의 역할 변화 등으로 자녀의 출산과 양육 시기는 짧아지고 자녀들이 독립하여 집을 떠나면서 오는 빈 둥지 시기인 중년 부모 시기가 빨라지며, 조기퇴직 및 평균수명의 연장으로 노년기 가족 시기가 점차 길어지고 있다.

또한 노년기의 여가 문제가 심각한 사회문제로 대두되고 있다. 이혼가족과 재혼가족의 증가로 기존의 가족생활주기 단계 및 과업과는 다른 경험을 하는 가족이 증가하게 되었다. 따라서 다양한 가족생활주기에 대한 이해가 필요하게 되었다.

〈표 10-2〉 듀발의 가족생활주기와 발달과업

가족생활주기 단계	가족이 수행해야 하는 발달과업
1. 가족 형성기 (자녀가 없는 신혼부부)	• 상호 만족스러운 결혼생활을 위해 서로에게 적응하기 • 임신과 부모 역할에 대한 적응하기
2. 자녀 임신 출산 가족 (첫 자녀 출생부터 30개월까지)	• 유아의 발달에 적응하기 • 부모와 유아가 만족하는 가정의 확립
3. 취학 전 자녀 가족 (첫 자녀가 2.5세부터 6세까지)	• 취학 전 자녀의 주요 욕구와 관심을 격려하고 성장하도록 도움 • 가족 성원과 의사소통 유형에 적응하기
4. 학령기 자녀가 있는 가족 (첫 자녀가 6세부터 13세까지)	• 학령기 가족의 지역사회와 조화 • 자녀의 교육적 성취에 관심 가지고 격려하기 • 재정적 지급능력 유지하기
5. 십대 자녀 가족 (청소년 가족, 첫 자녀가 13세부터 20세까지)	• 자녀에게 자유와 책임의 조화 가르치기 • 부모 역할을 마친 후의 관심과 진로 확립 • 청소년과 성인 사이의 의사소통 중재하기
6. 성인 초기 자녀를 독립시키는 가족 (첫 자녀의 독립부터 막내 자녀의 독립까지)	• 적절한 의례와 자원으로 초기 성인기 독립시키기 • 부모의 퇴직 등 부부 중년의 문제에 집중하기 • 자녀가 가정을 떠날 때 책임 재할당하기
7. 중년기 부모 (빈 둥지부터 은퇴까지)	• 결혼 관계 재확립 및 친족관계 유지하기 • 빈 둥지에 적응하기 • 노인 세대와 젊은 세대와의 조화 유지
8. 노인 가족 성원 (은퇴부터 양쪽 배우자의 사망까지)	• 배우자 사별과 혼자 사는 삶에 대처하기 • 노년기에 대해 적응하기 • 은퇴한 삶에 대해 적응하기

출처 : Duvall & Miller(1985); 황인옥(2018) 재인용.

제3절 가족의 유형 및 체계

1. 가족의 유형

가족의 유형은 재혼가족, 별거가족, 이혼가족, 다세대 가족, 한부모 가족 등으로 구분할 수 있는데, 구체적인 내용은 다음과 같다(생각의마을, 2023).

1) 재혼가족

재혼가족은 서로 다른 환경에서 자라온 두 가족 간 결합이기 때문에 재혼을 통해 새롭게 형성된 관계에 대한 적응 및 재조정이 필요하다.

2) 별거가족

부모의 별거로 인해 자녀들은 한쪽 부모 혹은 양부모와 모두 떨어져 살아야 할 수도 있다. 따라서 부모들은 협력적 부모 관계가 지속될 수 있도록 해야 한다.

3) 이혼가족

이혼가족은 배우자와 결별하여 혼자 자녀를 양육해야 하거나 상대 배우자가 자녀를 양육하는 등 자녀 양육에 대한 변화가 발생하므로 부모 자신의 적응과 자녀 양육이라는 과업 수행을 병행해야 한다.

4) 다세대 가족

다세대 가족은 조부모 세대, 부모 세대, 자녀 및 손자녀 세대 등 다양한 하위체계로 구성된다. 따라서 다세대 가족은 하위체계의 구성 및 조정이 필요하다.

5) 한부모 가족

이혼이나 사별 등 다양한 이유로 한부모 가족이 발생하게 되는데, 현재의 한부모 가족에 맞도록 가족 구조를 재구성해야 하고 가족 성원은 이에 적응해야 한다.

2. 가족 체계

가족 체계는 가족의 규칙, 가족의 항상성, 경계, 하위체계, 순환적 인과성, 환류 등으로 구분할 수 있는데, 구체적인 내용은 다음과 같다(김혜영 외, 2018; 생각의 마을, 2023; 최선화, 2022).

1) 가족의 규칙

모든 가족은 가족 특유의 규칙이 있다. 이 규칙은 그 가정 내에서의 가르침과 가치관도 직결되며 또 가문의 전통과도 연관될 수 있다. 어떤 규칙은 말로 표현되고 어떤 규칙은 암암리에 가족원들에게 알려진다. 어떤 규칙은 가정에 꼭 필요하고 어떤 규칙은 해가 되기도 한다. 흔히 과거에는 필요했으나 현재에는 바람직하지 못한 규칙들이 지속되는 경우가 있다.

가정의 잘못된 규칙은 잘못된 신념이나 정보에서 생길 수 있다. 이러한 잘못된 신념이나 정보로 인해 가족 구성원이 매우 제한된 생활을 할 수도 있고 구성원들 간에 뜻하지 않은 거리감이 생길 수 있다. 가족의 규칙이 가족원의 행동양식을 결정하고 가족생활의 원칙이 된다. 특히 좋은 규칙을 가진 부부는 서로 교환함으로써 보상받고 상호 보완적인 역할을 수행한다. 대부분 가족의 규칙은 분명히 명시되지 않지만 가족원 간의 반복적인 관계를 통해서 은연중에 기대되고 그에 따라 행동하게 된다.

2) 가족의 항상성

체계로서 가족이 갖는 특성 중 하나가 가족항상성이다. 원래 항상성은 생물체가 몸을 일정한 상태로 균형을 유지하려는 작용 또는 성질을 의미한다. 이러한 개념이 가족에 적용된 것이 가족항상성인데, 가족항상성은 가족의 구조와 기능에 균형을 유지하려는 속성을 말한다. 새로운 행동이 그 체계의 규범에 벗어나면 부적 환류를 통해 서로 새로운 행동을 감소시켜 원래 상태로 돌아가려고 하며, 새로운 행동이 만족스러울 경우 그 행동을 지속하거나 더 증가시키도록 정보를 제공한다. 즉, 가족항상성은 가족규칙을 활성화하여 가족원들이 지속적이고 안정적인 관계를 유지하도록 한다.

3) 경 계

경계는 체계의 내부와 외부 또는 한 체계와 다른 체계를 구분하는 보이지 않는 선이다. 즉, 경계는 가족 간의 분리와 융합을 나타내며 투과성으로 열림과 닫힘이 자유롭게 적절히 이루어져야 한다. 경계는 밀착된 경계, 분리된 경계, 명확한 경계로 나누어 볼 수 있다. 구체적인 내용은 다음과 같다.

(1) 밀착된 경계(모호한 경계)

체계 간의 경계가 모호하고 밀착되어 미분화되어 있고 유동적이다. 가족 간의 하위체계와 위계질서나 힘과 권위의 소재가 모호하다. 밀착된 경계는 각 체계 간의 자율성이 부족하고 미분화되어 구성원 간에 많은 영향을 미치게 된다.

(2) 분리된 경계(경직된 경계)

각 체계 간의 소통이 어렵고 분리되어 있어 가족 간의 결속력이 약하고 소외되어 있는 경우가 많다. 가족 구성원들이 독립적으로 행동하지만 도움이 필요할 때 요청하기 힘들며 가족의 보호기능을 수행하기 어려워진다.

(3) 명확한 경계

각 체계의 경계가 안정되어 있으며 융통성을 지닌다. 구성원들 간에 상호 지지적이며 자율성을 존중한다. 필요에 따라 분리되고 융합할 수 있는 융통성과 투과성을 지니며 결속력이 높고 효율적이면서 독립성이 보장된다.

4) 하위체계

(1) 부부 하위체계

부부로 구성된 하위체계이다. 부부간 상호 지지와 협력이 있어야 하고 동시에 서로 독립적으로 행동할 수 있는 능력이 있어야 한다.

(2) 부모 하위체계

아버지와 어머니로 구성된 부모 하위체계이다. 자녀에 초점을 두고 전체 가족을 이끌어 가는 책임을 진다. 자녀와 구분되는 적절한 경계와 권위가 필요하다.

(3) 부모-자녀 하위체계

세대가 서로 다른 가족 구성원으로 구성된 체계이다. 부모 중 한쪽이 다른 쪽을 배제시키는 방식으로 자녀와 관계가 형성되는 경우 역기능적 가족이 되기 쉽다. 위계 구조를 확립하는 것이 중요하다.

(4) 형제자매 하위체계

같은 세대로 이루어진 경우가 대부분이므로 자신들 나름의 관심과 생각을 가지게 된다. 형제자매 간에는 형제애, 자매애 같은 정서적 유대가 중요하며 때로는 놀이 친구, 동료로서의 관계도 형성된다.

5) 순환적 인과성(circular causality)

가족 내 한 성원의 변화는 다른 성원들과 가족 전체에 영향을 미치며, 이런 영향은 다시 변화를 가져온 성원에게 순환적으로 영향을 미친다. 즉, 순환적 인과성에 따르면 가족이 가진 문제를 해결하기 위해서는 문제의 원인 혹은 근원보다는 문제를 유지하는 가족의 상호작용에 초점을 둘 필요가 있다. 가족이 변화하기 위해서는 누가 문제를 시작했는지 혹은 누구에게 문제의 책임이 있는지를 가려내는 것보다는 어떻게 현재 이루어지고 있는 역기능적인 상호작용 패턴을 변화시킬 수 있는지에 초점을 둘 필요가 있다.

또한 가족 내 한 성원의 변화는 다른 성원들과 가족 전체에 영향을 미치며, 이런 영향은 다시 변화를 가져온 성원에게 순환적으로 영향을 미치기 때문에 가족의 변화를 위해 반드시 근원이 되는 성원의 변화를 시도해야 하기보다는 다른 성원들이 변화함에 따라 문제의 근원이 되는 성원과 가족 전체가 변화할 수 있다(김혜란 외, 2022).

6) 환류(feedback)

환류란 새로운 행동을 취한 결과에 대해 체계에게 정보를 주는 것을 말한다. 체계는 새로운 행동이 발생되면 그 결과에 대해 정보를 주어 새로운 행동을 유지하거나 더 증가시킬 것인지, 아니면 새로운 행동을 더 이상 하지 않도록 할 것인지 결정하게 된다. 이러한 일련의 과정을 환류고리라고 한다.

(1) 정적 환류(positive feedback)

새로운 행동이나 변화가 생겼을 때 변화를 수용하여 그 변화를 유지하거나 증가시키는 환류이다.

예 집안일을 어머니가 맡아서 해왔는데, 막내딸이 가족 성원 모두가 집안일을 하자며 가사 분담에 대해 의견을 제시했을 때(새로운 행동), 이에 대해 가족회의에서 찬성의견을 제시하여 역할 분담이 이루어졌다면 가족회의의 찬성의견은 정적 환류가 된다.

(2) 부적 환류(negative feedback)

새로운 행동이나 변화가 발생했을 때 그 변화를 멈추고 원래의 상태로 돌아가게 하는 환류이다. 가족규범으로부터 벗어나려는 행동은 주로 부적 환류를 통해 저지되면서 가족항상성을 유지하게 된다.

예 집안일을 어머니가 맡아서 해왔는데, 막내딸이 가족 성원 모두가 집안일을 하자며 가사 분담에 대해 의견을 제시했을 때(새로운 행동), 이에 대해 가족회의에서 반대의견을 제시하여 원래 했던 대로 어머니가 집안일을 계속하게 되었다면 가족회의의 반대의견은 부적 환류가 된다.

제4절 가족 사정 도구

가족 사정에 활용되는 대표적인 사정 도구는 가계도, 생태도, 사회적 관계망 그리드로 나누어 볼 수 있는데, 구체적인 내용을 살펴보면 다음과 같다(서보준 외, 2022).

1. 가계도

가계도(genogram)란 3세대 이상에 걸친 가족 구성원에 관한 정보와 그들 간의 관계를 도표로 기록하는 작성방법이다. 가계도는 가족이 가지고 있는 문제점을 추적하고 강점과 해결을 찾아나가는 정보로 활용된다. 가계도는 사회복지실천에서 가장 널리 활용되는 사정의 도구로서 여러 가족 구성원 세대를 살펴봄으로써 개인 및 가족을 사정하는 데 유용한 사정 도구이다.

1) 가계도 작성법

- 초기 면접에서 작성되는 것으로 클라이언트 체계가 편안한 분위기에서 시작하며 사회복지사와 클라이언트 체계가 공동으로 작업한다.
- 가족구조를 우선 구성한다.
- 가족 구성원에 대한 정보(예 출생, 사망, 직업, 결혼 등)를 표기한다.
- 가족관계를 표현한다.

2) 가계도를 통한 분석내용

- 가족구조에 대한 체계적 이해
- 가족 내에서 클라이언트의 위치
- 가족 사건에 대한 이해
- 가족의 상호작용 유형
- 문제의 발견

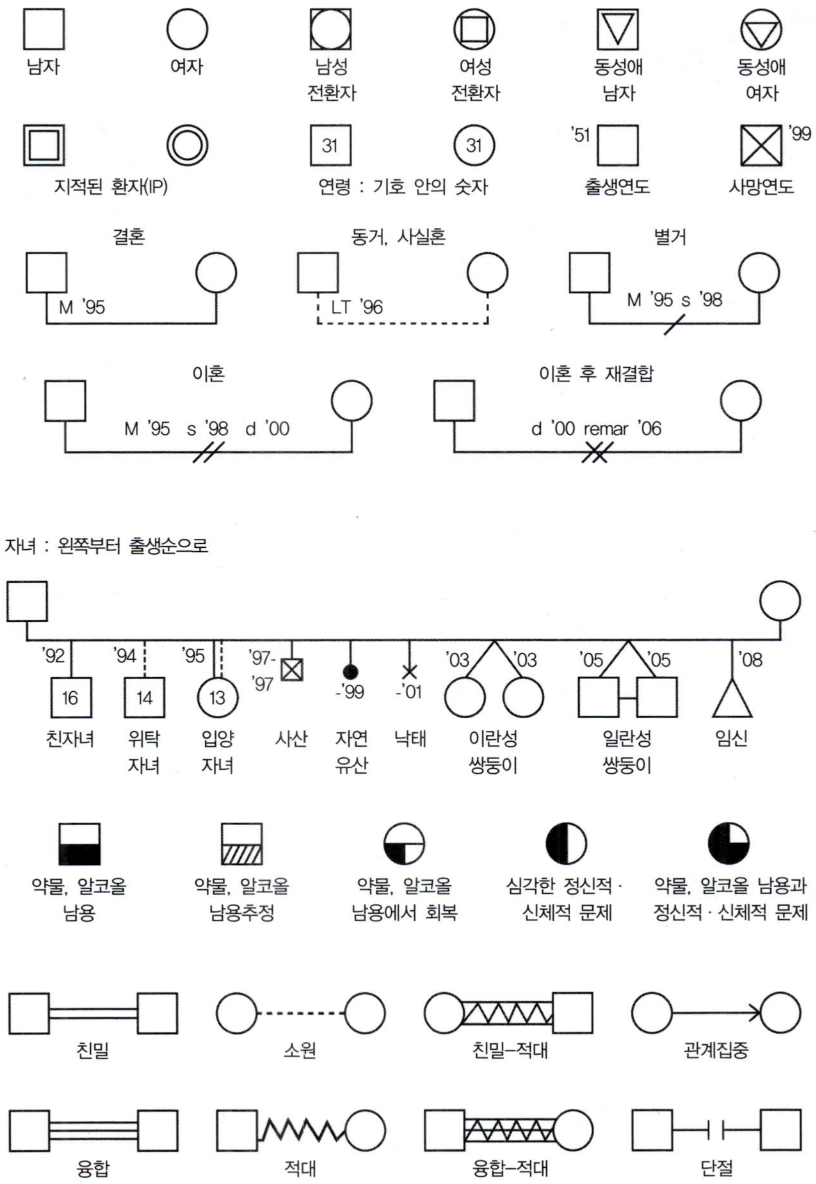

| 그림 10-1 | 가계도

출처 : 서보준 외(2022).

2. 생태도

생태도(eco-map)는 1975년 앤 하트만(Ann Hartman)에 의해 고안된 것으로서 체계적이고 생태학적인 관점에서 가족을 이해하는 데 도움이 된다. 생태도는 클라이언트 개인이나 가족이 외부 환경체계들과 어떻게 관련되어 있는지를 그림으로 나타내는 것으로서 사회복지사가 클라이언트와 환경과의 관계 또는 가족과 환경과의 관계에 대한 정보를 획득하도록 돕는 사정 도구이다.

1) 생태도의 작성 방법(이영실 외, 2015)

- 가족을 표현하는 원을 중앙에 그리고 클라이언트와 그 가족을 표시
- 가족이 일상적으로 상호작용하는 관련된 주변 환경체계는 중심 원 주변에 각각의 원으로 표시
- 클라이언트와 가족 체계를 포함한 모든 체계 간의 상호교류, 즉 관계의 성격과 자원의 흐름을 특정 기호로 표시
- 클라이언트의 가족생활에 영향을 미치는 환경체계를 중앙 원에 주변에 배치
- 가족과 환경체계의 관계를 다양한 선으로 표현

2) 생태도의 구성요소

- 가족 구성원의 가계도
- 개인 또는 가족의 외부 자원체계
- 가족과 외부 자원체계 간의 에너지 흐름

3) 생태도를 통한 분석 내용

- 클라이언트 또는 가족의 삶의 공간에 존재하는 현재의 직접적 환경체계 확인
- 각 가족 구성원과 자원체계 간의 에너지 흐름
- 각 가족 구성원과 자원체계 간의 관계의 양과 질 분석

- 환경체계의 변화가 필요한 내용을 확인
- 가족의 적응에 기여한 상호교류와 가족생활을 해치며 가족기능을 약화시키는 상호교류에 대한 이해를 도모
- 가족의 상호교류의 문제점을 사회복지사와 클라이언트가 공동으로 인식한 후, 개선 또는 향상시킬 점과 이를 위해 필요한 자원 및 행동목록을 확인

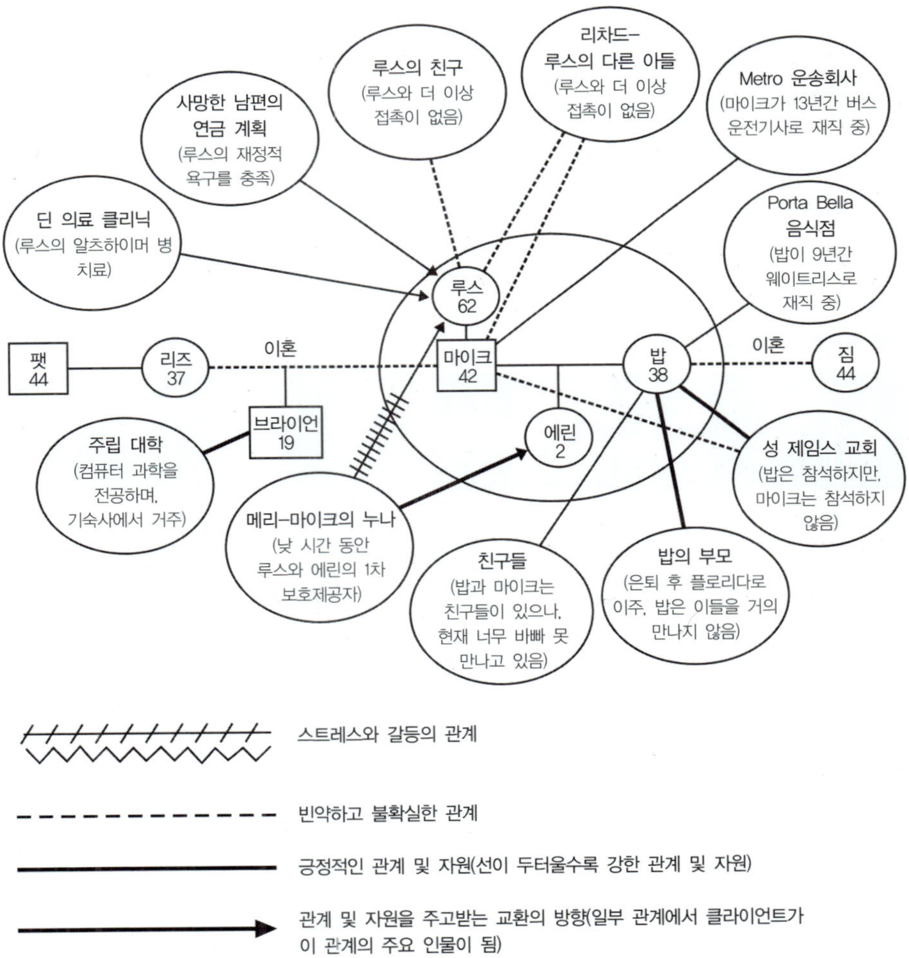

| 그림 10-2 | 생태도

출처 : 사회복지연구센터(2021). 사회복지실천론. 나눔의 집.

3. 사회적 관계망 그리드

사회적 관계망 그리드(social support network grid)는 트레이시와 휘태커(Tracy & Whittaker, 1990)에 의해 개발된 클라이언트의 사회적 망을 사정하는 도구이다. 사회적 관계의 지지정도와 질, 지지의 방향, 지지기간 등을 보여준다. 사회적 관계망 그리드는 다음과 같이 작성한다(이원숙, 2008).

- 가족, 친척, 직장/ 학교, 조직(클럽, 종교집단 등), 친구, 이웃, 전문가 등 7개 영역에서 사회망 구성원을 규명한다.
- 개인과 사회망 구성원들 간의 관계에 대해 질문한다. 여기에는 물질적 지지, 정서적 지지, 정보 및 조언, 비판, 도움방향, 친밀도, 접촉빈도, 알고 지낸 기간 등을 기록한다.

〈표 10-3〉 사회적 관계망 그리드

성명	생활 영역	물질 지지	정서 지지	정보·조언	비판	도움 방향	친밀도	접촉 빈도	알고 지낸 기간
	1. 가족 2. 친척 3. 직장/학교 4. 조직 5. 친구 6. 이웃 7. 전문가 8. 기타	1. 가끔 제공 2. 자주 제공 3. 항상 제공	1. 가끔 제공 2. 자주 제공 3. 항상 제공	1. 가끔 제공 2. 자주 제공 3. 항상 제공	1. 가끔 제공 2. 자주 제공 3. 항상 제공	1. 양방향 2. 내가 그에게 3. 그가 나에게	1. 양방향 2. 내가 그에게 3. 그가 나에게	0. 보지 못함 1. 1년 몇 번 2. 1달 한 번 3. 1주일 한 번 4. 매일	1. 1년 미만 2. 1~5년 3. 5년 이상
1									
2									
3									
4									
5									

출처 : 이원숙(2008).

제5절 가족대상 사회복지실천기술 개입과정 및 실천모델

1. 초기단계

첫 면접에서 사회복지사와 가족 간의 정기적인 상담에 대한 계약을 맺는 과정이다. 그리고 가족의 상호작용을 관찰하고 사회복지사의 이론적 틀에 따라 필요한 가족을 모두 참여시키려는 노력이 있어야 하며, 다음 세션에 참여할 수 있도록 해야 한다. 또한 가족 구성원들이 어떠한 변화를 원하는지 구체적으로 진술하게 하여 목표를 명확히 함으로써 과정평가와 치료효과를 증대시키도록 한다.

초기단계는 4단계의 과정으로 구분할 수 있는데, 구체적인 내용은 다음과 같다(Collin, Jordan & Coleman, 1999; 설진화, 2014 재인용).

① 1단계 : 가족 구성원과의 신뢰를 바탕으로 관계형성을 해야 한다

사회복지사가 자신의 지식과 교육 배경, 경험뿐만 아니라 클라이언트의 욕구나 가족의 문제에 대해 진정한 관심을 가지고 이해하고 애쓰는가를 보여줌으로써 가족 구성원들에게 신뢰를 얻고 긍정적인 관계를 형성해야 한다.

② 2단계 : 문제를 정의할 때 가족 구성원들 모두가 그 문제를 어떻게 인식하고 있는지를 고려해야 한다

가족 구성원 모두 면접을 하여 가족 구성원 개개인이 다른 가족의 간섭이나 방해 없이 가족의 문제에 대해 자유롭게 표현할 수 있도록 해야 한다.

③ 3단계 : 목표를 설정하고 개입과정을 명확히 해야 한다

사회복지사와 가족은 공통의 목표를 설정하기 위해서 서로 협력하는 것이 필수적이고, 문제를 해결하기 위해서 가족 구성원 모두가 참여하여 행동할 수 있는 공통의 목표를 설정한다. 일단 목표가 설정되면 목표 달성을 위한 과정, 역할, 책임을 져야 할 가족 구성원 등이 분명해져야 한다.

④ 4단계 : 구체적인 계약을 한다

계약에는 개입의 모든 절차와 비밀보장 등을 기본적으로 포함하는 동의서의 내용을 포함하여 계약서와 같이 작성할 수도 있고, 더 구체적인 내용을 포함, 서술하여 동의서와 계약서를 따로 작성할 수도 있다. 계약 내용에는 시간, 장소, 비용 등의 실질적인 내용과 구체적인 일정, 변화가 필요한 각 가족 구성원의 행동 등을 서술하는 것도 포함된다.

1) 가족 사정

가족을 대상으로 개입하기 위해서는 가족 구성원 중 한 사람을 선택하여 문제가 있다고 지적하는 것이 아니라 전체 가족이 분석의 단위가 된다. 가족 사정이란 가족을 하나의 단위로 보고 가족 내부의 요인과 외부의 요인 그리고 이들 양자 간의 상호작용을 파악하기 위해 자료를 수집하고 분석하고 종합하여 가족에 대한 개입을 계획하는 일련의 과정을 의미한다(조흥식 외, 2011).

2) 문 제

① 무엇 때문에 개입이 필요한가? 왜 그 가족은 지금 도움이 필요한가? 만약 가족이 자발적으로 기관을 찾아갔다면 왜 하필 그 기관에 도움을 요청했나?

② 그 가족은 현재 장 · 단기적으로 어떤 문제를 경험하고 있나?

③ 그 문제는 얼마나 심각하고 위급한가?

④ 사회복지사가 개입하는 것에 대해 가족의 태도와 동기는 어떠한가? 만약 가족 전체를 포함하는 개입이 요구된다면, 구성원들 각자는 가족의 문제를 해결하기 위한 작업에 얼마나 동기를 가지고 있는가? 가족원은 사회복지사에게 무엇을 기대하는가?

⑤ 가족은 다른 어떤 사회체계와 연결되어 있나? 그렇다면 어떤 문제로 그러한가? 각 가족원은 그 문제가 어떻게 될 것이라고 인식하고 있나? 신체적 · 정신적으로 위험에 처한 가족원이 있는가?

⑥ 그 문제의 역사적 배경은 무엇인가? 그 문제를 제거하기 위해 가족은 무엇을 했나?

3) 가족의 내부 기능

① 가족이 자신에게 처리하는 분야는 어떤 부분인가? 특히 위기가 발생했을 때와 더불어 일상생활에서 사용하는 심리적 · 사회적 자원은 무엇인가?
② 가족원들은 그의 가족을 전체로서는 그리고 서로 간의 관계에 대해서는 어떻게 기술하고 있는가? 가족 내 관계의 성격은 어떠한가? 가족 간의 상호작용 패턴은 무엇인가? 문제를 유지시키는 상호작용 패턴은 무엇인가? 가족이 유지하고 있는 패턴과 테마는 무엇인가?
③ 가족구조는 어떤 위계를 가지고 있나? 누가 힘을 가지고 있고, 그 힘은 어떻게 사용되고 있는가?
④ 문제를 해결하기 위해 동원할 수 있는 가족으로서 그리고 개인으로서 강점과 자원은 무엇인가?
⑤ 가족은 어떻게 의사소통하는가? 가족원은 반복되는 상호작용 패턴을 사용하는가? 의사소통은 직접적이고 개방적이며 솔직한가?
⑥ 비공식적 · 공식적 역할에 있어서 가족의 기능은 어떠한가?
⑦ 개인과 부모 같은 하위체계와 전체로서의 가족 간의 경계는 어떻게 운영되는가?
⑧ 가족 속에서 누가 누구와 결속되어 있으며 핵심문제는 누구와 관계되어 있나?

4) 가족생활주기

① 가족의 역사는 어떠한가?(가족원의 도움으로 가계도를 완성한다)
② 이 가족은 가족생활주기 중 어디에 위치하고 있나? 가족은 그 가족원의 발달 욕구를 얼마나 적절히 충족시키고 있나?

③ 가족원들은 자신들의 발달 욕구와 과업을 얼마나 잘 수행하고 있는가?
④ 발달주기에서 위기를 해결하는 이 가족만의 독특한 방법은 무엇인가?

5) 환 경

① 환경과 가족 간의 관계의 성격은 무엇인가? 환경 요소들은 가족의 기능을 성장할 수 있도록 하는가 아니면 방해하는가?
② 가족과 외부와의 관계 범위와 질 그리고 가족에게 미치는 외부요인들의 영향을 포함하여 사회적 환경과 가족의 상호작용의 질은 어떠한가?
③ 가족은 그들의 기초 욕구를 어떻게 충족시키나? 어떤 욕구는 충족되고 어떤 욕구는 충족되지 않는가?
④ 욕구가 발생할 때 가족은 누구에게 의존하나? 양과 질적인 면에서 볼 때 가족 외부의 지지자들과의 관계의 성격은 어떠한가?
⑤ 외부자원과 관련해서 가족은 얼마나 독립적이고 자기-충족적인가?
⑥ 가족은 친구, 친척, 선생님, 동료, 교회 사람 그리고 의료인들을 포함하여 중요한 사람들과 어떻게 관계하나?
⑦ 자신과 같은 인종의 다른 사람들과 그 가족의 관계는 어떠한가?
⑧ 가족의 종교적 믿음 그리고 가치의 영향은 무엇이고 어떻게 영향을 주나?
⑨ 그 가족의 문화유산 측면은 강점으로 작용하는가 혹은 방해가 되는가?

2. 계획단계

계획은 사정을 통해 수집된 가족상황과 잠재적 자원을 기반으로 가족 구성원이 바라는 변화와 결과를 기술하는 과정을 의미한다. 계획은 사정단계에서 제시된 문제, 가족구조, 가족의 상호작용 패턴과 의사소통 유형 등을 활용하여 가족의 욕구나 문제를 해결하고 가족이 원하는 방향으로 변화하기 위한 실천 방법을 체계화·구체화하는 과정이다. 이 단계에서는 사회복지사와 가족 구성원이 상호 계약을 공식화하고, 가족 구성원과 사회복지사의 역할을 보다 명확하게 세울 수 있다.

따라서 계획을 세울 때는 가족 공동의 목표 및 우선순위 결정과 이론적 틀에 입각한 문제의 개념화를 통해 계획을 체계적으로 세워야 하는데, 구체적인 내용을 살펴보면 다음과 같다.

1) 공동의 목표 및 우선순위 결정

이 단계에서는 가족 구성원이 호소한 문제 및 욕구 등을 포괄하는 공동목표를 설정하는 것이 필요하다. 목표는 문제해결을 위해 가족 모두가 참여하여 행동할 수 있는 것으로 정하며, 이를 달성할 수 있도록 구체적이며 체계적으로 실행전략을 구성한다. 동시에 가족들은 여러 가지 문제를 제시할 수 있는데, 사회복지사는 가족과 함께 기간 내에 다루어야 할 문제들을 검토하여 개입의 우선순위를 정한다. 사회복지사의 의견이 전문적이고 객관적일지라도 문제의 심각성과 파장을 고려하여 가족의 눈높이에 맞추어 협상을 이끌어 내어야 한다.

2) 이론적 틀에 입각한 문제의 개념화

가족에 대한 개입은 어떤 이론적 틀과 관점에서 보느냐에 따라 상이하게 접근할 수 있다. 사회복지사가 접수단계에서 설정한 임시적 가설은 초기단계 및 사정을 거치면서 계속적으로 수정될 수 있다. 사회복지사는 가족의 핵심적 문제가 의사소통의 문제인지, 가족구조의 문제인지, 원가족과의 미분화 문제인지, 정서적 문제인지 등을 파악하고 이론에 입각해 문제를 개념화할 필요가 있고, 어떤 모델로 접근할지를 결정해야 한다(남미애 · 윤숙자, 2013).

3. 개입단계

가족대상 사회복지실천의 개입단계에서는 가족 구성원들의 문제해결이 가족이라는 환경 안에서 이루어지게 될 경우에 사회복지사는 다양한 기법들을 사용하게 된다. 대표적으로 보웬(Bowen)의 세대 간 가족치료 기법, 미누친(Minuchin)

의 구조적 가족치료 기법, 사티어(Satir)의 경험적 가족치료 기법, 전략적 가족치료, 이야기 치료, 해결중심 가족치료 등 매우 다양한 기법들이 가족대상 실천과정에서 주요하게 사용된다. 따라서 개입단계에서 적용될 수 있는 주요 기법들을 살펴보면 다음과 같다(생각의마을, 2023; 이애재, 2022; 황인옥, 2018).

1) 보웬의 세대 간 가족치료

정신분석이론에 근거를 두고 있는 보웬(Bowen)의 가족치료이론은 정신분열증 환자와 관련된 가족 구성원들에 대한 치료를 통해 발전하였다. 미분화된 가족자아 덩어리로부터 벗어나 불안을 경감시켜 자아분화를 촉진하는 것에 목표를 두고 있다. 즉, 미분화된 개인이 자신과 잘 맞는 배우자를 만나 가족을 형성하고 자녀를 낳아 이들 자녀와 부모세대가 정서적으로 분리되지 못함으로써 독립되지 못한 자녀를 만들고 이들이 세대를 거쳐 이어지면서 정신분열증 및 미성숙한 인격체로 성장하게 만든다는 입장이다. 다세대 가족치료는 결국 세대 간 삼각관계를 확인하고 탈삼각관계화하는 것을 목표로 한다.

(1) 가족치료 개입기법

① 삼각관계

가족 구성원 내의 두 사람 사이에서 스트레스나 긴장관계가 발생했을 때 제3자를 두 사람의 상호작용 체계 내로 끌어들이는 것을 삼각화 또는 삼각관계 형성이라고 하는데, 삼각화는 문제를 해결하기보다는 문제를 은폐하거나 분산시키게 된다. 탈삼각화는 제3자를 두 사람의 관계에서 분리시켜 삼각관계를 벗어나게 함으로써 가족 구성원이 자기분화하도록 하는 것이다. 부부간 갈등이 심한 경우 자녀를 삼각관계로 끌어들이게 되는데, 가족치료자는 부모가 그들의 갈등을 스스로 다루게 해야 하며, 만약 가족치료자를 삼각관계로 끌어들이는 경우 이에 끼어들지 않고 객관적 자세를 취해야 한다.

② 다세대 전수 과정

다세대 전수 과정은 여러 세대를 통하여 가족의 정서적 과정이 전수되는 것을 의미한다. 즉, 미분화된 가족이 갖는 문제를 특정 대상에게 투사하여 또 다시 미분화를 낳게 되는 가족투사 과정이 여러 세대에 걸쳐 내려갈수록 문제가 되는 가족원은 그 정도가 심각해져 우울증, 정신분열증 등의 정신장애를 가질 확률이 높다고 본다.

③ 정서적 단절

정서적 단절은 관계를 유지해야 할 사람들끼리 정서적으로 접촉을 끊고 지내는 것을 의미한다. 즉, 주로 원가족에서 투사 과정에 개입된 자녀에게 일어나는 현상이다. 부모와 융합된 자녀가 원가족과 접촉함으로써 발생하는 불안과 갈등을 줄이기 위해 물리적·정서적 접촉을 회피하며 관계가 단절된 상태이다. 정서적 단절은 세대 간의 융합의 문제를 반영하는 것이며, 세대 간에 정서적 융합이 클수록 단절 가능성은 더 높다.

④ 가족 투사 과정

가족 투사 과정은 미성숙하고 분화 수준이 낮은 부모가 부부체계를 안정시키기 위해 취약한 자녀에게 자신의 미분화된 정서문제를 투사하는 것이다. 아버지, 어머니, 자녀로 이루어진 삼각관계 안에서 가족 투사 과정이 작동한다.

예 어머니의 불안에 자녀가 반응하고, 이러한 반응에 대해 어머니가 과잉 지각하며, 아버지는 수동적으로 아내의 불안에 대처하는 과정을 통해 어머니가 자신의 문제를 자녀에게 투사하는 것이다.

2) 미누친의 구조적 가족치료

미누친(Minuchin)의 구조적 가족치료에서 가족구조는 가족 구성원이 상호작용하는 방식을 조직화하는 보이지 않는 기능적 요구이다. 가족원끼리 상호작용 방법과 연속성 반복, 예측되는 가족 행동이 모여 가족은 나름대로 고유한 가족구조를 가지게 된다. 언제, 누가, 어떤 방식으로 이야기하는지 등의 가족의 상호작용을 관찰해 보면 가족구조를 파악할 수 있다.

(1) 구조적 가족치료 개입기법

① 합류하기

합류하기는 치료자가 가족의 인간적인 관여를 하는 것 혹은 가족의 현실 상황에 들어가 함께 경험하는 것을 말한다. 즉, 가족에 들어가는 것이고 가족의 스타일에 맞추고, 가족구조를 변화시킬 수 있는 행동을 할 수 있게 하는 것이다. 또한 가족의 구조를 관찰하고 존중해 줌으로써 이루어지며, 자연스러우면서도 배려 깊은 공감적 이해가 중요하다.

예 치료자가 가족의 언어적·비언어적 의사소통과 감정표현을 모방함으로써 가족에게 합류하는 것, '나도 성격이 급해요', '우리 집에도 그와 비슷한 일이 있어요.'

② 실연

실연은 면담 중에 가족에게 역기능적 가족 구성원 간의 상호작용 혹은 교류를 실제로 행동해 보게 하는 것이다. 이 기법은 문제를 언어로 표현하여 설명하는 방법과는 달리 문제를 행동으로 직접 표현해 보게 하는 행동중심적 개입기법이다.

예 낭비벽이 심한 남편 때문에 부부싸움이 계속된다고 호소하자 사회복지사는 부부에게 3개월간 각자의 필요 때문에 사용한 돈이 얼마인지 두 사람이 이 자리에서 서로 이야기하도록 지시한다.

③ 경계 만들기

가족 내 하위체계 간 경계가 너무 모호하거나 경직되어 성원 간 유리되거나 밀착된 경우 경계선을 수정하는 방법이다. 밀착된 가족에게 대해서는 하위체계 간 경계선을 강화시키고 각 개인의 독립성을 키워준다.

예 부모로부터 불필요한 간섭을 받는 자녀들의 하위체계를 강화시키고자 할 때 '자, 이번에는 영수와 동진이가 이야기해 볼래? 다른 사람은 잘 들어보세요'라고 말하면서 지지한다.

④ 균형 깨뜨리기

가족 내 하위체계 간의 역기능적 균형을 깨뜨리는 기법으로서 하위체계 간 관계가 재조정된다. 가부장적인 위계를 가진 가족 또는 경직된 가족일 경우 그들의 역기능적 균형을 무너뜨리기 위해 사용된다. 따라서 치료자는 가족의 역기능적 균형을 깨기 위해 가족 구성원 한 사람 또는 하위체계를 지지한다.

예 지나치게 권위적이고 가부장적인 남편과 순종적인 부인 사이에서 사회복지사는 의도적으로 부인의 편을 들어서 부부간에 형성된 역기능적 균형을 깨뜨려 건강하고 기능적인 균형을 갖게 하는 것이다.

3) 사티어의 경험적 가족치료

사티어(Satir)의 경험적 가족치료는 1960년대 지금–여기의 경험을 중요시하는 인본주의의 영향으로 만들어졌다. 사티어는 가족치료를 성장과정을 체험적으로 연습하는 것이며, 가족 구성원이 성숙한 인간으로 성장하도록 돕는 것이라고 하였다. 특히 사티어는 기본적으로 가족의 의사소통을 중요시했는데 가족의 병리적 현상이 의사소통에서 기인한다고 보기 때문이다. 또한 자아존중, 가치체계와 자기확신 등 신념과 철학을 중요시하였는데 이러한 관심사가 경험적 가족치료에 반영되어 있다. 따라서 사티어는 가족체계 내에서 가족원들의 정서적 수준과 감정적 수준, 가족원들이 자신과 다른 가족원들에 대하여 어떻게 느끼고 반응하는가에 관심을 두었다.

① **자아존중감** : 자아존중감은 경험적 가족치료의 핵심개념으로 경험적 가족치료모델에서는 클라이언트의 자아존중감 향상을 목적으로 한다. 즉, 개인의 낮은 자아존중감을 회복시켜 자신의 가치를 인정하고 보유하고 있는 장점과 자원을 발견하고 활용하도록 함으로써 문제상황에 잘 대처할 수 있게 한다(이영실 외, 2015).

② **의사소통 유형** : 일치형 의사소통은 부모와 자녀 각각 알아차린 감정을 정확하고 적절하게 표현하고 이해할 뿐만 아니라 상황에 적합하고 진솔한 의사소통을 하는 것으로 이와 같은 의사소통을 한다면 자녀는 높은 자존감을 형성할 수 있을 것이다. 반면 역기능적인 의사소통은 회유형, 비난형, 초이성형, 산만형 등의 네 가지 유형으로 분류하였다. 회유형(placate)은 자신의 감정과 생각은 무시하고 다른 사람의 의견에 지나치게 동조하는 유형이며, 비난형(blame)은 타인의 말과 행동을 비난하고 통제하며 명령하는 유형이며, 초이성형(super-reasonable)은 자신과 타인을 무시하고 상황만 중시하는 유형이며, 산만형(irrelevant)은 자신, 타인, 상황 모두 무시하는 것으로 위협을 무시하고 말과 행동이 일치하지 않는 유형이다(서보준, 2017).

(1) 경험적 가족치료 개입기법

① 가족조각

가족조각은 클라이언트가 생각하는 가족의 모습을 조각으로 표현해 보도록 한다. 가족조각은 가족 성원들이 공간적으로 스스로 위치하여 가족관계를 몸으로 표현하는 것으로, 문제를 가진 클라이언트에게 가족의 형태를 재배치시킴으로써 미처 깨닫지 못한 부분들을 이해할 수 있게 하는 개입방법이다. 가족조각기법을 작용할 경우, 조각에 참여하는 가족 성원의 동의가 반드시 필요하다.

② 가족그림

가족그림은 가족원에게 자신이 느끼는 대로 자유롭게 가족에 대해 그림을 그리도록 하는 기법이다. 그림을 통해 성원들 자신이 가족에 대해 어떻게 느끼는지 이해할 수 있으며, 다른 성원들이 서로에 대해 어떻게 느끼는지, 가족관계에 어떤 문제가 있는지 등을 이해하는 데 도움이 된다.

③ 빙산기법

사티어는 개인의 내적 과정을 이끌어 내기 위해 빙산기법을 활용하였다. 사티어는 빙산을 수면 위에 나타난 부분인 행동과 대처방식을 1차 수준으로, 수면 아래의 부분인 감정, 감정에 대한 감정, 지각, 기대, 열망으로 구성되는 2차 수준, 그 아래의 자기(자아, self)의 3차 수준으로 인간의 심리 내적 경험을 구분하였다. 그리하여 개인의 내적 경험을 이끌어 내기 위해 1차 수준(행동과 대처방식)에 대한 탐색, 2차 수준(감정, 감정에 대한 감정, 지각, 기대, 열망)에 대한 탐색, 3차 수준(자기)에 대한 탐색을 하는 빙신탐색기법을 활용하여 사정하여 개입하였다. 따라서 개인의 빙산 수면 아래를 탐색하여 부정응적인 클라이언트의 경험을 표면화하고 변형하도록 함으로써 잠재의식 수준의 변화를 목표로 한다.

4) 전략적 가족치료

전략적 가족치료는 증상 제거에 초점을 두고 구체적인 치료 전략을 세워 역설적 방법으로 접근하는 모델을 통칭한다. 이 치료 모델은 공통적으로 일반체계이론과 사이버네틱스에 근거한 의사소통과 상호작용이론에 바탕을 두며 가족문제가 가족 전체의 역기능적 상호작용 과정 때문에 발생한다고 본다. 따라서 전략적 가족치료자들은 가족 문제를 지속시키는 행동의 연쇄과정에 관점을 두며, 클라이언트의 행동 변화를 목표로 한다.

(1) 전략적 가족치료의 개입기법

① 역설적 지시

역설적 지시는 문제를 유지하는 연쇄를 변화시키기 위해 가족이 역설적이라고 생각하는 행동, 즉 문제행동을 유지하거나 강화하는 행동을 수행하도록 지시하는 기법이다. 사회복지사가 지시하는 내용을 따르게 되면 문제를 통제한다는 것을 인정하는 것이 되며, 지시를 따르지 않으면 문제를 포기하는 것이 된다. 문제의 해결 혹은 변화를 유도하기 위해서 가족에게 오히려 문제 행동을 계속 유지시키라는 지시를 하는 것이다. 역설적 지시에는 증상처방과 제지기법, 시련기법이 있다.

- **증상처방** : 클라이언트에게 증상 행동을 자발적으로 계속하도록 격려하는 지시나 과제를 주는 기법이다. 그 결과 클라이언트가 치료자의 지시를 거부하고 증상을 버리거나 지시대로 수행해서 증상이 자신의 통제하에 있음을 인정하거나 둘 중 하나를 선택하게 하는 것이다.

예 자녀를 과보호하는 어머니에게 '이번 주는 아이를 좀 더 많이 돌보아 주세요'라고 지시하는 것

- **제지기법** : 문제의 완화를 위해 변화의 속도가 지나치게 빠르다고 지적하고 가족 성원들에게 천천히 진행하라고 경고하거나 변화속도를 늦추도록 제지하는 기술이다.

예 '지금처럼 너무 빨리 변하면 분명히 나빠질 수 있으나 천천히 변하십시오'라고 가족에게 경고하는 것

- **시련기법** : 시련기법은 고된 체험 기법이라고도 한다. 이는 클라이언트의 문제 혹은 증상이 나타날 때마다 증상 자체가 지닌 고통과 동일하거나 더 힘든 일을 수행하도록 지시하는 기법이다. 이 기법은 증상을 포기하는 것보다 증상을 유지하는 것이 더 고통스럽다는 것을 알게 될 때 클라이언트가 증상을 포기하게 된다는 가정을 전제로 한다.

예 우울증이 있는 중년여성에게 우울한 증상이 나타날 때마다 집안 청소를 하루 종일 하도록 하는 것

② 재명명

재구성 혹은 재정의라고도 한다. 가족원들이 제시하는 문제를 다른 시각에서 보도록 하거나 다른 방법으로 이해하도록 돕는 방법이다. 어떤 행동, 관계 현상을 지금과는 다른 측면에서 보고 그 특징에 새로운 의미를 부여하는 것이다.

예 아들의 과잉행동이 심각하다고 이야기하는 클라이언트에게 '아들이 활동적이네요'라고 이야기하여 부정적 문제에 긍정적 의미를 부여하는 것

③ 긍정적 의미부여

문제를 지속시키는 가족의 행동을 재구성하는 방법이다. 주로 부정적 증상 행

동을 긍정적 동기로 설명하는데, 이는 가족원이 나타내는 증상 행동이 가족체계의 균형을 유지하고 가족의 응집력을 촉진하기 때문에 긍정적인 것이라는 의미를 부여하여 역기능적 가족행동을 무력화시키는 것이다. 즉, 클라이언트가 보이는 증상 행동이 변화되기를 바라면서도 나머지 가족원들은 변화할 의지를 가지지 않고 있다는 사실을 가족원들 스스로가 인식하게 반드는 것이다.

예 자녀의 출산 이후 소원해진 부부관계를 가족의 생애주기에 따라 정상적인 변화로 긍정적으로 재해석하는 것

④ 순환적 질문

순환적 질문은 클라이언트가 자신의 관계를 여러 관점에서 바라보도록 하는 것으로 순환적 질문을 통해 문제를 둘러싼 파괴적이고 역기능적인 악순환의 고리를 파악할 수 있다. 순환적 질문은 가족관계에 관하여 혼돈된 생각을 명확하게 하며, 새로운 질문을 함으로써 가족들이 가지고 있는 견해의 차이점을 인식하도록 돕는 것이다.

예 **사회복지사** : 용수가 우울해하면 가장 힘든 사람은 누구지?
클라이언트 : 엄마요.
사회복지사 : 엄마는 용수를 어떻게 도와주니?
클라이언트 : 엄마는 제가 우울해하면 오랜 시간 동안 이야기하고 제가 원하는 대로 모든 것을 해줘요.
사회복지사 : 엄마가 용수를 그런 식으로 돕는 것을 좋아하지 않는 사람은 누구니?
클라이언트 : 아빠요. 아빠는 제가 원하는 것을 다 해주는 것이 좋지 않다고 생각해요.
사회복지사 : 아빠의 의견에 동의하는 사람이 있니?
클라이언트 : 저도 아빠 생각에 동의해요. 할머니도 아빠 의견에 동의하세요.

5) 이야기 치료

이야기 치료는 기본적으로 인간의 경험이 관찰이나 분석 가능한 실체가 아니라는 것에 주목한다. 인간의 삶은 이야기 형식을 띠고 있고 사람들은 이야기를 만들며 또 그 이야기에 의해 자신의 삶을 형성해 나간다고 가정한다. 따라서 이야기 치료에서는 문제 자체를 해결하는 것보다 클라이언트가 가지고 있는 관점

이나 의미 등을 재해석하여 새로운 이야기를 써나감으로써 자신들의 삶에 책임을 지는 적극적인 주체가 되도록 돕는다.

(1) 이야기 치료의 개입기법

① 문제의 외현화(표출대화)

외현화 혹은 표출대화 기법은 가족문제를 개별 성원 혹은 가족이 아닌 문제 그 자체로 보고, 가족을 괴롭히는 하나의 별개 존재로서 문제를 이야기하는 기법이다. 문제를 외현화 혹은 외재화한다는 것은 내면화된 증상을 인격화하는 것이다.

예
- 거짓말이 남편으로 하여금 두 사람 사이에 갈등을 일으키게 만들었나 보네요?
- 분노가 당신에게 무엇이라고 말하나요?
- 질질 끄는 버릇이 아들을 지배할 때가 언제인가요?

위 예시와 같은 질문 상황에 따른 효과는 클라이언트는 문제가 자신들 밖의 것이라고 생각하게 된다는 것이다. 클라이언트는 문제로부터 자신을 분리해서 가족 성원들이 공동의 적(문제)과 싸울 수 있도록 연합할 수 있게 된다. 문제가 외현화되면 클라이언트나 가족은 문제가 사라진 건강한 사람으로 볼 수 있게 된다.

② 문제의 내재화와 외현화의 비교

문제를 내재화하는 것은 클라이언트의 문제가 클라이언트 개인의 성격이나 특징에서 비롯된다고 보는 것을 말한다. 반면 문제를 클라이언트와 분리하고 객관화하는 것은 문제의 외현화이다.

예
- 저는 우울한 사람이라 사는 게 지옥이에요(문제의 내재화).
- 우울한 마음 때문에 사는 게 지옥이 되어버렸어요(문제의 외현화).

6) 해결중심 가족치료

해결중심 가족치료는 문제의 원인을 규명하기보다는 내담자의 자원을 활용하면서 문제해결 방법에 중점을 둠으로써 치료 목적을 성취하는 치료모델이다. 따라서 과거보다는 현재와 미래를 중시하고 문제 상황에 집중하기보다는 문제가 일어나지 않는 상황을 강조하며 인간의 강점과 자원을 문제해결에 활용하는 것을 특징으로 한다.

(1) 해결중심 가족치료의 개입기법

① 치료 면담 전 변화에 대한 질문

클라이언트가 치료를 받으러 오기 전에 있었던 변화들에 관해 질문함으로써 치료 이전의 변화에 대해 관심 있게 관찰하고 클라이언트의 잠재능력을 발견하며, 클라이언트 자신이 의식하고 있지 못하는 해결방안을 찾아내게 하는 질문 기법이다. 면담 전 변화가 있다면 클라이언트가 이미 보여준 문제해결능력에 대해 칭찬하고 격려한다.

예
- 전화로 약속하고 오늘 이 자리에 오기까지 어떤 변화가 조금이라도 있었습니까?
- 말씀을 들으니 변화가 있었는데, 어떻게 그렇게 했습니까?

② 기적질문

기적질문은 기적이 일어났음을 가정하는 질문이다. 자신에게 예외적인 것으로서 성공적 경험이나 강점이 없다고 생각하고 문제중심적인 대화가 계속될 때 미래에 대하여 부정적으로 생각하여 목표 설정이 어려운 경우 기적질문을 사용한다. 기적질문은 문제중심적이고 희망이 없다고 생각하는 사람들이 문제가 모두 해결된 상태를 상상하고 변화된 행동을 상상하는 과정에서 자기 문제를 인식하고 해결책을 탐색하게 한다.

예
- 오늘 집으로 돌아가서 잠을 잤는데, 밤새 기적이 일어나서 문제가 해결되었다고 가정해 봅시다. 아침에 일어났을 때 무엇을 보면 기적이 일어난 것을 알 수 있을까요?
- 문제가 해결되면 당신의 생활에 어떤 변화가 있을까요?

③ 예외질문

성공했던 경험을 찾아내어 의도적으로 계속 실시하도록 격려함으로써 성공의 경험을 확대하고 강화하려는 기법이다. 정상적이면서 예외적인 상황을 찾아내어 문제해결을 위한 방안을 찾는 것에 관심을 집중한다.

예
- 언제 그 문제가 발생하지 않았나요?
- 어떻게 하면 그 문제가 발생하지 않을 것 같나요?
- 아내의 강점은 어떤 것입니까?

④ 대처(극복)질문

대처질문 혹은 극복질문은 클라이언트가 힘든 상황에서 어떻게 대처해 왔는지 질문하는 기법이다. 클라이언트가 힘든 상황에서도 실시한 일들이 문제해결에 도움이 된 것을 칭찬하고 격려해 주어 내담자 자신이 어려움을 극복할 수 있는 능력을 가지고 있다는 사실을 확인하게 하고 부정적인 자아상에서 벗어날 수 있게 하는 효과가 있다.

예
- 선생님은 그 어려운 상황 속에서 어떻게 지금까지 견딜 수 있었지요?
- 이렇게 힘들고 어려운 상황을 이겨내기 위해 가족들이 어떻게 오늘까지 지탱해 왔나요?

⑤ 척도질문

척도질문은 1점에서 10점까지의 척도 위에 클라이언트가 인식하는 문제의 정도, 해결 가능성, 상담의 진전 정도를 숫자로 표시하도록 질문하는 것이다. 척도질문의 목적은 숫자를 사용하여 클라이언트가 현실적이며 구체적으로 생각을 정리하고, 점수의 근거를 구체적인 행동으로 제시하고, 자신의 구체적 기대와 목표, 성장과 변화의 상태를 확인할 수 있도록 돕는 것이다.

예
- 문제가 아주 심각했을 때를 1점, 문제가 모두 해결된 것을 10점이라고 한다면, 오늘은 몇 점에 해당됩니까?
- 오늘의 상태가 5점이라고 했는데, 무엇이 어떻게 변하면 7점이 될까요?

⑥ 관계성 질문

클라이언트와 중요한 관계에 있는 사람들이 가지고 있는 생각, 의견에서 클라이언트를 보게 하는 질문이다. 클라이언트는 자신의 입장이 아닌 타인의 입장에서 상황을 보게 되면 이전에는 몰랐던 가능성을 발견해 낼 수 있다.

예
- 딸들이 아침에 일찍 일어난다면 어머니는 어떻게 반응하시겠습니까?
- 당신의 어머니는 이 상황에서 당신이 무엇을 해야 문제해결에 도움이 된다고 말씀하실까요?

4. 종결단계

종결단계의 과정에서는 개입을 통한 가족 성원들의 변화를 확인하고, 가족이 변화를 유지할 수 있도록 지원하며, 필요한 경우 사후 면접을 계획한다. 사후면접에서는 가족의 항상성을 유지하기 위한 자원을 규명하고, 가족이 성취한 목표를 점검하는 데에 초점을 맞춘다. 또한 종결단계의 과정의 주요 목적은 가족들이 긍정적인 변화를 지속적으로 유지할 수 있도록 하는 것이다. 따라서 종결단계의 과정에서 주목해야 할 점은 종결시기 판단기준과 종결과정에서 다루어야 할 내용이 있는데, 구체적인 내용을 살펴보면 다음과 같다(박귀영 외, 2017).

1) 종결시기 판단기준

(1) 개입목표가 달성되었을 경우

클라이언트가 가족치료를 통해 달성하고자 했던 개입목표가 이루어졌다고 판단하는 기준을 말한다.

(2) 긍정적인 변화가 있는 경우

개입이 더 이상 필요하지 않다고 판단될 정도로 긍정적인 변화가 있을 경우에 판단하는 기준을 말한다.

(3) 외부지원이 필요 없다고 판단되는 경우

가족체계 내에서 스스로 해결하기에 역부족하여 외부지원을 받다가 이제는 외부지원이 필요 없다고 판단될 경우에 판단하는 기준을 말한다.

(4) 개입효과가 없는 경우

더 이상 개입을 통해 여러 방법을 적용하였으나 지금까지의 방법으로는 개입의 효과가 없다고 판단하는 기준을 말한다. 이때는 기관 내에서 다른 전문가에게 이전을 하거나 타 시설로 의뢰하는 방법을 시도해야 한다.

(5) 동기가 상실되었을 경우

가족 구성원들이 문제를 해결해 보고자 하는 동기가 상실되었을 경우에 판단하는 기준을 말한다. 이때는 일시 종결하는 방법과 모든 서비스를 종결하는 경우를 택한다.

2) 종결과정에서 다루어야 할 내용

(1) 변화를 확인하기

사회복지사는 사회복지실천서비스를 통해 어떤 변화가 일어났는지, 무엇이 변화를 일으켰는지 이해할 수 있도록 원조와 경험에 대한 평가를 한다.

(2) 변화에 대한 자각 유도하기

사회복지사는 사회복지실천서비스를 통해 자신이 변화를 일으키는 데 기여한 것을 기억하게 될 때 이후의 도전을 해결할 역량을 갖추게 된다.

(3) 구체적 확인사항

사회복지사는 사회복지실천서비스를 통해 현재의 문제상태는 어떠한지, 어떤 변화가 일어났는지, 유사한 문제가 다시 생긴다면 어떻게 다룰 것인지, 문제에 대한 가족 성원들의 생각은 어떻게 달라졌는지, 종결에 대해 어떻게 느끼는지 등을 구체적으로 하나씩 확인해야 한다.

(4) 진전을 견고하게 하기

사회복지사는 사회복지실천서비스를 통해 달성된 목표를 유지하고 확립하는 방법을 강조하기 위해 미래에 대해 이야기하여 미래의 목표를 성취하는 전략을 개발하도록 도와주어야 한다.

(5) 종결 이후에 문제를 다룰 수 있도록 가족에게 준비시키기

사회복지사는 사회복지실천서비스를 통해 클라이언트의 가족의 변화를 주의 깊게 추적해 온 가족치료를 담당한 사회복지사는 클라이언트 가족이 종결하고자 할 때를 어림짐작할 수 있다. 따라서 종결이 완료되면 모든 것이 끝이 아니라 이후 어떤 사태가 일어날지 아무도 모른다. 그러므로 사회복지사는 차후에 발생할 수 있는 사태에 대해 가족들에게 대처법을 알려주어 준비하도록 해야 한다.

CHAPTER **11**

집단대상 사회복지실천기술

CHAPTER 11

집단대상 사회복지실천기술

제1절 집단의 개념 및 목적

1. 집단의 개념

집단은 인간의 집합체로서 지역사회나 사회가 형성될 수 있는 공식적 · 비공식적 구조를 제공하는 사회의 기본적 구성단위이다. 그리고 주요 타인과의 관계를 형성 · 유지할 수 있는 수단을 제공해 준다. 즉, 개인은 가족, 또래의 집단 등과 관계를 형성함으로써 바람직한 사회행동의 규범을 학습하고, 사회적 관계를 만족스럽게 유지할 수 있으며, 개인이 성취하고자 하는 목적을 확인할 수 있을 뿐 아니라 고통스러운 시기에 지지를 받을 수 있는 기회를 갖게 되는 등 다양한 혜택을 얻을 수 있다. 그러므로 인간은 일생 동안 집단을 떠나서는 생존해 나갈 수 없으며, 집단생활을 통하여 성장 · 발달해 간다(김종옥 · 권중돈, 2001).

즉, 우리 사회는 다양한 유형의 집단이 존재하고 어떤 유형의 집단에 초점을 맞추는가에 따라서 집단에 대한 개념이 달라질 수 있다. 호먼스(Homans, 1950)는 집단이란 상당한 기간 동안 서로 대화하는 다수를 말하는데, 간접적으로 다른 사람을 통해서가 아닌, 직접 대면을 통해 서로 대화가 가능한 정도의 작은 수의 사람들로 이루어져 있는 집합체라고 하였다. 또한 하트포드(Hartford, 1971)는 적어도 2명 이상의 개인이 모인 것을 집단이라고 정의하였으며, 터너(Turmer, 1987)는 집단이란 구성원들에게 심리적으로 중요한 집합체로서 사회 비교를 위해 또한 규범과 가치의 획득을 위해 구성원들이 스스로에게 주관적으로 연결시키는 것이고 그들이 사적으로도 그 소속감을 수용하고 그들의 태도와 행동에 영향을 주는 집단으로 정의하였다(이영실 외, 2015 재인용).

2. 집단의 목적

집단의 목적은 집단이나 구성원들이 추진해야 할 방향을 제시하고 집단 프로그램의 방향을 결정하는 지침이 된다. 따라서 집단의 목적이 불분명하고 구성원들의 의견이 일치하지 않는 집단은 실패하게 된다. 또한 집단의 목적은 집단경험과 활동을 통하여 집단과 집단 구성원들이 발전시키고 변화시킬 수 있기 때문에 토의를 거쳐 수정될 수 있다(이영실 외, 2010).

집단의 목적을 설정하기 위해서는 다음과 같은 조건이 필요하다.

첫째, 집단의 목적에 대한 이해와 집단 구성원들의 기대, 집단 내에서 성취될 수 있다는 믿음 등을 고려해야 한다.

둘째, 각 구성원들의 욕구와 기능수준에 대한 사정, 실천방법에 대한 사회복지사의 기대 등을 고려해야 한다.

셋째, 집단을 이끌어 가는 기관의 방침과 실천방법 등이 일반적인 사회적 기대와 목적에 일치되어야 한다.

제2절 집단이론 및 집단의 유형과 이점

1. 집단이론

집단에 대한 이론은 1930년부터 발달해 온 것으로 집단의 역동성을 변화의 매개체로 하여 집단 구성원들의 문제나 갈등을 해결하고 자기성장과 변화를 도모하려는 목적에서 발달하게 되었다. 집단이론의 발달은 장이론, 소시오메트리, 집단 상호작용 등이 있는데, 구체적인 내용을 살펴보면 다음과 같다(길귀숙, 2022; 엄명용 외, 2021).

1) 장이론

장이론은 레빈(Lewin, 1951)에 의해 정립된 이론이다. 장이론의 기본개념은 사람들이 일상생활을 할 수 있는 환경을 포함한 생활공간으로 심리적 · 정신적 또는 실제로 서로 도움을 주고받으며 의존하고 공존하는 모든 요인들을 의미한다(Lewin, 1951; 엄명용 외, 2021). 즉, 사람들이 가까운 곳에서 인식하는 것이든 인식하지 못하는 것이든 개인의 현재 상황과 행동에 영향을 미치는 모든 것이 포함된다. 이 이론의 초점은 사람들이 주어진 환경이나 상황 속에서 상호 연결된 요인들의 총합의 형태로 보았으며, 행동은 한 개인의 성격과 환경 간의 상호작용 기능이라는 것이다. 여기서 환경은 개인을 둘러싸고 있는 모든 체계(가족, 이웃, 종교, 인종, 전통, 규범 등)들이 포함된다.

레빈(Lewin, 1951)은 사람들의 행동을 이해하거나 예측하기 위해서는 개인과 환경의 상호의존적인 요인들을 총체적으로 고려해야 한다고 하면서 집단을 하나의 장 또는 체계로 이해해야 한다고 하였다. 즉, 집단을 하나의 체계로 이해하면 구성원들 간의 역동적 상호작용이 있기 때문에 집단이나 구성원들은 연속적으로 상호작용을 한다는 것이다.

2) 소시오메트리

소시오메트리(sociometry, 사회측정학, 계량 사회학)는 모레노(Moreno, 1951)에 의해 정립된 이론이다. 즉, 각각의 개인이 집단에 함께 모이게 되면 복잡한 대인관계망이 점차 발달하게 된다. 각 성원은 다른 성원에게 정서적인 반응을 보이게 되는데, 어떤 성원에게는 매력을 느끼는가 하면 어떤 성원은 거부하기도 한다. 이러한 감정들은 성원들 간에 교환될 수도 있지만 그렇지 않을 수도 있다.

이와 같은 과정에서 각각의 클라이언트의 선호도를 측정하여 도식화한 것이

소시오메트리이다. 소시오메트리는 집단 내에서 구성원들의 정서적 관계망을 강조하고 있는데, 정서적 관계는 주어진 환경 속에서 구성원들이 누구와 함께 어울리고 싶은가를 선택하는 것으로써 개개인의 상호작용 관계를 파악할 수 있다. 측정 방법은 집단 구성원 1명에게 다른 구성원들에 대한 선호도를 최저 1점(가장 선호하지 않는다)에서 최고 5점(가장 선호한다) 사이의 점수로 기록하게 하는 것이다. 예를 들어, 집단 구성원이 5명이라면 A(구성원)1 : 3점, A2 : 2점, A3 : 4점, A4 : 1점, A5 : 5점 등으로 각각의 구성원이 다른 구성원의 점수를 기록하여 제출하게 된다. 이렇게 측정된 결과는 집단 결속력이나 매력이 높은 집단일수록 낮은 집단보다 높은 점수를 얻게 된다.

3) 집단 상호작용

집단 상호작용은 베일즈(Bales, 1950)에 의해 개발되었다. 이 이론에서의 집단은 문제해결의 목적을 위해 상호작용하는 개인들의 체계로 설명된다. 따라서 관심의 초점은 구성원들의 의사소통 행위 양상과 결과에 있다. 집단 과업을 달성하기 위해 집단 성원들은 서로 탐색, 제안 혹은 의견 교환을 한다. 또한 집단 성원들은 집단 내의 긴장을 관리 · 통합된 집단을 유지하기 위해 사회 · 정서적인 문제를 다룬다. 이때 집단은 균형을 이룬 안정된 상태가 아니며, 감정과 과업 사이에서 혼돈을 겪을 수 있다. 따라서 집단의 문제해결 과정은 각각의 명확하고 규칙적인 방법에 따라 확실하고 순차적인 단계로 이루어지며, 집단은 주변 환경 안에서 사회체계에 적응하고 생존하고 발전한다.

2. 집단의 유형

집단의 유형에는 지지집단, 교육집단, 성장집단, 치유집단, 사회화 집단, 자조집단, 과업집단 등으로 구분할 수 있는데, 구체적인 내용을 살펴보면 다음과 같다(생각의마을, 2023).

1) 지지집단

지지집단은 집단 성원 간 상호원조를 통해 적응기술과 대처기술을 향상시키고 미래에 대한 희망을 고취시킴으로써 삶의 위기에 대처할 수 있도록 원조하는 집단이다. 지지집단의 목적은 성원들이 생활사건에 대처하고 이후에 효과적으로 대응할 수 있는 능력을 향상시키는 것이다. 또한 유사한 문제를 경험한 사람들로 구성되므로 성원 간 유대감 형성이 용이하며, 자기개방 수준이 높다. 즉, 사회복지사는 집단 성원들이 서로 원조하면서 지지와 정보를 제공하고 대처기술을 향상시키도록 돕는 역할을 한다.

예 이혼한 부부의 자녀로 구성된 집단, 암환자나 환자의 가족들이 질병과 그로 인한 영향 등에 대처하는 방법에 대해 토론하는 집단, 자녀양육의 어려움에 대해 공유하는 한부모 집단 등이 있다.

2) 교육집단

교육집단의 목적은 집단 구성원들이 자기 자신과 자신이 속한 사회를 잘 이해할 수 있도록 교육을 통해 원조하는 것이다. 교육집단은 주로 정보 전달과 교육을 위주로 운영하므로 강의 형태로 집단활동이 이루어진다. 또한 사회복지사가 정보를 제공하는 형태로 이루어지므로 집단 성원 간 자기노출 수준은 높지 않으며 병원, 학교, 교정기관 등에서 많이 활용된다.

예 청소년 성교육 집단, 부모역할 훈련 집단, 위탁부모 집단, 입양에 관심을 가지고 입양을 준비하는 부부 집단 등이 있다.

3) 성장집단

성장집단의 목적은 성원들의 자기인식 증진과 사고를 변화시키는 것이다. 성장집단은 질병의 치료보다는 집단 성원의 사회 정서적 건강 증진에 관심을 둔다. 또한 집단은 성원들이 자신의 능력을 최대한 발휘하기 위한 도구의 역할을 하며, 집단 성원 간의 자기노출의 정도는 높다.

예 참만남 집단, 퇴직을 준비하는 집단, 잠재력 개발 집단, 애니어그램을 통한 자기인식 향상 집단 등

4) 치유집단

치유집단의 목적은 집단 성원의 행동변화와 개인적인 문제의 변화 및 치료이다. 일반적으로 다소 심한 심리적 혹은 정서적 문제를 가진 개인들로 구성된다. 따라서 문제의 개선과 치료, 회복에 관심을 둔다. 사회복지사는 권위적 인물 또는 대리인으로서 역할을 수행한다. 또한 치유집단에서 집단 성원의 자기노출 수준이 높지만 개별 성원의 문제 정도에 따라 달라진다.

예 외래환자를 대상으로 한 정신치료 집단, 공황장애 치료를 받는 외래환자 집단, 금연, 집단, 약물중독자 회복 집단 등이 있다.

5) 사회화 집단

사회화 집단의 목적은 사회적 관계에서 어려움을 겪는 경우 사회적 기술을 습득하고 사회생활에 효과적으로 기능할 수 있도록 원조하는 것이다. 집단 성원들이 사회적 기술을 습득하고 사회적으로 수용되는 행동 유형을 배움으로써 사회에서 효과적으로 생활할 수 있도록 원조한다. 또한 사회화 집단의 구성은 주로 사회적으로 수용될 만한 행동이나 사회적 기술을 배우고자 하는 사람들로 이루어진다.

예 지역사회 적응을 준비하는 정신장애인 집단, 정신병동 환자 자치집단, 클럽 활동이나 스카우트 활동 등이 있다.

6) 자조집단

자조집단은 자신들의 공통된 문제를 서로 이야기하고, 서로 격려하며 서로 도움을 주고받는 집단을 말한다. 대표적인 집단으로는 단주집단(A.A. 집단), 정신장애인 가족회 등이 있다. 이 집단의 특징은 같은 문제를 가지고 있는 당사자들이

나 가족들의 공통된 목표, 집단 성원 간 대등한 관계, 높은 자발성, 집단성원 중 리더 선출 등을 들 수 있다.

(1) 자조집단과 지지집단의 유사점 및 차이점

① 자조집단은 유사한 문제나 욕구를 가진 성원들로 구성되어 비슷한 관심사를 공유한다는 점에서 지지집단과 유사하다.

② 자조집단은 사회복지사 같은 전문가가 주도적으로 집단 지도자 역할을 하지 않는다는 점에서 지지집단과 차이가 있다. 자조집단에서 사회복지사는 집단 형성 및 유지에 도움을 주거나 자문을 하는 등의 부분적 역할을 하며 집단에 대한 리더십과 통제는 집단 구성원에게 주어진다. 자조집단에서는 집단 성원 중에서 지도자가 선출된다.

7) 과업집단

과업집단은 특정 과업을 성취하는 것을 목적으로 구성된 집단이다. 일반적으로 사회계획이나 서비스의 조정, 정책수립, 집단 문제 해결, 사회행동, 조직이나 기관의 문제에 대한 해결책 모색, 새로운 아이디어 개발, 효과적인 원조전략 수립 등을 집단의 목적으로 한다. 과업집단은 조직과 기관의 문제에 대한 해결책 모색, 새로운 아이디어 개발 등에 주로 활용된다.

과업집단의 특징은 집단 성원의 개인적 성장보다는 집단의 목적 달성 및 운영에 대 한 지침을 만들어 가면서 의사를 결정하고 산출물을 만드는 것에 관심이 있다. 또한 과업 달성을 목표로 하기 때문에 집단 성원 간 자기개방 수준이 낮으며, 과업이 달성되면 집단이 해체된다.

예 이사회, 위원회, 팀, 대의원 회의, 사회행동 집단, 사례회의 집단 등이 있다.

3. 집단의 이점

집단의 이점으로 얄롬(Yalom, 1995)은 희망 주기, 경험의 보편성, 정보전달, 이타주의, 사회기술 발달, 모방적 행동, 대인관계 학습 제공, 집단 응집력, 감정의 정화, 실존적 요인, 1차 가족집단의 교정적 재현 등의 11가지로 나누었는데, 구체적인 내용을 살펴보면 다음과 같다(박병금 · 최은희, 2016; 생각의마을, 2023).

1) 희망 주기

집단 구성원들은 유사한 문제를 가진 성원이 집단활동을 하면서 점차 문제가 개선되거나 치료되는 것을 보면서 자신의 문제도 해결될 수 있다는 희망을 갖게 되는데 이것을 희망 주기라고 한다. 희망은 그 자체로 치료적 힘이 있다. 즉, 희망 주기는 희망증진 혹은 희망고취라고도 한다.

2) 경험의 보편성

클라이언트는 종종 자신의 불행한 측면은 남들과 달리 매우 독특하다고 믿으며 치료에 임한다. 즉, 그 어느 누구도 자신처럼 고통스럽고 두려운 감정을 가지고 있지 않을 것이라 생각한다. 집단을 통해 자신과 비슷한 문제를 가진 다른 성원들을 보면서 나 혼자만이 가지고 있는 문제가 아니라 자신의 문제가 보편적으로 일어나고 있다는 것을 발견하고 위안을 얻게 된다. 이러한 위안이 변화의 중요한 요인이 될 수 있다.

3) 정보전달

집단지도자의 교육 내용이나 집단 성원들이 제시하는 제안, 충고, 조언 등을 들으면서 집단 성원들은 새로운 지식과 기술 등 정보를 습득할 수 있게 된다. 이러한 정보는 집단 성원이 자신의 문제에 대해 명확하게 이해하는 데 도움을 준다. 정보전달은 정보 습득, 새로운 지식과 기술 습득이라고도 표현한다.

4) 이타주의

집단에 참여하는 성원들은 자기 중심적 사고에서 벗어나 타인에 대한 관심과 배려를 경험하고 그러한 삶의 태도를 배울 수 있다. 타인을 돕는 이타적인 활동을 경험하게 됨으로써 자신도 누군가에게 도움이 되는 존재임을 느끼게 되어 자아존중감이 높아진다.

5) 사회기술 발달

다양한 사람들과 모여서 대화를 하고 상호작용을 함으로써 다양한 사회기술이 개발된다. 집단은 성원들이 사회기술을 습득하고 이를 발달시킬 수 있는 안전한 장소이다. 집단 성원끼리 혹은 성원과 집단 지도자가 피드백을 주고받거나 역할극 등을 통해 사회기술이 개발될 수 있다.

6) 모방적 행동

집단의 지도자와 다른 성원들은 새로운 행동을 배우는 데 있어서 유용한 모델이 될 수 있다. 특히 초기단계에서는 지도자가 매우 중요한 역할을 한다. 다른 사람들의 행동을 관찰하는 과정에서도 치료적 효과를 얻을 수 있다. 집단 성원들의 행동은 서로에게 좋은 모방의 대상이 된다.

7) 대인관계 학습 제공

집단과의 상호작용을 통해 클라이언트는 자신에 대한 통찰을 얻고 자신이 갖기를 원하는 대인관계 방식을 직접 적용해 보거나 시험해 보는 경험을 할 수 있다. 더 나아가 집단은 자신의 새로운 관계형성 방식을 시험해 보는 장이 될 수 있다.

8) 집단 응집력

집단 내에서 발달하는 소속감이나 친밀감은 집단 성원들에게 긍정적인 변화를 일으키며, 클라이언트에게 위로와 용기를 제공한다.

9) 감정의 정화

집단 성원 자신의 문제에 대한 불안과 걱정, 두려움 등의 감정을 표현하면서 그 표현에 대해 수용받고 경험을 통해 감정이 정화되는 경험을 하게 되는데, 이를 감정의 정화 효과 혹은 카타르시스 효과라고 한다.

10) 실존적 요인

자기 자신의 인생에 대해서는 궁극적으로 자기 자신에게 책임이 있다는 것을 깨닫게 되는 효과이다. 집단 성원은 집단 활동과 경험을 통해 지지와 위안을 많이 받지만 한계가 있고, 결국 자신의 삶에 대한 책임은 자신의 것임을 알게 된다.

11) 1차 가족집단의 교정적 재현

집단은 가족과 유사한 점이 많다. 집단 성원 및 집단 지도자와의 관계는 부모나 형제자매들과의 상호작용을 재현하게 되는데, 이러한 상호작용을 통해 가족 내에서 경험했던 일 중 만족스럽지 못했거나 해결되지 않은 감정 등을 이해하게 되고 때로는 새롭게 교정하기도 한다. 이러한 효과를 1차 가족집단의 교정적 재현이라고 한다. 과거의 역기능적인 경험을 집단 내에서 재현할 뿐 아니라 집단 성원 간의 역동성 속에서 역기능을 경험하기도 하므로 이를 통해 성장할 수 있는 기회를 갖게 된다.

제3절 집단사회복지실천을 위한 구성요소

집단의 구성요소는 집단과 집단의 역동성, 집단 구성원, 집단지도력과 집단지도자, 공동지도력, 집단 프로그램 등으로 구분할 수 있으며, 구체적인 내용은 다음과 같다(김현호 외, 2021; 생각의마을, 2023; 이애재, 2022; 최선화, 2022).

1. 집단과 집단의 역동성

집단은 제1절에서 언급한 것처럼 공동의 관심사를 지닌 사람들이 공동의 목표를 달성하기 위해 지속적으로 상호작용하는 2인 혹은 3인 이상의 집합체를 의미한다.

집단의 역동성은 집단 내에서 상호작용을 통해서 자연적으로 발생하는 집단적 힘을 말한다. 집단 구성원들 간에 마음이 맞아 단결이 잘 되고 서로에 대한 매력이 강하게 되면 의기투합해서 큰 힘을 발휘하게 된다. 그러나 반대로 구성원들이 집단에 대해서 별로 관심이 없으며 소속감이 없고 에너지를 투입하지 않는다면 집단은 무기력해지거나 집단으로서의 존재가 불가능해질 것이다. 그러므로 집단이 형성되면 집단역동이 발휘되어 집단의 목적이 달성될 수 있도록 돕는 것이 필요하다.

이처럼 집단의 역동성 집단 내 의사소통과 상호작용, 집단의 매력, 집단의 응집력, 집단의 사회적 통제, 집단의 문화, 대인관계, 하위집단 등과 같은 구성요소에 영향을 받는데, 이에 대한 구체적인 내용은 다음과 같다.

1) 집단 내 의사소통과 상호작용

집단 내에서 구성원들은 언어적 · 비언어적 의사소통을 통해서 상호작용을 한다. 의사소통은 정보, 감정, 태도와 포괄적인 메시지를 전달받고 보내고 받은 메시지를 해석하고 반응하는 복잡한 과정이다. 이러한 의사소통을 통해 집단 구성원들은 상호작용을 하게 되는데, 의사소통이 개방된 집단은 집단 구성원들이 자신의 문제와 집단의 문제를 직면하고 해결하려는 기회를 제공한다. 따라서 집단 구성원들은 개방된 의사소통으로 사회복지사 중심의 상호작용을 억제하고 집단 중심의 상호작용을 촉진시켜야 한다. 또한 집단중심의 상호작용은 집단 구성원들이 자유롭게 각자의 생각을 이야기하면서 편안한 마음으로 공감하고 상호작용하는 것을 의미한다.

2) 집단의 매력

집단의 매력은 집단이나 구성원들 간에 상호작용을 통해 서로에서 끌리는 정도를 의미한다. 이러한 매력은 집단 구성원들이 집단에서 잃는 것보다 얻는 것이 많을 때 발생하게 되는데, 집단 구성원들은 집단 활동에 참여함으로써 불안이 해소될 수도 있고 심리적 안정감을 얻을 수도 있다.

3) 집단의 응집력

집단의 응집력은 집단에 참여하는 구성원들이 집단에 대해서 느끼는 매력으로 지속적으로 남아서 참여하게 만드는 힘을 말한다. 집단응집력은 집단 구성원들이 느끼는 소속감과 친밀감으로 응집력이 강하면 집단의 목표를 효율적으로 달성할 수 있게 된다. 집단 구성원들이 소속감을 가지고 친밀감을 가지게 되는 근거로는 다른 참여자들에 대한 매력과 다른 참여자들을 좋아하거나 집단활동 자체가 흥미롭고 유익하기 때문에 또는 집단에서의 지위가 갖는 매력 등 여러 가지가 있다. 일반적으로 유사성을 가진 집단으로 구성될 때 응집력이 증가하며 이러한 유사성에는 연령, 성별, 지위 또는 당면 문제, 문제해결기술, 취미 등이 있다. 따라서 집단 구성원들 간의 속성이나 행동이 극단적으로 차이가 나지 않으며 집단에 대한 이해나 활동에 대한 이해에서도 큰 차이를 느끼지 않게 구성하는 것이 바람직하다.

4) 집단의 사회적 통제

집단의 질서를 유지하기 위해서 구성원들로 하여금 일정한 방식에 따르도록 하는 통제력을 의미한다. 집단을 통제하기 위해서는 규범, 지위, 역할이 필요하다.

규범(norm)은 집단 내에서 적절한 행동에 대한 구성원들 간의 합의로 제정되는데, 구체적인 행위뿐만 아니라 집단 내에서 허용 가능한 전반적인 표준을 규정한 것이다. 이러한 규범은 집단 내에서 구성원들에게 적절한 행동을 하도록 통제하고 안정시키는 기능을 하게 된다.

지위(status)는 집단 내의 하위체계 안에서 다른 구성원들과 관련하여 개인이 차지하고 있는 위치를 의미한다. 역할(role)은 집단 내에서 특정한 위치를 차지하고 있는 개인에게 기대되는 활동 및 행동의 양식을 의미한다. 이러한 지위와 역할은 집단 내에서 지위에 따라 수행해야 할 구체적인 과업이나 기능과 관련된 역할 등은 규범으로 규정하게 된다.

따라서 한 집단에서 구성원들이 각자의 지위와 역할에 충실할 때 그 집단은 응집력이 강화되고 역동성이 향상된다.

5) 집단의 문화

집단 구성원들이 공통적으로 갖는 가치, 신념, 관습, 전통, 규범, 활동 등을 의미한다. 이러한 문화는 집단 구성원들의 규범에 일치하는 행동으로부터 형성되고, 서로가 의사소통을 통해 이해하고 공통된 가치나 신념 등을 찾아내는 과정 속에서 형성되는데, 동질적일수록 빠르게 형성되고 이질적일수록 늦게 형성되는 특징이 있다. 또한 집단의 문화는 집단에 대한 매력, 집단 내의 상호 지지적 분위기, 집단의 목적 달성에 많은 영향을 미치게 된다.

6) 대인관계

집단 내에서 구성원들은 의사소통과 상호작용을 통하여 자신의 의견과 사실을 전달할 뿐만 아니라 긍정적 또는 부정적 감정을 전달하기도 한다. 구성원들은 집단에 매력을 느끼고 긍정적 감정을 갖는다면 문제가 없지만 일부 구성원들은 부정적 감정을 느끼거나 대인관계의 어려움을 겪을 수 있다. 대인관계의 어려움을 겪는 구성원들은 배타적이거나 남을 배려하지 못하면서 자기애적인 대인관계를 갖는 구성원이다. 이러한 구성원은 다른 구성원들을 인격적으로 대하거나 타인의 관심사에 적절하게 반응하거나 대응하는 능력이 부족할 수도 있는데, 사회복지사는 집단의 목적달성에 부합될 수 있도록 집단 구성원들이 개별적이고 자기중심적인 것보다 집단중심적이고 집단의 발전에 기여할 수 있도록 구성원들을 이해시키며 통합된 행동과 리더십이 필요하다.

7) 하위집단

집단 구성원들의 일부가 정서적 결속이나 서로 매력을 느끼면서 형성되는 집단을 의미한다. 이러한 하위집단은 집단의 존립과 상호작용에 중요한 영향을 미치는데, 다른 하위집단 간에 서로 경쟁하거나 협력할 수도 있지만 다소 우위에 있는 하위집단은 집단에 대한 통제력을 행사하려고 시도할 때는 다른 하위집단과 갈등을 유발할 수도 있다. 이러한 경우 사회복지사는 구성원들의 의사소통의 질이나 그들의 어울림 등을 관찰하고 소시오그램을 활용하여 하위집단을 파악해서 각자의 역할과 지위를 부여하여 집단 내 결속력을 강화시키는 것이 필요하다.

2. 집단 구성원

집단 구성원은 개인적으로 성장, 학습, 치료 등의 목적을 가지고 집단에 소속된 사람들이다. 이러한 구성원들은 정서적 · 사회적 문제를 가진 사람들로 변화, 재활, 치료 등의 목적을 가지고 있거나 정서적 안정 및 사회성 발달이라는 목적을 가지고 있다. 또한 일부 구성원들은 특정한 문제는 없지만 건전한 발전과 성장, 민주적 생활 방식의 교육과 훈련, 그리고 문제 발생의 예방 차원에서 집단의 구성원이 되기도 한다. 따라서 이러한 구성원들은 대부분 자발적으로 집단에 참여하지만 의뢰나 강요에 의해서 비자발적으로 참여하기도 한다.

3. 집단지도력과 집단지도자

1) 집단지도력(leadership)

의사소통을 통하여 집단목표를 달성하고자 영향을 주는 제반 힘과 과정을 말한다. 집단 활동에 관계하는 모든 성원이 가능한 한 최대의 만족감을 가지고 효과적인 목표달성을 위해 행동하도록 하는 작용을 말한다.

구체적으로 한 집단에서 타인의 행동에 영향을 미치는 것이며, 또한 이를 위해 그 집단이 추구해야 할 목표와 그 목표의 달성방법을 최종적으로 결정하고, 나아가 그 집단의 규범인 특정한 사회적 규범을 창출해 내는 행동이라고 할 수 있다.

2) 집단지도자(leader)

집단의 목표를 성취하기 위해 집단에 영향을 주거나 집단을 지도하는 사람을 말한다. 집단사회복지실천에서 집단지도력은 일반적으로 공식적으로 집단을 이끌도록 지도자로 위임된 사람인 사회복지사가 수행하지만, 집단이 발달하면서 집단 성원들 사이에서 비공식적인 집단지도력이 발생하기도 한다.

보통 지도력은 사회복지사에 의해 단독으로 실행되지 않으며 사회복지사는 집단 성원들이 그들 스스로에 대해서 그리고 전체로서의 집단발달에 대해 책임지면서 집단 성원 자신의 힘을 발휘할 수 있도록 격려한다. 집단지도자로서 사회복지사는 집단과 개인이 바라는 목적을 달성할 수 있도록 집단 안팎에서 리더로서의 영향력을 행사한다.

집단지도자는 집단 내부에서 전체로서의 집단역동성을 변화시키기 위해 또는 개별성원들의 변화를 위해 개입한다. 집단 밖에서는 집단 및 성원들이 기능하고 있는 환경에 영향을 주기 위해 개입한다(생각의마을, 2023).

〈표 11-1〉 집단지도자로서 사회복지사의 역할

역 할	내 용
조력자 (enabler)	집단 성원이 개별목표를 달성할 수 있도록 계획을 수립하고 목표달성 활동에 대한 자신의 감정과 관심사를 표현하도록 격려한다.
중개자 (broker)	집단 성원이 목표를 달성하는 데 이용할 수 있는 자원을 파악하여 그들에게 알려주며 자원과 연결될 수 있게 한다.
중재자 (mediator)	집단 성원 간의 갈등이나 상반되는 관점 등을 해결할 수 있도록 원조하는 집단사회복지사의 역할이다. 예를 들어, 부모에 대한 반항심으로 학교에 불을 지른 학생에게 학교는 퇴학 처분을 내렸고, 부모는 이 결정에 반대하며 소송을 제기하였다. 이 상황에서 사회복지사가 중간에서 적절한 방법을 모색하고자 하였다면 이때 사회복지사는 중재자의 역할을 하고 있는 것이다.
옹호자 (advocator)	필요한 서비스나 자원을 얻지 못하는 클라이언트를 대신하여 그들의 관심과 욕구를 대변하여 새로운 서비스나 자원을 개발하는 것을 원조한다.
교육자 (educator)	클라이언트의 사회적 기능이나 문제해결능력이 향상될 수 있도록 교육적인 프로그램이나 정보를 제공하고 새로운 행동을 보여주어 행동모델이 되며 문제 상황에서 어떻게 극복하는지에 대한 역할연습 등을 교육한다.

출처 : 황인옥(2018).

4. 공동지도력

1) 공동지도력의 개념

공동지도력(co-leadership)은 한 집단에 두 명 이상의 지도자를 두는 것을 말한다. 일반적으로 한 명의 집단지도자가 한 집단을 지도하지만 특별한 목적이 있거나 집단의 효과성을 위해 두 명의 전문가가 공동지도하는 경우도 있다.

2) 공동지도력의 장점

① 지도자들이 각자 지지적 자원을 얻고 상대로부터 환류를 얻을 수 있다.

② 역할분담으로 인해 지도자의 소진(burn-out)을 예방할 수 있다.
③ 공동지도자의 참석으로 역전이를 어느 정도 예방할 수 있다.
④ 갈등이 발생했을 때 집단 성원들에게 적절한 갈등해결방법을 보여줄 모델이 될 수 있다.
⑤ 프로그램 활동, 상황, 재현, 역할극 등을 수행할 때 서로 원조할 수 있다.
⑥ 공동의 목적을 나눔으로써 지도자의 능력을 배가시킬 수 있다.
⑦ 경험이 부족한 초보 집단지도자의 훈련에 용이하다.

3) 공동지도력의 단점

① 공동지도자 간에 화합할 수 없으면 집단지도에 일치성이 떨어지며 제대로 기능하지 않으면 역할모델로서의 기능을 할 수 없다.
② 지도자 각자의 역할에 대한 토론이 부족하면 의사소통에서 문제가 발생한다.
③ 지도자 간에 권력다툼이나 갈등이 생길 수 있으며, 경쟁관계가 발생할 수 있다.
④ 한 지도자가 다른 지도자에 대항하여 집단 구성원들과 결탁할 수 있다.
⑤ 집단지도자 자신들의 개인적 문제를 해결하기 위해 집단을 이용할 수 있다.
⑥ 두 명의 지도자는 집단 프로그램 비용의 증가를 가져온다(이애재, 2022).

4) 공동지도력 활용 시 유의점

① 공동지도력을 활용할 경우 집단 지도자 간 갈등이나 문제가 발생하지 않으려면 공동지도자들이 함께 많은 시간을 보내고 모임을 전후하여 서로 의견을 나누고 다음 모임을 계획하여 역할과 관계를 명확히 해야 한다.
② 공동지도자 간 갈등에 집단 성원들이 개입되지 않도록 주의해야 한다(생각의마을, 2023).

5. 집단 프로그램

집단 프로그램은 집단 구성원들의 상호작용 촉진과 목적 달성을 위해 변화를 시도할 때 활용되는 프로그램을 의미한다. 프로그램을 적용할 때 사회복지사는 프로그램을 적용할 시기를 결정하고 적절한 프로그램을 선택하는 것이 중요하다. 구성원들의 참여를 적극적으로 유도하고 프로그램의 안정성을 고려하여 선택해야 한다. 게임, 미술치료, 역할극, 무용, 스포츠, 레크리에이션, 팀 활동 등의 많은 프로그램이 활용될 수 있다.

이러한 프로그램을 활용하기 위해서는 구성원들의 특성에 맞게 적절한 프로그램을 선택하고 프로그램의 목적과 목표설정, 활동내용(환경, 자원, 시간) 등을 구체화하여 실행하게 된다.

제4절 집단대상 사회복지실천기술의 개념 및 특징

1. 집단대상 사회복지실천기술의 개념

인간은 태어나면서 가족이라는 집단에 소속되고 집단을 통해 성장과 발달을 하며 평생을 살아가는 동안 다양한 집단과 상호작용을 하게 된다.

집단사회복지실천은 집단을 도구 또는 매개체로 활용해 의도적 집단경험을 제공함으로써 개인의 욕구충족과 기능강화, 개인이나 집단의 문제해결 등을 목적으로 사회자원을 동원하여 원조하는 사회복지실천의 한 분야라고 할 수 있다(홍봉수 외, 2022). 즉, 특정한 문제와 욕구가 있는 사람이나 건강한 개인들로 구성된 집단을 대상으로 상호작용을 지도하는 사회복지사가 개인, 집단, 그리고 환경 수준의 프로그램 활동 경험 및 기술을 통하여 개인과 집단의 사회적 성장과 발전을 도모하기 위해 실천하는 것을 의미한다(구혜영, 2010).

트렉커(Trecker, 1972)는 집단사회사업은 사회복지의 한 방법으로 집단에 속한 개인은 프로그램 활동을 통하여 상호작용을 지도하는 전문가의 도움을 받아 그들의 욕구와 능력에 따라 타인과의 관계나 성장의 기회를 경험하며, 나아가 개인 · 집단 · 사회의 발전을 도모하고자 노력하게 된다고 하였다. 또한 프레스톤 슈트(Preston-shoot, 1987)는 집단사회사업은 개별사회사업의 대안이 아닌 독특한 사회사업의 한 방법으로 집단을 통해 각 성원들은 수많은 대인적 관계를 경험하고 서로 함께 집단역동을 일으켜 집단성과에 기여하고, 집단 안에서 그들의 목표를 달성하게 된다고 하였다(이애재, 2022 재인용). 따라서 집단사회복지실천은 목표 지향적으로 의도적인 집단경험을 통하여 개인의 사회적 기능수행을 대처해 나갈 수 있도록 도움을 제공하는 실천활동이라고 할 수 있다(설진화, 2010). 이러한 실천은 집단경험의 효과가 최대화될 수 있는 소집단을 활용하고, 문제를 가진 개인과 건강한 개인들을 같이 구성하여 상호작용 속에 상부상조할 수 있도록 구성하여 전문가인 사회복지사의 원조와 지도에 의해서 실천되고 있다.

2. 집단대상 사회복지실천의 특징

집단대상 실천은 의도적인 집단경험을 통하여 개인의 목표 혹은 집단의 목표를 달성하는 사회복지실천의 한 방법이다. 이러한 집단 사회복지실천의 특징은 다음과 같다(황인옥, 2018).

① 집단에서는 의도적인 집단경험이 중시된다. 따라서 집단사회복지실천은 의도적인 집단경험을 강조한다.

② 집단사회복지실천은 개인의 목표 혹은 집단의 목표를 달성하려는 목표 지향적 활동이다.

③ 집단의 영향력을 서비스의 매개물로 간주한다. 집단은 서로에게 영향을 미치고 영향을 받는 역동적인 상호 관계를 가지고 있으며, 집단사회복지실천에서는 그러한 집단의 영향력을 서비스의 매개물로 간주한다.

제5절 집단사회복지실천 모델

집단사회복지실천 모델은 파펠과 로스만(Papell & Rothman, 1966)이 제시한 사회적 목표 모델, 상호작용모델, 치료모델 등으로 구분되는데, 구체적인 내용을 살펴보면 다음과 같다(길귀숙 외, 2022; 도광조, 2021).

1. 사회적 목표 모델

사회적 목표 모델은 초기 집단사회사업이 실천될 때부터 존재한 전통적인 모델이다. 장기적인 목적은 더 나은 민주사회 건설이기 때문에 민주적 집단과정을 중요시하며 사회복지사는 소집단 내에서 민주적 절차를 개발·발전시키는 것이다. 이 모델은 지역사회내의 범죄, 빈곤과 같은 문제를 다루기 위해서 지역복지관이나 시민조직에서 활용된다. 집단 활동은 성원들의 사회화를 촉진할 수 있는 토론, 캠핑 및 교육 프로그램을 활용한다. 사회복지사의 역할은 성원들에게 영향력을 끼치는 자, 가능케 하는 자로서 성원들이 합심하여 결정을 내려 일하도록 도와 그들의 권한을 강화시켜 사회가 그들의 욕구에 좀 더 반응적이 되도록 하는 것이다.

2. 상호작용모델

상호작용모델은 집단 성원 간, 개인과 집단 간 상호작용, 상호관계에 초점을 두고 성원 간 상호 지지체계 형성과 대인관계 향상을 강조한다. 지금-여기를 강조하면서 현재의 집단과 현재의 개인행동, 관계에 주안점을 둔다. 상호작용모델은 집단과 개인 모두의 선을 위한 집단과 개인의 상호작용을 강조하는 입장으로, 이 모델에서 집단사회복지사는 자료 제공자 또는 중재자 역할을 하게 된다.

3. 치료모델

치료모델은 임상 지향적인 치료모델로서 집단 성원들 간에 상호작용을 촉진하여 변화를 이끌어 내는 것이다. 개입의 초점은 집단 상호작용을 활용하여 성원들의 역기능적인 행동과 문제를 치료하고 재활을 돕는 것이다. 사회복지사는 전문적 기술을 적용하여 개인들이 자기 인식을 하도록 돕고 사회적 기능을 향상시키도록 돕는 변화매개인의 역할을 한다. 집단은 개인들이 좀 더 새롭게 적합한 기능을 하도록 고무하고 지지한다. 집단활동은 성원의 행동 변화를 일으키기 위해 구조화된 개입을 하거나 직·간접적 영향력을 끼친다. 이 모델은 임상기관, 교정시설, 정신병원, 기타 치료 중심 프로그램에서 가장 자주 활용된다.

제6절 집단사회복지실천 지도 기술 및 원칙

1. 집단사회복지실천 지도 기술

집단사회복지실천 지도 기술은 집단과정 촉진 기술, 자료수집과 사정 기술, 행동 기술 등으로 구분되는데, 구체적인 내용을 살펴보면 다음과 같다(생각의마을, 2023).

1) 집단과정 촉진 기술

집단과정 촉진 기술은 집단 성원 간 이해를 증진시키고 개방적 의사소통을 촉진하며, 신뢰감 형성에 도움을 주기 위해 사회복지사가 사용하는 개입기술이다.

(1) 집단 성원 참여 촉진 기술

집단지도자가 모든 집단 성원이 집단 활동에 참여할 수 있도록 소외되거나 침묵하는 성원을 집단 활동에 참여시켜 자신의 경험을 나누고 문제해결 방법을 찾을 수 있도록 돕는 기술이다.

(2) 주의집중 기술

집단지도자가 집단 성원이 하는 말이나 행동을 보고 그 의미를 이해하고 있다는 것을 나타내는 기술이다.

(3) 표현 기술

집단 성원들이 자신의 문제나 과업 등에 대한 느낌이나 생각을 자유롭게 표현할 수 있도록 원조하는 기술이다. 사회복지사는 자기개방을 통해 이를 촉진할 수 있다.

(4) 반응 기술

사회복지사가 특정한 집단과정에 선별적으로 반응하여서 다음에 이루어질 집단과정에 영향을 미치는 기술이다. 이를 통해 집단이 적절한 방향으로 나아갈 수 있도록 한다.

(5) 집단 성원의 의사소통 초점유지 기술

집단과정의 특정 영역에 초점을 유지함으로써 집단의 흐름과 관련 없는 의사소통은 감소시키고 주제와 관련된 내용을 심층적으로 탐색하게 하는 기술이다. 명료화, 특정 의사소통의 반복, 토론 범위의 제한 등을 통해 의사소통의 초점을 유지할 수 있다.

(6) 집단과정의 명료화 기술

집단과정이 어떻게 이루어지고 있는지 또는 어떻게 성원들이 서로 상호작용하고 있는지 집단 성원들이 인식할 수 있도록 돕는 기술이다. 집단지도자는 집단규범이나 성원의 역할, 특정한 상호작용의 형태 등을 지적하거나 그러한 것들이 만족스러운지 물어봄으로써 집단과정을 명료화할 수 있다.

(7) 내용의 명료화 기술

집단 성원의 상호작용 내용을 명료화하는 기술이다. 집단 성원들이 자신을 분명히 표현할 수 있도록 돕고 성원들이 주고받는 메시지를 제대로 이해했는지 물어봄으로써 내용을 명료화할 수 있다.

(8) 집단 상호작용의 기술

집단지도자가 집단의 상호작용을 특정한 방향으로 이끄는 기술이다.

2) 자료수집과 사정 기술

자료수집과 사정 기술은 집단 성원 간 이루어지는 의사소통 유형에 어떤 영향을 미칠 것인가를 계획하고 집단목적의 성취를 위해 어떤 기술을 사용할 것인지를 결정하는 데 유용한 기술이다.

(1) 확인 및 묘사 기술

집단 성원들이 특정 상황을 파악하고 묘사할 수 있도록 원조하는 기술이다. 집단지도자는 성원이 상황을 여러 각도에서 파악할 수 있도록 다양한 틀을 제시하거나 대안적 해석을 제시한다.

(2) 정보요청, 질문 및 탐색 기술

정보제공을 요청하고 질문하고 탐색하는 기술이다. 이를 통해 집단지도자는 문제와 관심사를 명확히 하고 집단 성원에게 추가적인 정보를 파악할 수 있다.

(3) 정보의 요약과 세분화 기술

논의된 핵심을 요약하거나 복잡한 문제나 사안을 작은 단위로 나누는 기술이다. 집단이 직면하고 있는 문제나 관심사에 대해서 토론할 때 사용한다.

(4) 사고, 감정, 행동의 통합 기술

사고, 감정, 행동의 통합 기술은 언어적 · 비언어적 의사소통을 통합하는 기술이다. 집단 성원들의 말이나 행동의 의미를 연결하며 드러나지 않은 생각과 느낌을 분명히 하는 것 등이 포함된다.

(5) 정보 분석 기술

정보 분석 기술은 자료의 유형을 파악하고 자료 간의 차이를 발견하며 평가에 필요한 자료를 획득할 수 있는 방법이나 기제를 설정하는 것이 포함된다.

3) 행동 기술

행동 기술은 집단의 목적과 과업을 성취하도록 원조할 때 사회복지사가 사용하는 기술이다.

(1) 지지하기

지지하기 기술은 집단지도자가 집단 성원 간 서로 관심사를 공유하고 자신의 의견과 감정을 표현하도록 격려하며, 집단 성원의 장점을 알려주고 그들의 요구에 반응함으로써 집단 성원을 지지하는 기술이다.

(2) 재구조화, 재정의

재구조화 혹은 재정의는 집단 혹은 집단 성원이 직면한 관심사와 이슈를 다양한 각도에서 바라봄으로써 문제해결에 도움이 되는 생각이나 행동을 취하도록 원조하는 기술이다.

(3) 집단 성원 간 의사소통 연계 기술

집단 성원 간 의사소통이 활발하게 일어날 수 있도록 돕는 기술이다. 예를 들면, 어떤 성원이 이야기할 때 그에 대해 다른 성원들은 어떻게 생각하는지 표현하도록 제안하는 것이다.

(4) 지시

특정한 행동을 하도록 지시하는 기술이다. 집단 성원이 프로그램 활동에 참여하도록 지시하기도 하고 토론을 이끌어 가는 것 등이다.

(5) 조언, 제안, 교육

문제해결에 도움이 되는 행동이나 방법에 대해 조언하거나 제안하고 또는 새로운 방법을 교육하는 것이다.

2. 집단사회복지실천의 원칙

집단사회복지실천의 원칙은 개별화의 원칙, 수용의 원칙, 참가의 원칙, 체험의 원칙, 개입의 원칙, 규범의 원칙, 지속적 평가의 원칙 등의 일곱 가지로 구분할 수 있는데, 구체적인 내용을 살펴보면 다음과 같다(손광훈, 2013; 이영실 외, 2015; 황인옥, 2018 재인용).

1) 개별화의 원칙

집단 성원의 성장을 돕기 위하여 개인의 욕구에 대응한다. 각 개인의 고유한 상이성을 인정한다. 다양한 특성을 지닌 집단을 하나의 집단으로 인정한다.

2) 수용의 원칙

집단 성원을 있는 그대로 인정하고 받아들인다.

3) 참가의 원칙

집단 성원의 참여를 촉진하기 위해 지지한다. 각 성원이 자신의 능력에 따라 참여하도록 격려하여 능력을 향상시킨다.

4) 체험의 원칙

대인관계와 성취의 새롭고 다양한 경험을 할 기회를 제공한다. 집단 성원 성장의 기회인 집단과정을 통한 문제해결 경험과 사회생활의 기본 태도를 학습시킨다.

5) 개입의 원칙

집단이 직면하는 어려움을 해결하기 위해 개입한다. 성원이 점차적으로 만족스러운 갈등해결 방법을 경청할 수 있도록 원조한다.

6) 규범의 원칙

집단 활동에 필요한 최소한의 규범을 설정한다. 집단 성원 규범을 통한 제한과 통제가 집단에 대한 집단 성원의 책임과 의미 및 역할수행을 다하게 한다.

7) 지속적 평가의 원칙

집단 성원 개개인의 성장과 집단의 성장을 가져오게 하기 위해 과정에 대한 지속적 분석과 평가를 한다.

제7절 집단의 단계에 따른 사회복지실천기술

집단의 단계에 따른 사회복지실천기술은 준비단계, 초기단계, 사정단계, 중간단계, 종결단계로 구분되는데, 구체적인 내용을 살펴보면 다음과 같다.

1. 준비단계

준비단계는 시작단계 혹은 계획단계라고 한다. 집단을 계획하고 집단 성원을 모집하는 단계이다. 즉, 준비단계는 집단의 목적과 목표 설정, 구성원 확인 및 정보수집, 집단 구성원 모집, 집단구성, 집단 크기, 모임 장소, 모임 빈도와 존속기간, 오리엔테이션, 계약 등의 순으로 구분된다. 구체적인 내용은 다음과 같다(이태희 외, 2019; 최선화, 2022; 홍봉수 외, 2022; 황인옥, 2018).

1) 집단의 목적과 목표 설정

집단의 목적과 목표는 집단 구성원 개개인의 욕구를 고려해 집단지도자 또는 기관 직원에 의하여 결정한다. 집단의 목적은 집단과 집단 구성원에게 방향과 지침을 제공하며, 집단 구성원이 비생산적 경험을 하거나 좌절을 느끼지 않도록 한다. 집단의 목적은 사회복지사와 집단 구성원들의 토론을 통해 수정될 수 있다.

2) 구성원 확인 및 정보수집

집단 구성원을 모집하기 전에 집단의 목적과 목표에 적합한 잠재적 구성원을 확인하고 각 구성원의 정보를 수집한다.

3) 집단 구성원 모집

잠재적 집단 구성원에 대한 정보를 수집하고 집단에 적합한 구성원을 결정한다. 결정된 구성원을 대상으로 모집계획을 세운다. 모집 방법에는 구성원과의 직접적 접촉, 안내문 제시, 홍보, 인쇄물 배포 등이 있고 동시에 게시판이나 기관지에 광고를 내거나 지역사회 사람들이 많이 모이는 장소에 팸플릿 등을 만들어 배포하고 홍보하는 방법도 있다. 광고 내용에는 집단의 목적과 구성원의 선택기준을 기술한다.

4) 집단구성

집단구성은 집단을 어떻게 구성할 것인가에 대한 것이다. 모든 잠재적 구성원들이 특정 집단의 구성원이 되기에 적합한 것은 아니다. 집단의 구성이 잘못되면 그 집단은 오래가기 어렵고, 응집력이 떨어져 목적을 달성하기 어려워진다. 집단구성에서 선택해야 할 사항을 살펴보면 다음과 같다.

(1) 동질적 집단

집단 구성원의 동질성이란 성원들의 집단참여 동기, 목적, 문제 등과 함께 인구사회학적 특성들이 유사해야 함을 의미한다. 또한 집단 구성원들의 나이, 교육수준, 문제 유형 등이 유사할 때 집단 구성원들 간의 상호작용이 더욱 활발해질 수 있다. 집단을 계획함에 있어 특정 유형의 동질성이 기본적으로 요구되는 때도 있지만, 일반적으로 집단 동질성의 특성은 제한적이다.

예를 들면, 사회복지사는 학대받는 배우자, 알코올 중독자, 성적으로 학대받는 아동, 한부모, 임종환자 등을 대상으로 집단을 계획할 수도 있으며, 동질적 집단의 성원들은 서로를 더 빨리 알게 되며, 특히 집단의 초기단계에서 더욱 편안함을 느끼게 된다.

(2) 이질적 집단

집단 구성원의 이질성이란 성원들의 주요 특성에 차이가 있다는 것을 의미한다. 서로 다른 인생 경험, 전문적 기술 수준, 대처유형 등을 가지고 집단에 참여하는 개인들은 집단에 양념 역할을 하여 활동 과정을 용이하게 한다. 이러한 다양성은 집단 구성원들에게 광범위한 관점과 견해를 제공한다.

서로 상이한 관점과 비판은 성원들이 자신의 문제를 다양한 관점에서 검토할 수 있게 하며, 이질성은 성원들이 여러 유형의 사람들로부터 학습하여 연관시킬 수 있는 경험을 제공한다. 즉, 각기 다른 능력과 경험을 지닌 성원들로부터 상호간에 배울 수 있는 다양한 기회를 제공한다는 것을 의미한다.

(3) 개방집단과 폐쇄집단

집단을 구성할 때는 집단의 개방수준을 고려하여 개방집단과 폐쇄집단으로 구분할 수 있다(표 11-2 참고).

〈표 11-2〉 개방집단과 폐쇄집단

구 분	개방집단	폐쇄집단
특 징	• 새로운 성원이 언제든지 참여할 수 있는 집단이다. • 다양한 집단 성원의 참여를 유도하기 위해 개방집단으로 구성한다.	• 집단이 시작될 때부터 끝날 때까지 같은 성원들로 유지된다. • 집단 연속성을 높이기 위해 폐쇄집단으로 운영한다.
장 점	• 당장 도움이 필요한 사람에게 유용하다. • 다양한 자원과 아이디어를 활용할 수 있다.	• 동일한 성원으로 유지되므로 집단응집력 향상과 자기개방이 용이하다.
단 점	• 집단 성원의 잦은 교체로 응집력 형성이 어렵다. • 집단 발달단계를 예측하기 어렵다.	• 성원이 줄어들면 의미 있는 상호작용이 어렵고, 집단 운영이 불가능할 수 있다.
예	• 당뇨환자 자조모임 • 부모교육 강연회에 소그룹이 형성된 집단 • 정신과 병동에서 이루어지는 사회기술 훈련집단 • 암환자 가족들을 위한 정보제공 집단	• 학대아동, 성매매 여성집단 • 알코올중독자 치료 모임 • 학교폭력 피해아동의 외상 치유집단

출처 : 황인옥(2018).

5) 집단의 크기

집단 크기는 구성원들의 만족도, 상호작용, 집단의 목적달성에 영향을 미친다. 집단의 구성원들이 많을수록 개별적인 관심은 더 적게 받고, 구성원 간의 상호작용은 적어지며, 스트레스와 의사소통의 장애를 경험할 확률은 많아지지만 문제해결 기술과 자원은 더 풍부해질 수 있다. 하지만 집단 구성원들이 적으면 적을수록 구성원들의 참여 및 친밀성은 더 많아지고 사회복지사도 구성원들에게 쉽게 다가갈 수 있다는 장점이 있다. 레이드(Reid)는 친밀한 관계 형성을 위한 적정 인원을 5~12명이라고 하였으며, 구성원들이 결석을 하기도 하고 집단 진행과정에 일부가 낙오될 수 있다는 점을 고려하여 최소한 8명으로 구성할 것을 제안하였다(Reid, 1997).

6) 모임 장소

집단 활동을 위한 공간은 구성원들이 쉽게 접근할 수 있는 접근성을 고려해서 모임의 목적에 맞는 쾌적한 공간이 요구된다. 집단 활동을 위한 공간설정에서 고려해야 할 점은 공간의 크기로, 너무 크면 썰렁하고 친밀성과 상호작용에 어려움이 발생하며 너무 작은 공간은 갇힌 느낌이 들어 불안감과 압박감을 느끼기 쉽다. 또한 집단 구성원들 간의 어느 정도의 공간과 간격이 허용됨으로써 긴장감을 해소할 수 있어야 한다. 둥근 탁자 주위에 둘러앉게 되면 전체 구성원들을 파악하기 쉬우며 적당한 거리가 만들어지기 때문에 유용할 수 있다. 이 외에도 집단 활동을 위한 공간은 다른 사람의 방해를 받지 않고 편안하게 집중할 수 있어야 한다.

7) 모임 빈도와 존속기간

집단을 구성할 때는 목표 달성을 위해 집단 모임의 빈도와 기간을 정한다. 회합의 빈도 구성은 성원들의 욕구나 문제를 다루기에 적절해야 한다. 또한 응집력과 신뢰감을 발달시킬 만큼 충분한 회기로 계획해야 한다. 모임의 빈도는 일반적으로 주 1회 정도가 적절하다. 그리고 1회당 1시간에서 2시간 정도 모임을 가진다. 예를 들어, 초등학교 학교사회복지사가 학교폭력 피해아동의 외상(trauma) 치유를 위한 소집단을 구성할 때, 아동의 기능 수준을 고려하여 매 회기당 약 30분 내외로 하는 것이 적절하다. 그리고 아동의 참여가 가능한 방과 후에 모임 시간을 가진다.

집단의 존속기간은 집단을 시작할 때 집단 성원들에게 미리 알려주는 것이 좋다. 레이드(Reid)는 신뢰감과 집단결속력 구축을 위해서 필요한 시간을 고려하여 20회기 정도의 모임을 권장하고 있다(Reid, 1997).

8) 오리엔테이션

집단의 목적을 설명하고 집단절차에 대해 적응하며, 적절한 집단 성원을 선별하기 위한 것이다. 오리엔테이션 방법으로는 이전 집단에 대한 내용을 동영상 등으로 시청하는 것, 집단역학에 대한 강의, 효과적 의사소통 방법 등 집단 기술에 대한 연습 등이 있다.

9) 계 약

계약은 초기단계에서도 이루어지고 준비단계에서도 이루어진다. 일반적으로 계약은 초기단계에서 사회복지사와 집단 구성원의 상호작용을 통해 이루어지지만 실제 집단이 시작하기 전인 준비단계에서 이루어진다. 준비단계에서 이루어지는 계약의 형태는 목표에 대한 계약, 집단절차에 대한 계약, 개별 구성원들이 기대하는 것에 대한 계약 등이 있으며, 계약방법은 서면이나 구두로 이루어진다. 집단절차에 대한 계약으로는 회합의 빈도와 기간, 비밀보장, 시간과 장소, 비용 등에 대한 계약이 있다.

2. 초기단계

초기단계는 집단이 시작되어 집단 성원들이 서로를 탐색하는 단계이다. 집단 성원들은 다른 집단의 경험, 이전의 관계 등에 기초하여 다양한 기대를 가지며, 불안 수준 또한 높다. 초기단계에서 사회복지사의 과제는 다음과 같다(생각의마을, 2023).

1) 사회복지사 소개 및 집단 성원 소개하기

집단을 지도하는 사회복지사는 집단 성원들에게 자기 자신을 소개한다. 집단 성원들도 자신에 대해 소개한다. 자신을 소개하기도 하고, 두 사람씩 짝을 지어 상대방을 소개하기도 한다. 성원이 자기를 소개할 때 집단 활동에 대한 참여동기, 관심사 등을 표현하도록 하며 사회복지사는 이를 확인한다.

2) 집단목적 소개

집단 성원들은 집단목적을 알고 집단에 참여하기도 하지만, 첫 모임에서 사회복지사는 집단의 목적이 무엇인지 명확히 한다. 집단목적을 소개한 후 성원들의 의견을 수렴하여 반영한다.

3) 집단 성원의 역할 소개

집단 성원들은 각자 집단에 참여하게 된 동기를 알고 있더라도 자신의 문제를 해결하기 위해서 집단 내에서 어떤 역할을 해야 하는지 모를 수도 있다. 사회복지사는 집단 성원이 집단에서 해야 할 역할에 대해 소개하며, 집단 성원의 의무와 책임을 명확히 한다.

4) 개별 성원의 목표 설정

집단의 목표가 있지만 개별 성원마다 자신이 달성하고자 하는 목표가 있다. 따라서 사회복지사는 개별 성원이 달성하고 싶은 목표를 분명히 설정하도록 한다.

5) 집단 규칙 수립

효과적으로 집단이 운영되기 위해서는 집단 성원이 지켜야 할 규칙이 있다. 초기단계에서 사회복지사는 집단 규칙을 설정하고 이를 집단 성원에게 설명해 주어야 한다. 모든 규칙을 집단 성원과 의논해서 정하기는 어렵지만 성원들의 의견을 반영하여 규칙을 정하기도 한다.

6) 집단 성원의 저항과 불안 다루기

낯선 사람들로 구성된 집단에 대해 성원들은 저항과 불안감을 느낄 수 있다. 사회복지사는 성원이 보이는 불안과 저하에 대해 자연스러운 현상임을 성원에게 설명한다. 집단 성원이 집단 참여에 대해 저항하는 경우 억지로 참여하게 하지 말고 집단 참여에 대한 최종 결정권은 집단 성원에게 있음을 알려준다.

7) 집단 참여에 대한 동기부여

집단에 참여한 것에 대해 동기를 부여하고 문제해결 목표를 성취할 능력이 있음에 대해 집단 성원을 격려한다.

8) 계 약

집단 규칙에 대한 준수, 사회복지사의 역할, 집단 성원의 역할 등의 내용으로 계약한다.

3. 사정단계

사정단계는 개별 성원에 대한 사정, 전체 집단에 대한 사정, 집단 환경에 대한 사정 등으로 구분되는데, 구체적인 내용은 다음과 같다.

1) 개별 성원에 대한 사정

집단에 참여하는 성원들은 대인관계나 심리사회적 측면에서 역기능적 특성을 보일 수 있다. 사회복지사는 개별 성원들을 관찰하거나 집단 내에서 어떤 역할을 하는지 살펴봄으로써 개별 성원에 대한 행동 특징, 심리사회적 특징 등을 확인할 수 있다.

사회복지사는 개별 성원에 대한 사정 내용을 기초로 하여 집단 활동을 통해 역기능적 특징이 개선되고 문제해결능력이 높아지도록 도와주는 역할을 한다. 집단 성원은 자신에게 나타나는 역기능적 특징을 인식하지 못할 수도 있으므로 집단과정에서 이를 인식하고 변화할 수 있도록 도와주어야 한다(생각의마을, 2023).

2) 전체 집단에 대한 사정

전체 집단에 대한 사정은 집단의 행동양식, 집단 내 하위집단, 집단의 규범, 가치 등을 포함한다. 집단역동을 이해하는 데 필수적인 영역은 집단구조, 집단 내 의사소통과 상호작용, 집단에 대한 매력과 응집력, 집단의 사회적 통제, 집단문화, 집단 발달단계에 대한 지식 등을 들 수 있다(윤현숙 외, 2001; 전남련 외, 2014). 또한 소시오그램[1]을 활용하여 하위집단 형성 여부를 확인하여 하위집단의 목적이 전체 집단의 목적과 일치하는지 살펴볼 수 있다.

3) 집단 환경에 대한 사정

집단 환경에 대한 사정으로는 집단사회복지사가 소속된 기관이나 시설을 비롯하여 이들 시설 간 환경 및 지역사회 환경에 관해 사정하게 된다.

사회복지기관, 시설 내에서 집단을 결성할 경우 집단의 목적이 기관 및 시설의 목적에 맞는지, 집단 활동의 장소는 있는지, 협력은 제공되는지, 집단에서 다루고자 하는 접근방법이 기관이나 시설의 방침에 적합한지 등을 사정하게 된다. 또한 다른 사회복지 기관, 시설에서 새로운 프로그램이나 실천 방법에 대한 연구회 등 특별사업이 행해지고 있는지 등 다른 기관에서 계획하고 있는 사업과 행해지고 있는 사업 등에 대한 정보를 수집하여 시설 간 환경에 대한 사정을 해야 한다. 그리고 지역에는 어떤 사람이 거주하고 어떤 직업, 수입, 종교를 가지고 있는지, 지역 내에는 어떠한 공공자원이 있으며, 부족한 자원은 무엇인지, 지역사회 관심사는 무엇인지 등에 대해서도 사정하도록 한다(설진화, 2014).

1 소시오그램(sociogram) 혹은 사회도는 집단 성원의 대인관계, 집단 성원 간 사회적 유대관계를 보여주는 집단 사정도구이다. 소시오그램을 작성하는 순서는 다음과 같다.
첫째, 집단 구성원들을 상단, 중간, 하단으로 분류하여 상단 부분은 지위가 높은 구성원을, 하단 부분은 지위가 낮은 구성원을, 그리고 중간 지위의 구성원은 중간에 분포하도록 표시한다. 서로 관계가 가까운 구성원은 중간에 분포하도록 표시하며, 서로 관계가 가까운 구성원은 가까이, 서로 관계가 소원한 구성원은 멀리 떨어지게 표시한다. 둘째, 상호작용 관계의 흐름 특성을 특정 선(매력, 무관심, 반감 등)으로 표시한다(그림 11-1 참조).

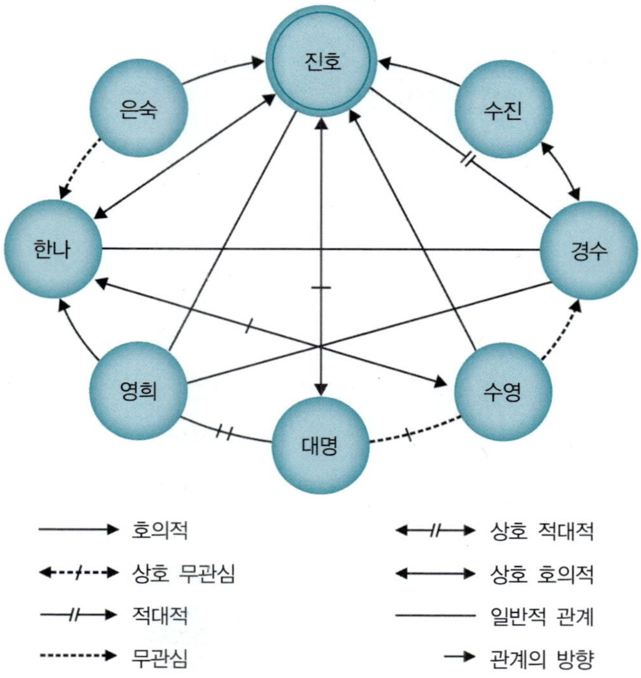

| 그림 11-1 | 소시오그램의 예

4. 중간단계

중간단계는 집단 응집력이 높아지고, 집단의 목표를 달성하기 위해 집단 성원과 집단지도자는 집중적 활동을 한다. 즉, 중간단계에서 사회복지사의 과제는 다음과 같다(생각의마을, 2023).

1) 집단 성원의 참여 격려

사회복지사는 집단 성원들이 집단에 적극적으로 참여할 수 있도록 독려한다. 성원들의 강점에 대한 믿음을 보여주고 목표 달성을 위해 노력하는 과정에서 장애물을 만날 수 있음을 인식할 수 있도록 돕고, 집단 성원들의 상호원조를 인정하고 칭찬한다. 또한 새로운 행동과 활동을 시도해 보도록 격려한다.

2) 집단 성원의 목적 달성 원조

중간단계에서 가장 중요한 활동 중 하나는 집단 성원과 사회복지사 모두 전체로서의 집단의 목적과 개별 성원으로서 자신의 목적을 달성하려는 노력에 집중하는 것이다. 따라서 사회복지사는 성원들이 자신의 목적과 전체 집단의 목적을 분명히 인식하도록 돕고, 구체적 개입목표를 발달시키며, 목적 달성을 위한 활동 중에 부딪힐 수 있는 장애물에 대해 인식하도록 돕는다.

3) 저항하는 성원 독려하기

집단활동 및 변화에 저항하는 성원이 있다면 사회복지사는 자신의 문제에 대처하지 않음으로써 발생할 수 있는 결과에 대해서 초점을 맞추어 성원들 간에 건설적인 직면을 하도록 원조하여 성원들이 동기가 생기도록 한다.

4) 점 검

집단 활동에 대한 점검은 중간단계뿐만 아니라 집단의 전 과정에서 수행된다. 각 회기가 끝났을 때마다 혹은 2~3회기마다 집단 성원과 사회복지사는 그 회기에 대해 평가를 내리고 이에 대한 피드백을 다음 회기에 반영한다.

5. 종결단계

집단목표가 달성되었거나 일정한 시간이 지나 집단이 해체되는 단계이다. 사회복지사는 그동안 집단이 해온 성과를 정리하고 평가하며, 집단에 대한 의존성을 감소시키고 이별과 종결에 대한 감정을 정리하는 단계이다. 종결단계에서 사회복지사의 과제는 다음과 같다(김현호 외, 2021; 생각의마을, 2023).

1) 변화 노력의 유지 및 일반화

사회복지사는 집단 성원들이 집단에 참여함으로써 이룬 변화를 유지하고 구체적인 변화를 주요 생활영역으로까지 일반화할 수 있도록 돕는다. 집단활동이 시작되면 변화가 일어나지만 집단이 종결되면 변화가 유지되기 어렵기 때문에 집단 종결 이후 변화를 유지하고 생활의 다른 영역까지 확대 적용시킬 수 있도록 준비를 시킨다. 이를 위한 방법은 다음과 같다.

① 집단활동을 통해 이룬 변화 및 성취를 확인함으로써 성원들이 자신의 능력을 확인하고 가질 수 있게 한다.
② 변화를 통해 일어난 긍정적인 측면을 강조한다.
③ 집단 활동을 통해 배운 것을 요약하거나 현실에 적용할 수 있도록 자신감을 고취시켜 자신의 문제를 스스로 해결할 수 있도록 한다.

2) 집단에 대한 의존성 감소시키기

사회복지사는 집단 성원에게 집단 종결 후 몇 주 전부터 집단의 종결을 알리고 이에 대해 논의하게 한다. 집단에서 성취한 것을 상시시켜 더 이상 집단이 필요하지 않음을 토론하게 한다. 외부 자원을 활용하고 외부활동 참여를 독려하여 집단 의존성을 감소시킨다.

3) 종결에 대한 감정 다루기

집단대상의 실천에서 종결 시점이 되면 사회복지사와 구성원들은 긍정적인 감정과 부정적인 감정을 동시에 느끼게 되는 양가감정이 나타난다. 긍정적인 감정은 목표를 성취했다는 뿌듯함과 다른 구성원들을 도울 수 있었다는 만족감, 자부심 등이 있을 수 있다. 부정적인 감정은 서로 간의 연대관계가 깨진다는 불안감, 자신이 거부되었다는 느낌, 상실에 따른 슬픔 등이 있을 수 있다.

일반적으로 구성원들은 집단을 떠날 때 집단 활동을 하면서 무엇을 배웠는가? 앞으로 어떻게 할 것인가? 등의 의문을 갖게 된다. 이러한 경우 사회복지사는 집단의 종결에 따른 자신의 감정을 구성원들과 공유하여, 서로 마음속에 있는 것들을 이야기할 수 있도록 구성원들의 양가감정을 토론하도록 격려해야 한다(최경화 외, 2010). 또한 종결 이후 기관과 사회복지사가 제공할 수 있는 역할에 대해서도 알려주면 좀 더 효과적인 종결이 이루어질 수 있다.

4) 불만족스러운 종결 사유에 대해 이해하기

개별 성원이 계획에 없이 중간에 탈락하는 경우 사회복지사는 더 이상 집단성원이 중도탈락하지 않도록 자신의 개입방식을 돌아보고 개선해야 한다. 집단 전체가 집단 활동에 대한 불만족을 느껴 목적을 성취하기 전에 조기 종결할 수도 있는데, 사회복지사는 집단 내·외부 상황을 살펴보고 어떤 요인에 의해 종결되는지 검토하여 이후 집단 운영에 반영해야 한다.

5) 미래에 대한 계획 세우기

집단 종결 후 새로운 도움을 받고 싶어 하는 성원들도 있다. 사회복지사는 재계약을 통해 부가적으로 모임을 가지거나, 성원들끼리 모임을 가질 수 있도록 자조집단을 형성하기도 한다. 위기를 경험하거나 문제가 재발했을 때 부가적인 서비스를 받을 수 있는 방법에 대해 안내하며, 조기에 종결하는 성원에게서 필요한 서비스를 받을 수 있도록 알려주어야 한다.

6) 의 뢰

집단 종결 후 새로운 서비스나 자원을 제공받기 원하는 성원에게 사회복지사는 다른 부서나 다른 기관으로 연결한다. 의뢰는 집단 성원의 동의가 반드시 필요하며, 의뢰 이후 서비스가 제대로 제공되고 있는지 확인해야 한다.

7) 평 가

집단이 종결된 후 사회복지사는 개별 성원에 대한 목표 달성 정도, 집단 전체의 목표 달성 정도 등에 대해 결과평가를 시행한다. 또한 집단 진행과정에 대한 이해를 위해 과정평가를 실시한다.

CHAPTER **12**

사회복지실천의 기록 및 평가

CHAPTER 12

사회복지실천의 기록 및 평가

제1절 사회복지실천 기록기술의 개념 및 목적과 용도

1. 기록기술의 개념

사회복지실천기록이란 사회복지사가 개입한 사례를 계획에서부터 종결과 사후지도까지 전 과정을 합당한 형식을 갖춘 틀에 따라 객관적으로 서술하는 것을 말한다. 기록은 문서화라는 작업을 수행하는 것으로서 이를 통하여 클라이언트에 대한 개입과정의 정보를 보존하는 것이다.

따라서 사회복지실천 및 개입과정에 대한 기록은 사회복지실천가의 전문적인 개입행위와 클라이언트의 성장 또는 변화 양상을 객관적 · 순차적 · 구체적으로 기술하는 것으로서 사회복지실천 활동의 필수적인 업무이며, 실천기술의 일부라고 할 수 있다. 사회복지실천가는 기록을 통해서 개입의 목적이 달성되고 있는가를 확인할 수 있으며, 제공하고 있는 서비스에 대한 전문가로서의 책임성을 증명할 수 있다(홍봉수 외, 2022).

2. 기록기술의 목적과 용도

사회복지실천 기록의 1차적 목적은 책무성(accountability)에 대한 기대를 충족시키는 것이다. 즉, 사회복지실천 활동을 수행하는 사회복지사는 사회복지기관,

클라이언트, 지역사회에 대해 자신의 실천활동을 기록하고 평가하는 윤리적 · 법적 책무성을 가지고 있다. 사회복지실천 기록기술의 목적과 용도에 관한 내용을 살펴보면 다음과 같다(생각의마을, 2023).

1) 사회복지실천 활동 문서화

사회복지사는 사회복지실천 활동이 시작되는 시기부터 종결단계까지 클라이언트, 제공한 서비스의 내용과 과정, 목표 달성 여부와 성과 등을 기록함으로써 사회복지실천이 이루어지는 모든 내용을 자료로 남긴다. 기록은 사회복지사가 자신의 전문적인 활동을 입증할 수 있는 자료와 재원을 확보할 때와 법정에서 증언할 때에도 필요하다.

2) 클라이언트 욕구 파악 및 개입에 필요한 기초 자료 획득(서비스 수급자격 증명)

사회복지실천 기록은 클라이언트 욕구를 파악하고 개입에 필요한 기초 자료를 얻는 데 활용된다. 사회복지기관을 찾아온 클라이언트의 욕구가 무엇인지 확인하기 위해 접수 면접지를 작성하는 것, 클라이언트와 환경체계 간 관계 파악을 위해 생태도를 작성하는 것은 이러한 용도에 해당된다. 또한 클라이언트의 욕구와 문제에 대한 기록은 클라이언트가 해당기관의 서비스를 받을 자격이 있는지를 확인해 주는 기능을 한다.

3) 서비스 결정과 행동의 합리적 근거 제공

사회복지실천 활동에서 이루어진 중요한 결정과 행동에 대한 근거를 문서화함으로써 클라이언트에 대한 목표 및 개입방법의 선택 등에 대한 근거를 기록에 남긴다. 이렇게 사회복지사의 결정과 행동의 근거를 제공하는 것은 책무성에 매우 중요하며, 이는 기록을 단순한 보고가 아니라 전문적 기록으로 만들어 준다.

4) 사회복지사와 기관의 기준 준수 증명자료

사회복지사가 기관의 정책, 법적 기준, 전문가 윤리 등을 제대로 지키고 있는지를 기록함으로써 기준 준수를 증명하는 근거로 활용된다. 개인정보의 사용과 공개, 미성년자 대상의 개입에 대한 부모의 동의에 관한 정책을 클라이언트에게 알려주었는지 등을 기록하는 것이다. 아동학대 등과 관련된 기관의 지침 및 법적 기준을 준수했는지에 대해서도 문서화함으로써 이에 대한 입증자료로 활용된다.

5) 서비스 과정과 결과 모니터링

사회복지실천 과정을 기록하는 것은 단순히 보고를 위해서가 아니라 실천 과정 전반에 대해 사회복지사가 모니터함으로써 사회복지사가 자신의 활동을 객관적으로 살펴볼 수 있게 한다. 기록을 정기적으로 검토하면 서비스를 제공함에 있어서 변화의 필요성을 알려줄 수도 있고, 클라이언트의 진전 정도, 목표달성 정도를 점검할 수 있다.

6) 서비스 비용 청구 및 재원 확보의 근거

사회복지실천 활동에 대한 체계적 기록은 재정 지원을 요청하고 비용 상환을 청구하는 데 도움을 준다. 프로그램 지원금을 받아서 서비스를 제공하는 기관은 지원금 제공자에게 클라이언트를 적절하게 선정하고 서비스가 제대로 제공되고 있는지 입증해야 한다.

7) 사례의 연속성 유지

담당 사회복지사가 다른 전문가 혹은 타 기관으로 클라이언트를 의뢰할 경우 해당 클라이언트에 대한 실천 과정 전반에 대해 기록해 놓은 자료가 있으면 서비스 제공 및 개입 활동이 중단되지 않고 연계해서 지속적으로 유지될 수 있다. 사회복지사가 바뀌더라도 기록을 보고 현재까지 진행한 과정을 파악하고 참고할 수 있어 사례의 지속성을 유지하는 데 도움이 된다.

8) 클라이언트와 정보 공유

사회복지실천 활동에 대한 기록은 클라이언트와 정보를 공유하고 의사소통하며 때로는 치료방법으로도 활용할 수 있는 도구로도 사용된다. 예를 들어, 집단활동 참여에 대해 사회복지사가 기록한 내용을 집단 성원에게 배포하여 그들이 기록에 대한 의견을 제시하거나 수정할 수 있도록 기회를 제공하는데, 이는 서비스 과정과 진전 상황에 대한 토론을 촉진함으로써 치료적 목적을 지원하는 것이다.

클라이언트와 기록을 공유하는 것은 소비자 권리를 존중하는 경향 및 알 권리 존중과 관련되는데, 최근에는 클라이언트나 가족에게 기록을 공개하는 경우가 증가하고 있다.

9) 전문가 간 원활한 의사소통을 활성화 및 협조체계 구축

사회복지실천 활동을 기록하면 여러 명의 다양한 전문가 간 의사소통을 원활히 하는 데 도움이 된다. 다양한 전문직이 함께 일하는 사회복지실천 현장에서 기록은 전문직 간 의사소통을 원활하게 하며, 협조체계를 구축하는 데 도움을 준다.

10) 행정적 지도감독 지원(슈퍼비전 활성화)

기록은 사회복지실천 활동에 대한 지도감독 기능을 수행한다. 슈퍼바이저나 상급자는 직원이 제공하는 서비스나 업무 내용을 파악하고 평가하여 사회복지실천 활동을 지도감독하는 데 활용한다. 실천활동에 대한 충실한 기록은 슈퍼비전을 위한 자료로 활용되며 이는 효과적인 지도감독에 도움이 된다.

11) 실천가의 전문적 발전 지원(교육적 도구로 활용)

사회복지실천 활동에 대한 기록은 사회복지실천 과정을 가르치는 유용한 교육도구로 활용된다. 특히 실습생이나 초보 사회복지사의 경우, 자신의 실천 활동에 대해 기록함으로써 슈퍼비전을 받을 수 있고 이는 사회복지사의 역량을 강화하는 데 도움이 된다.

12) 행정과 조사연구의 자료로 활용

사회복지실천 활동에 대한 기록은 클라이언트의 욕구, 서비스 유형, 직무수행과 관리, 자원 배분 등 행정적인 문제를 결정하기 위해 필요한 자료가 된다. 또한 이러한 기록들은 사회복지실천에 대한 연구를 수행할 때에도 중요한 자료로 활용된다.

제2절 기록의 내용과 특징

1. 기록의 내용

기록의 내용은 클라이언트의 기본 정보, 사회력, 서비스 신청 사유, 사회복지실천과정 기록, 사후관리 계획 등 다섯 가지로 구분할 수 있는데, 구체적인 내용을 살펴보면 다음과 같다(이태희 외, 2019).

1) 클라이언트에 대한 기본 정보

클라이언트의 이름, 나이, 성별, 주소, 직업, 소득 정도, 가족 구성원, 동거 가족, 수급 여부, 장애 정도 등에 관해서 간단한 기록이 필요하다. 또한 클라이언트를 만난 날짜, 시간, 기록을 작성한 날짜, 기록자 등이 포함되어야 한다. 이를 통해 클라이언트에 대한 개입의 추이와 변화를 예측할 수 있게 되므로 기본 정보는 필수적으로 수록되어야 한다.

2) 클라이언트의 사회력

사회력(social history)이란 사회적 사정 보고서로서 클라이언트의 문제나 욕구를 역사적이며, 생태학적인 맥락, 강점을 기반으로 클라이언트의 문제뿐만 아니라 문제의 원인과 해결에 필요한 자원을 찾을 수 있으며, 강점과 대처능력 등을 발견하기 위해 사용된다. 주로 클라이언트와 그의 가족들, 클라이언트의 중요한 타자들, 기관의 기록, 시험이나 검사 기록, 사회복지사의 관찰 등을 통해 정보를 얻는다. 이는 사정 도구로 활용되며, 정보 자체로도 유용하게 쓰인다. 사회력의 작성은 지속적인 과정으로 초기에 작성된 자료 이후에 새로운 정보가 추가될 때마다 기존 사회력에 덧붙여 작성하며, 이야기체로 서술할 수도 있고 기관의 구조화된 양식에 맞춰서 작성하기도 한다.

사회력은 클라이언트의 과거와 현재에 관한 깊이 있는 설명으로 인지적 · 신체적 · 정서적 · 심리적 · 의료적 상태, 발달력, 원가족, 현재 가족, 가족관계, 결혼상태, 가족의 역동성, 직업상태, 교육적 배경, 학력, 지적 기능, 종교, 중대한 대인관계, 강점이나 자원 및 계약, 대처방식, 문제해결능력, 전문적인 서비스의 경험이나 내용, 최근 이용한 서비스 현황, 지역사회에 대한 정보로서 물리적 환경과 문화 등에 대한 내용들이 포함된다.

이처럼 사회력은 문제의 원인과 필요한 자원을 찾는 데 기초적 자료가 되고, 클라이언트에게 가정 적합한 서비스나 프로그램을 결정하는 데 도움이 되며, 다른 서비스제공자에게 사회복지실천의 관점을 알려주면서 서비스 전달과 관련이 있는 결정사항과 활동의 근거를 문서화할 수 있다.

3) 서비스 신청 사유

클라이언트가 사회복지사를 찾아오게 된 사유 및 경위나 의뢰 경위, 의뢰인 등에 대한 정보를 기록하며, 주로 클라이언트가 서비스를 받고자 하는 주요 문제에 대해 간략히 기록한다.

4) 사회복지실천과정 기록

클라이언트에 대한 사정, 사회복지사의 개입과 개입 계획, 종결에 관한 내용들을 포함하여 기록한다.

5) 사후관리 계획

사후관리(follow-up) 계획 또는 실제 진행된 사후관리의 내용 등을 기록한다. 또한 필요할 때 슈퍼비전을 받고 싶은 내용이나 업무상 궁금한 사항 등에 대해서도 기록이 가능하다.

〈표 12-1〉 사회복지실천과정별 기록 내용

단 계	기 록	내 용
탐색 단계	클라이언트 특성	이름, 주소, 생년월일, 성별, 교육수준, 가족구성, 직업, 수입, 종교, 결혼상태 등
	서비스 개시 이유	클라이언트가 직접 의뢰하였는가? 다른 기관에서 의뢰하였는가? 의뢰하게 된 이유는 무엇인가?
	사회력	클라이언트의 문제(욕구)를 역사적·생태학적 맥락에서 이해하기 위해 클라이언트의 현재와 과거의 정보 기록
	자원과 계약	이용 가능한 공식적·비공식적 자원은 무엇인가? 자원 활용에 제약이 있는가? 자원이 구체적으로 어떻게, 얼마나 클라이언트에게 도움이 되는가?
	사 정	클라이언트의 현재 상황, 문제의 원인과 개입계획에 대한 사회복지사의 소견과 사정 등 기록
형성 단계	서비스에 영향을 미치는 결정	클라이언트에게 제공되는 서비스에 영향을 미치는 중요한 결정과 그 정당성 등 기록
	서비스의 목적	사회복지실천을 통해 무엇을 달성할 것인지를 구체적이고 명확하게 기록
	서비스의 계획	어떻게 사회복지실천의 목표를 달성할 것인지를 기록
	서비스의 특성	많은 기관들이 표준화된(구조화된) 서비스 특성에 대한 기록양식(체크 목록)을 활용
실행 단계	중간노트	계획된 서비스가 시작되면 클라이언트의 상황과 제공된 서비스에 대해 정기적으로 사정하고 기록
	서비스 재검토 (중간 요약)	서비스 결정과 활동에 대한 공식적 재평가에 대한 기록, 일반적으로 날짜, 참여자, 제안내용, 결정내용 등 기록
종결 단계	서비스 종결의 방법과 사유	서비스 종결 이유와 방법 등 기록, 책무성과 평가, 향후의 계획을 위해 필요
	서비스 활동과 결과 요약(종결 요약)	서비스 개시 이유, 진행하는 동안의 클라이언트 상황, 서비스의 목적, 계획과정, 중요한 사건, 종결 시의 클라이언트 상황, 서비스에 대한 평가, 향후 서비스와 사후지도를 위한 제안 등 기록
	사후지도	클라이언트의 현재 상황과 향후의 서비스에 대한 제안 등을 기록

출처 : 황인옥(2018).

2. 기록의 특징

사회복지실천 기술기록의 좋은 기록과 좋지 않은 기록의 특징과 기록 시 유의해야 할 사항들을 살펴보면 다음과 같다(황인옥, 2018).

1) 좋은 기록의 특징

① 서비스의 결정과 실행에 초점을 둔다.
② 사정, 개입, 평가의 기초가 되는 클라이언트와 상황에 관한 정보가 들어 있다.
③ 각 단계에서 목적, 목표, 계획과정과 진행에 대한 내용이 들어 있다.
④ 상황묘사와 사회복지사의 견해가 구분되어 혼돈되지 않게 정리되어 있다.
⑤ 사회복지사의 전문적 견해에 기초를 두지만, 클라이언트의 관점을 배제하지 않는다.
⑥ 표현이 간결하다. 모든 문제나 상황을 자세하고 풍부하게 기술할 필요는 없다.
⑦ 표현이 논리적 기록이면서, 사실에 근거한 기록이다.
⑧ 구조화된 기록으로 정보를 효과적으로 문서화할 수 있고 쉽게 찾아볼 수 있다.
⑨ 기록의 방법과 과정, 결과 등 기록 전반에 걸쳐 전문가적 윤리를 준수하였다.

2) 좋지 않은 기록의 특징

① 내용이나 과정상 윤리적 문제가 있다.
② 표현이 과장되고 진부하며 반복적으로 잘못된 표현이 많다.
③ 수동태 문장 사용으로 행위의 주체를 파악하기 어렵다.
④ 비밀보장을 위해 정보를 쉽게 분류할 수 없게 한다.
⑤ 클라이언트를 비난하거나 낙인화된 기록이다.
⑥ 기록이 조직화 및 구조화되지 않아서 필요한 내용을 찾기 쉽지 않다.

⑦ 내용의 초점이 불분명하고 기록자의 편견이 들어 있다.

3) 기록 시 유의사항

① 면접 사전에 클라이언트의 동의를 얻어 기록한다. 기록의 목적과 이유에 대해 충분히 설명해야 한다.

② 녹음이나 녹화를 할 경우 반드시 사전에 허락을 구한 후 시작한다. 중간에 클라이언트가 불편해하면 중단한다.

③ 면접을 하면서 기록을 할 경우 메모하는 것은 최소한으로 줄인다. 정확한 기록을 위해 면접이 이루어지는 동안 계속적으로 기록에 치중할 경우 클라이언트는 사회복지사가 자신에게 관심이 없다고 느낄 수 있고, 면접의 진행에 방해를 주기도 하기 때문이다.

④ 면접이 끝난 후, 잊어버리기 전에 간단하게라도 빨리 메모해 두는 습관을 가진다.

⑤ 클라이언트의 사적 정보가 노출되지 않도록 유의한다.

제3절 기록의 유형

사회복지실천에 있어 기록의 대표적인 유형은 과정기록, 요약기록, 문제중심기록, 이야기체 기록, 시계열 기록 등으로 구분할 수 있다. 구체적인 내용은 다음과 같다(도광조, 2021; 생각의마을, 2023; 이태희 외, 2019; 홍봉수 외, 2022).

1. 과정기록

1) 과정기록의 방법

과정기록(process record)은 사회복지사와 클라이언트가 면담하면서 이야기한 내용이나 클라이언트의 행동, 사회복지사가 관찰한 내용 등 사회복지사와 클라이언트의 상호작용을 있는 그대로 자세하게 작성하는 기록이다.

일반적으로 면담에서 이야기한 내용, 사회복지사의 의견, 슈퍼바이저의 코멘트 부분으로 나누어 기록한다. 사회복지사의 의견에는 상호작용 시 자신의 역할, 활용한 개입 기술 등을 작성한다. 또한 면담에서 나눈 이야기와 상호작용을 구체적으로 기록하기 때문에 일반적으로 대화체로 작성한다.

〈표 12-2〉 과정기록 방법

슈퍼바이저의 코멘트	면담내용	사회복지사의 느낌	분 석
면접내용과 사회복지사의 느낌, 분석에 대하여 슈퍼바이저가 추후에 코멘트한다.	클라이언트의 언어적·비언어적 의사소통을 포함하여 면접 중에 일어난 일을 있는 그대로 기록한다.	대화가 진행되는 동안 사회복지사의 느낌을 솔직하고 개방적으로 기록한다.	사회복지사의 느낌의 근원, 면접기법에 대한 분석, 다른 대안적 접근 등을 기록한다.

출처 : 홍봉수 외(2022).

〈표 12-3〉 대화체를 사용한 과정기록의 예

면담내용	사회복지사의 의견	슈퍼바이저 코멘트
클라이언트 : 지난번에 선생님께서 알려주신 '나-전달법'을 아들에게 사용해 봤어요. 저는 항상 '너는~'이란 말부터 하면서 짜증을 내곤 했는데 '엄마는~, 내 생각은' 이렇게 말하니까 아들이 이상하다는 듯이 쳐다보더라고요. 좀 쑥스러웠어요(얼굴이 붉어짐).		
사회복지사 : 처음에 하려면 잘 안 되기도 하고 어색할 텐데도 용기 있게 배운 것을 해보셨다니 참 잘하셨네요.	클라이언트가 '나-전달법'을 사용한 것에 대해 격려와 지지를 보냄	막연히 칭찬하는 것보다 구체적으로 언급하는 것이 효과적임

출처 : 생각의마을(2023).

2) 과정기록의 장점

① 과정기록은 사회복지 실습이나 교육방법으로 유용하다.

② 사회복지사와 클라이언트 사이의 활동을 개념화, 조직화함으로써 사례에 대한 개입기술을 향상시키는 데 도움이 된다.

③ 기록자 자신은 자신이 진행한 과정을 세밀하게 기록하면서 자신에 대해 새롭게 인식할 수 있고 서비스 과정에서 자아를 활용하는 정도가 향상된다.

④ 기록자나 슈퍼바이저는 기록 내용을 보면서 사례진행에 대해 점검하고, 잘못된 경우가 있으면 사전에 문제를 예방할 수 있다.

3) 과정기록의 단점

① 과정기록은 작성하는 데 시간과 비용이 너무 많이 소요되어 비효율적이다.

② 서비스 제공 기간 혹은 면담에서 실제로 일어난 일을 완벽하게 기록하기는 어렵기 때문에 기억에 의존하여 기록하는 경우 불완전한고 왜곡된 정보를 제공할 가능성이 있다. 이를 보완하기 위해 녹음이나 녹화를 활용할 수 있다.

2. 요약기록

1) 요약기록의 방법

요약기록(summary recording)은 사회복지 관련 기관에서 흔히 사용하는 형태로서 장기적 사례관리에 유용하며, 일반적으로 서비스 개시일, 사회력, 행동계획, 시간의 경과에 따라 변화된 상황, 개입 활동, 중요한 정보 등을 요약하여 기록한다. 시간의 경과에 따라 일정한 간격을 정하여 기록하거나 특정 행동이나 사실 등의 기록이 필요할 때, 또는 가족기능, 사정 내용, 개입 계획, 변화과정처럼 주제별로 짧게 요약하여 작성한다. 세부적인 면담내용을 제외하고 클라이언트에게 일어난 변화 등에 초점을 둔다.

2) 요약기록의 장점

① 면담의 모든 과정을 기록하는 것이 아니라 사회복지사가 중요하다고 판단한 것을 선택하여 기록할 수 있는 융통성이 있으며, 전체 서비스 과정을 고려하면서 쉽고 짧게 사용할 수 있다.

② 매일매일 면담내용을 적어두는 사례 노트를 활용하여 시간에 따른 변화나 과정을 기록해 두면 장기간의 사례관리에도 유용하게 쓰일 수 있다.

3) 요약기록의 단점

① 사회복지사의 판단하에 선택적으로 기록하기 때문에 면담내용이 지나치게 단순화되어 초점이 분명하지 않을 수 있다.

② 클라이언트의 언어적 · 비언어적 표현들이 사실적으로 전달되지 않을 수 있다.

③ 클라이언트나 사회복지사의 느낌이나 생각들이 잘 드러나지 않는 한계가 있다.

예 시간의 경과에 따라 작성된 요약기록

① 클라이언트 : 신진수(남, 57)

• 2023년 1월 6일

클라이언트는 1회기에서 제시한 문제에 대해 자세하게 이야기했다. 그러나 주로 부인을 비난하는 내용이 많았으며, 자신의 현재 문제가 해결되기보다는 더 어렵게 만들게 한다며 부인을 원망하였다. 현재로서는 부인과 대화하고 상황을 개선하기보다는 이혼하고 싶다고 하였다. 당분간 별거하기 위해서 집을 알아보고 있으며, 다음 주에 이사 나가겠다고 하였다.

• 2023년 1월 23일

별거를 결심하고 집을 알아보았으나 당장 집을 얻기 어렵고, 아이들을 생각하니 별거가 좋은 방법은 아니라는 생각을 하여 우선 집에 더 있을 것이라고 하였다. 당장 무엇을 결정하기보다는 그동안 자신이 힘들었던 점에 대해 돌아보고 싶다고 하여 결혼생활 전반에 대해 클라이언트와 이야기를 나누었으며, 그 과정에서 오해가 생겼던 부분에 대한 이해가 생겼다고 했다.

3. 문제중심기록

1) 문제중심기록의 방법

문제중심기록(problem-oriented recording)은 클라이언트의 현재 문제를 중심으로 문제 영역을 정하고 사정하고 목록화해서 각 문제에 대해 무엇을 할 것인지 계획하고 진행사항을 작성하는 기록이다. 이 기록은 의료 분야에서 많이 사용하는 기록이며 사회복지기관에서도 활용된다. 문제중심기록은 크게 문제목록과 진행기록으로 구성된다.

첫 번째는 문제목록을 만드는 것이다. 현재의 문제를 중심으로 문제영역을 규정하고 사정하고 목록화한다. 두 번째는 각 문제에 대해 무엇을 할 것인지 계획하고 그 진행사항을 기록하는 진행기록이다. 진행기록은 보통 SOAP 형태를 따른다.

2) 문제중심기록의 장점

① 사회복지 분야뿐만 아니라 의료 분야 등에서도 활용되므로 다학제팀 접근을 하는 정신건강 분야나 의료 분야에 유용성이 높고 타 전문직과의 의사소통을 촉진한다.

② 기록이 간결하고 통일성이 있어서 슈퍼바이저나 조사연구자, 외부의 자문가 등이 검토할 수 있다.

③ 기록의 목표가 문서화뿐만 아니라 정보교환에 있기 때문에 다른 전문직과 함께 일하는 현장에서 효과적이다.

④ 목록화된 각 문제에 초점을 맞추어 다루어야 하고 모든 개입 계획에 대해 문서화된 점검을 할 책임이 있으므로 전문직 간 책무성이 증진된다.

⑤ 문제를 목록화하고 문제마다 계획을 수립하고 결과 등을 기록함으로써 해결되지 않은 문제에 대한 대안 수립이나 의뢰 등에 대해 체계적으로 파악할 수 있다.

3) 문제중심기록의 단점

① 클라이언트의 강점, 욕구, 자원보다는 문제를 강조함으로써 사회복지실천의 관심 폭을 한정시킨다.

② 문제의 사정이 부분적이거나 단순화되며 사회복지실천에서 관심을 두는 심리사회학적 관심보다는 생의학적 관점에 초점을 맞추고 있어 서비스 전달의 복잡성이 고려되지 못한다.

4) SOAP 기록방법

(1) S(Subjective information) : 주관적 정보

클라이언트의 자기보고에 근거한다. 클라이언트가 자신의 상황을 어떻게 인식하고 느끼고 있는가를 나타낸다.

예 클라이언트는 '나는 쓸모가 없다', '나는 쓰레기 같은 인간이다'라고 생각하고 이러한 생각을 타인으로부터 확인받으려 함

(2) O(Objective information) : 객관적인 정보

전문가의 직접적인 관찰, 임상적 실험, 체계적인 자료수집의 내용이 포함된다.

예 정신과 의사는 피해망상이 있고 다중인격장애 증상을 보인다고 진단함

(3) A(Assessment) : 사정

주관적 정보 및 객관적 정보의 검토를 통해 추론된 전문가의 개념화와 결론이 해당된다.

예 심리정서적 위축과 우울증상이 있음. 클라이언트를 돌볼 경제적 능력이 부족하여 클라이언트에 대한 치료 필요성을 인정하지 않음

(4) P(Plan) : 계획

전문가가 특정한 문제를 제시하거나 해결하는 방법을 작성한다.

예 집 근처의 정신건강증진센터에서 무료로 3개월간 상담받기로 함

〈표 12-4〉 SOAP 예

S : '저는 이 문제를 해결할 수 없어요. 저를 도와줄 사람도 없고요'
(클라이언트가 현재 문제해결능력 및 지지자원에 대해 어떻게 인식하는지 보여준다)
O : 클라이언트가 질문에만 겨우 답하고 눈물을 보이며 시선을 제대로 마주치지 못함
(객관적 관찰 내용을 기록했다)
A : 자기효능감이 저하된 상태로 지지체계가 빈약하다.
(주관적 정보 및 객관적 정보의 검토를 통해 추론된 전문가의 개념화와 결론을 제시했다)
P : 우울증 검사와 욕구에 따른 인적 · 물적 자원 연결이 필요함
(클라이언트의 문제해결을 위해 우울증 검사와 인적 · 물적 자원 연결이 필요하다는 내용을 기록했다)

출처 : 생각의마을(2023).

4. 이야기체 기록

1) 이야기체 기록의 방법

이야기체 기록(narrative recording)은 사회복지사가 클라이언트 및 그 상황이나 서비스에 대해 이야기를 풀어가듯이 서술체로 기록하는 방법을 말한다. 면접과정의 대화내용을 있는 그대로 재현하는 것이 아니라 면접의 내용이 요약되어 서술된다. 일선 사회복지기관에서 가장 많이 사용되는 기록형태이다. 이야기체 기록은 과정기록에 비하여 시간이 적게 들지만, 더 많은 생각과 조직화를 요한다. 이야기체 기록에서는 관련되지 않은 세부 사항은 제외되고, 관련되는 사항이라도 다 기록하지는 않기 때문에 어떤 내용으로 서술할 것인가를 더욱 많이 생각해야 하고, 주제별이나 시간적 흐름별로 조직화해야 한다.

2) 이야기체 기록의 장점

중요하다고 간주되는 모든 내용을 기록할 수 있다는 융통성이 있다.

3) 이야기체 기록의 단점

① 이야기체로 작성하면 시간이 많이 소모되고, 문장이 길어지면 초점이 모호할 수 있다.

② 직접 대화를 나눈 내용을 이야기체로 바꾸어 작성하면 정보를 쉽게 복구할 수 없다. 이러한 단점을 보완하기 위해 인구사회학적 정보 등 전형적인 정보에 대해서는 구조화된 양식이나 목록을 사용하고 복합적이고 개별화된 서비스에 관한 정보에 대해서만 부분적으로 이야기체로 기록한다.

③ 이야기체로 기록하면 대화 내용을 작성한 기록자의 문장력에 따라 기록의 질이 좋을 수도 있고 나빠질 수도 있다.

〈표 12-5〉 이야기체 기록의 예

- 면접일시 : 2023. 4. 21.
- 면접장소 : 한국복지관 상담실
- 면접목적 : 개인력 및 가족력 조사

클라이언트는 45세 여성이고, 친정아버지와 아들 3명과 살고 있다. 클라이언트는 남편과 결혼 후 알코올중독과 폭행에 시달렸고, 2020년부터 별거생활을 하다가 2022년도에 이혼하였다. 현재 요양병원 요양보호사 일을 하고 있으며, 두통과 허리통증으로 수술을 계획하고 있다. 또한 남편에 의해 생긴 빚이 있으며, 최근 이사를 했는데 거주지 이전에 따른 스트레스가 심한 상태이다. 함께 살고 있는 친정아버지는 거동이 많이 불편하셔서 늘 집 안에만 계신다. 클라이언트는 현재 기초생활수급자로이며 정부로부터 매월 90만 원 정도를 지원받고 있다. 요양보호사로 활동하면서 가정생활에 약간 보탬이 되고 있는 상황이다.

5. 시계열 기록

1) 시계열 기록의 방법

시계열 기록(time-series recording)은 사회복지실천 서비스의 목표를 달성하는 과정에 대한 정보를 제공하기 위한 것으로, 개입의 표적이 되는 행동이나 태도 등을 시간의 흐름에 따라 반복적으로 되풀이해서 서비스 효과를 기록하는 것이다. 서비스 목표가 설정되면 측정도구가 결정되고 측정과정이 시작되며, 기록 작업도 사회복지실천 개입 전, 개입 중, 서비스 종결 후까지 클라이언트 상황을 파악·기록하여 서비스 목적이 달성되었는지를 보여준다.

2) 시계열 기록의 장점

① 클라이언트의 행동과 태도, 또는 반응의 변화 여부에 대해 그리고 목적을 달성하기 위한 움직임이 있었는지를 보여주기 위해 시각적으로나 통계적으로 분석될 수 있다.

② 사회복지사와 클라이언트가 목적을 달성하고 성취하는 데 초점을 둔다.

3) 시계열 기록의 단점

① 측정과정이 개입과정과 개입의 효과에 영향을 미칠 수 있다.

② 사회복지실천을 방해할 수 있으며, 시간이 너무 소모적이거나 기관, 소송의뢰인, 또는 다루어야 할 문제에 적합하지 않을 수 있다.

③ 클라이언트의 행동을 중심으로 기록하고 실천하는 경향이 있다.

제4절 사회복지실천 평가의 개념 및 기능

1. 사회복지실천 평가의 개념

평가는 문제해결과정이다. 따라서 사회복지실천의 주요 목적은 바람직한 결과를 달성하는 것인 반면에, 평가의 주요 목적은 결과가 사실대로 달성되었는지를 사정하는 것이다(Zastrow, 2003). 또한 사회복지실천에서 평가란 사회복지 프로그램 또는 기관의 계획, 수행, 활용 등 포괄적 활동 등을 체계적으로 판단하는 것을 의미하며, 사회복지실천에서의 평가는 개인, 가족, 집단, 지역사회를 대상으로 한 사회복지사의 개입 활동의 효과성과 효율성, 변화의 정도 등을 검증하는 것을 말한다.

클라이언트를 변화시키는 요인으로는 사회복지사의 개입과 환경 등 다양한 개입 요인들이 영향을 미치기 때문에 결과와 더불어 달성 과정 등을 중시해야 하며, 개입 방법의 성격과 목표 달성의 성공과 실패 요인을 명백히 밝힐 수 있어야 한다. 그러므로 사회복지실천 평가를 위해서는 절차와 내용 등에 대한 계획을 세우는 것이 필요하다.

2. 사회복지실천 평가의 기능

사회복지실천에 있어 평가는 클라이언트가 가진 문제를 원만하게 잘 해결될 수 있도록 사회복지사의 적절한 개입을 통하여 클라이언트가 문제해결을 위해 적극적으로 노력하여 긍정적인 결과가 도출되었는지에 대한 평가라 할 수 있다.

즉, 이와 같은 사회복지실천 평가의 기능은 다음과 같다(생각의마을, 2023).

① 개입의 목표가 달성되었는지 여부를 객관적으로 결정할 수 있다 : 평가를 위한 객관적 절차 및 도구를 사용하여 클라이언트의 변화 및 개입 목표 달성 정도를 측정하면 클라이언트에게 변화가 일어났는지, 목표가 달성되었는지에

대해 객관적이고 정확하게 판단하고 결정할 수 있다.

② **사회복지실천의 효과성을 입증할 수 있다** : 개입의 목표 달성 여부와 달성 정도를 측정함으로써 사회복지실천의 효과성을 입증할 수 있다.

③ **자원의 사용에 대한 책임성을 입증한다** : 사회복지실천에 대한 평가결과는 재정적인 지원이나 지역사회의 승인이 필요할 때 사회적 자원을 효과적이고 효율적으로 사용했다는 근거가 된다.

④ **평가와 관련된 사람들에게 정보를 제공한다** : 평가를 통해 클라이언트뿐 아니라 실천가, 프로그램 관리자, 재원 제공자, 정책 수립자 등에게 서비스나 프로그램에 관련된 다양한 정보를 제공한다.

⑤ **사회복지실천 과정을 모니터한다** : 사회복지실천 과정에서 클라이언트는 어떻게 반응하고 있는지, 계획했던 변화가 일어나고 있는지 등 변화과정에 대한 모니터를 할 수 있다.

⑥ **사회복지사의 능력 향상 및 사회복지실천 과정 개선에 기여한다** : 사회복지사가 사회복지실천 내용에 대해 점검하고 평가함으로써 반성할 기회를 가지고 새로운 활동에 반영함으로써 사회복지실천 과정을 개선할 수 있다.

제5절 사회복지실천 평가 유형

사회복지실천 평가의 유형에는 평가 시점에 따른 유형(형성평가, 총괄평가), 평가 자료의 속성에 따른 유형(양적 평가, 질적 평가), 평가 차원에 따른 유형(과정평가, 결과평가) 등으로 구분할 수 있는데, 구체적인 내용을 살펴보면 다음과 같다(생각의마을, 2023; 이태희 외, 2019).

1. 평가 시점에 따른 유형

1) 형성평가

형성평가란 사회복지서비스가 이루어지는 동안 부분적으로 수정 · 개선 · 보완하는 데 필요한 정보를 얻기 위해 주기적으로 진전 상황을 평가하여 환류하는 것으로 사회복지사의 개입과정에 대한 평가라고도 할 수 있다. 사회복지사가 과정을 검토하도록 하고, 필요시 수정하도록 하여 현재와 미래에 관련된 프로그램 수행상의 문제해결이나 결정을 내리도록 한다. 또한 프로그램의 전달체계, 기관의 운영상황, 클라이언트의 욕구 등을 염두에 두고 시행하며, 서비스 이용자의 욕구를 반영하여 진전이 이루어지고 있는지를 사정하기 위해 평가를 시행한다.

2) 총괄평가

총괄평가란 활동이 종결되었을 때 그 활동의 결과로서 산출된 성과와 비용에 대하여 종합적 가치판단을 시행하는 평가방법이다. 즉, 프로그램이 종결되었을 때 개입을 통해 목표하는 바를 얼마나 잘 성취했는지를 평가하는 것으로, 사회복지사의 다양한 개입방법의 효과성과 효율성을 사정한다는 측면에서 형성평가와는 대조된다.

2. 평가 자료 속성에 따른 유형

1) 양적 평가

양적 평가는 집단활동 종결 후 기존에 존재해 있는 집단에 1회의 설문지를 돌리거나 추적조사를 통해 클라이언트가 만족스럽게 인식하고 있는 집단활동이나 집단과정에 대한 정보를 얻고 프로그램의 효과성이나 보완 및 수정에 대한 의견을 제시할 수 있는 평가방법이다. 특별한 개입전략을 수정하고 향상시키기 위한 기초수단과 집단경험의 어느 양상이 미래연구를 위해 유용한지를 안내하며, 연구

과제를 제시해 주는 탐색적 자료로 사용 가능하다. 또한 획득된 자료의 속성에 대한 계량화가 가능한 측정방법이므로 많은 사례를 대상으로 실시할 수 있다.

2) 질적 평가

질적 평가는 상황적이고 맥락적이며 해석적인 특성을 갖는 것으로, 획득된 자료의 계량화가 곤란한 경우 나타나는 현상의 정도와 수준을 평가하는 것으로, 소수의 사례를 대상으로 적용할 때 적절한 방법이다. 집단조건에 영향을 주고 있는 참여자, 관계형성, 활동, 자원, 구조나 과정에 대해 폭넓게 초점을 두고 진행할 수 있으나 정보수집이 객관적이지 못하고, 객관적 측정도구를 사용하지 않으므로 비판을 받기도 한다. 그러나 새로운 프로그램의 개발과 소재 및 앞으로의 연구가설 내지 연구 과제를 제시한다는 점에서 중요한 의미가 있으며, 양적 조사에서 관찰되지 않는 독특한 집단과정을 묘사할 수 있는 장점이 있다.

3. 평가 차원에 따른 유형

1) 과정평가

과정평가는 사회복지실천 과정을 평가하는 것이다. 계획된 대로 서비스가 전달되고 있는지, 프로그램이 진행되고 있는지, 그 과정에서 어떤 일이 일어나고 있는지가 평가의 대상이다. 과정평가의 초점은 개입의 성공 여부에 대한 판단이 아니라, 개입과정에서 무엇이, 왜 일어났는지에 있다. 사회복지사와 클라이언트가 개입 중간중간에 주기적으로 평가한다.

2) 결과평가

결과평가는 사회복지실천이 종결되었을 때 개입이 목표로 하는 바를 얼마나 잘 성취했는지에 대한 사회복지실천의 결과를 평가하는 것이다. 사회복지실천의 효과성과 효율성을 평가하는 것으로, 평가 결과에 근거하여 프로그램의 재시작 혹은 폐지 등을 결정하게 된다. 일반적으로 실험적 조사설계를 활용하여 인과관계를 파악함으로써 효과성을 평가한다. 사전–사후 비교 방법과 실험집단–통제집단 평가 방법이 있다.

제6절 사회복지실천 평가 기법

1. 단일사례설계의 개념 및 특성

1) 단일사례설계의 개념

단일사례설계는 클라이언트 한 명을 대상으로 실시하며, 클라이언트 변화과정을 객관적으로 평가할 수 있는 방법으로, 클라이언트의 특정 문제나 표적의 변화를 관찰하기 위하여 개입 전, 개입과정, 그리고 개입 후에 걸쳐 반복적으로 측정하는 일련의 경험적 절차이다.

단일사례설계에서는 사례 수가 1인 경우만을 의미하는 것으로 받아들일 수 있으나 한 명 이상의 클라이언트를 대상으로 하는 경우에도 단일사례설계를 적용할 수 있다. 또한 단일사례설계에서의 분석단위는 개별 클라이언트 이외에 집단 또는 지역사회가 될 수 있으나, 클라이언트 개개인을 상대로 단일사례설계를 적용하는 경우도 많다(박병금 · 최은희, 2016).

2) 단일사례설계의 특성

단일사례설계의 특성으로 사례 수가 하나이며, 개입 전과 개입 후의 효과성 검증, 반복 측정이 가능하다. 구체적인 내용은 다음과 같다(정영숙, 2009; 서보준 외, 2018 재인용).

첫째, 사례 수가 하나이다. 즉, 표본의 크기가 "1"이다. 여기서 1이라는 것은 표본 단위 또는 클라이언트의 체계가 개인, 가족, 집단, 지역사회 등으로 구분될 때 추출되는 표본 수가 하나라는 의미이다. 다시 말하면, 클라이언트가 개인일 경우 한명, 가족일 경우 한 가족, 지역사회일 경우 한 지역을 대상으로 조사하는 것이다.

둘째, 개입 전과 개입 후의 효과성 검증을 할 수 있다. 개입 전 문제행동 상태를 측정하고 개입 후 문제행동의 개선상태가 지속되는지를 측정하여 비교할 수 있다. 이러한 개입 전후의 비교는 표적행동에 대한 개입의 효과를 관찰하여 분석하는 것으로 개입방법의 효과를 규명하는 데 초점을 두고 있다.

셋째, 반복 측정할 수 있다. 단일사례설계는 경향과 변화를 알 수 있도록 반복적인 관찰을 한다. 즉, 하나의 사례를 대상으로 반복되는 측정을 통해 종속변수 값의 변화를 관찰하여 개입이라는 독립변수의 효과를 파악한다.

2. 단일사례설계의 주요 개념

1) 기초선 단계(A)

개입이 도입되기 전에 반복적으로 측정하여 표적문제에 대한 자료를 수집하는 단계를 기초선(base line)이라고 한다. 단일사례설계에서는 변화의 정도를 측정하기 위해 개입하기 이전 단계인 기초선을 설정하며 'A'로 표시한다. 기초선 단계는 실험설계에서의 통제집단 같은 기능을 한다. 개입 전 며칠 또는 몇 주 동안 표적행동의 빈도, 강도, 지속시간을 관찰하여 설정한다. 개입을 하다가 일정 기간 개입을 중단하는 반전 기간도 A로 표시한다.

2) 개입(B)

개입이 이루어지는 개입(intervention) 단계를 'B'로 표시한다. 개입 국면 또한 관찰 횟수가 적어도 3회는 되어야 한다. 복수(여러 번)의 개입 유형이 사용되면 C, D 등으로 표기한다. 어떤 개입이 효과가 없을 때 개입방법을 바꿀 수 있는데, 새로운 개입을 C, 또 다른 개입을 D로 표기한다(다중요소설계 혹은 복수요소설계).

3. 단일사례설계의 유형

단일사례설계의 유형은 AB설계, ABA설계, ABAB설계, BAB설계, ABCD설계 등으로 나누어 볼 수 있는데, 구체적인 내용을 살펴보면 다음과 같다(서보준 외, 2018).

1) AB설계

AB설계는 가장 단순한 단일사례설계의 형태이며, 하나의 기초선 단계(A)와 개입단계(B)로 구성한다. A단계에서는 아무런 개입이 없는 상태에서 표적행동의 변화에 대한 관찰이 이루어지고 B단계는 개입이 이루어진 이후의 표적행동 변화에 대한 관찰결과이다. 통제집단 후비교설계의 논리로서 A단계의 자료 수집은 통제집단의 역할에 속하고 B단계의 자료 수집은 실험단계의 의미를 지닌다.

AB설계는 다른 변수들이 전혀 통제되지 않는 상황에서 조사를 실시하는 것이므로 표적행동의 변화가 반드시 개입에 의한 것이라고 확신할 수 있는 정도가 낮다.

AB설계의 한계에도 불구하고 설계의 편리성 때문에 사회복지실천 현장에서 상당히 유용하게 사용될 수 있다.

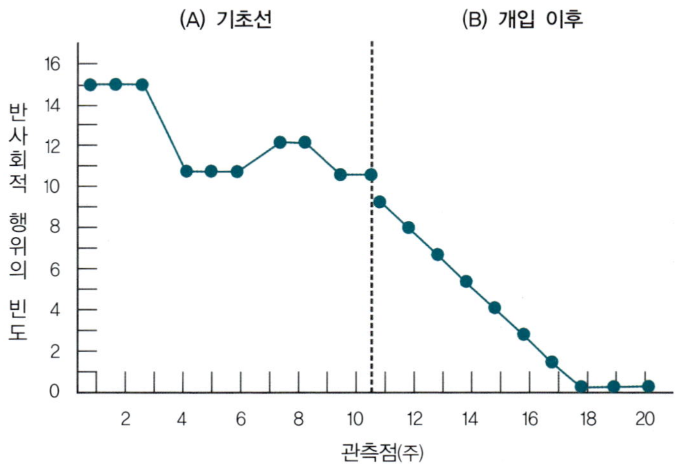

| 그림 12-1 | AB설계의 예

출처 : 서보준 외(2018).

2) ABA설계

ABA설계는 AB설계에 개입을 중단하는 A단계를 추가하여 AB설계의 단점을 보완한 형태로, 첫 번째 기초선 단계(A)와 개입단계(B) 관찰 이후 개입을 중단한 두 번째 기초선 단계를 설정하여 관찰한다.

두 번째 기초선 단계에서 표적행동이 악화되는 현상을 보이면 개입단계에서의 표적행동 변화는 개입의 효과였다는 확산을 높일 수 있다는 장점이 있다.

ABA설계의 한계점은 윤리적인 이유로 인해 실제 적용상에 문제가 제기된다. 즉, 충분한 개입기간을 갖지 않고 효과측정을 위해 도중에 개입을 중단한다는 점과 개입을 중단한 상태로 설계를 종료한다는 점에서 윤리적 비판을 피할 수 없다.

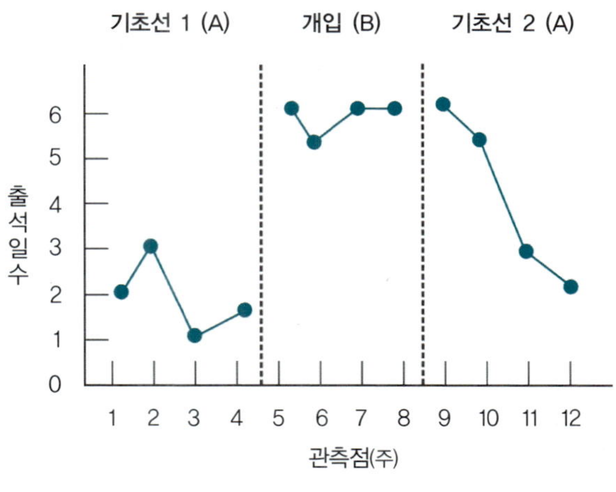

| 그림 12-2 | ABA설계의 예

출처 : 서보준 외(2018).

3) ABAB설계

ABAB설계는 ABA설계의 두 번째 기초선 단계(개입을 중단한 단계)에 이어서 다시 개입을 재개하는 B단계를 추가한 형태이다(반전설계=철회설계).

외생변수의 영향을 효과적으로 통제하기 위해 기본적인 설계형태인 AB설계에 또 하나의 AB설계(두 번째) 기초선 단계와 두 번째 개입단계를 추가한 구조이다.

ABAB설계에서는 개입을 하지 않은 상태와 개입을 한 상태를 두 번 관찰함으로써 개입의 변화를 일으켰다는 확신을 가질 수 있다.

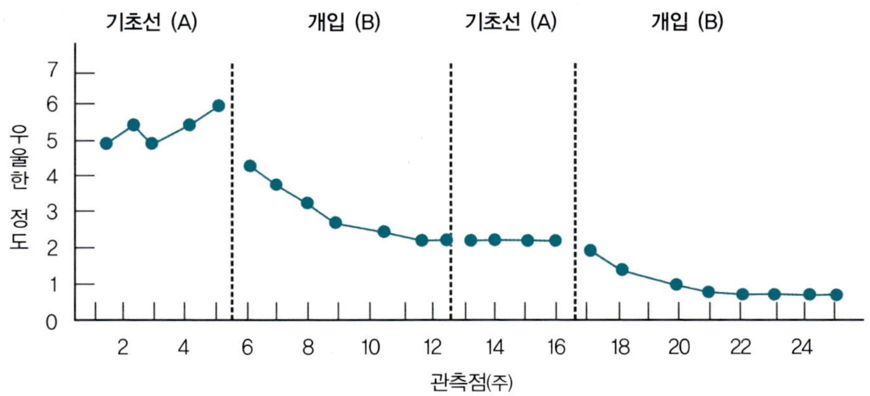

| 그림 12-3 | ABAB설계의 예

출처 : 서보준 외(2018).

4) BAB설계

BAB설계 기초선 단계의 설정 없이 개입을 먼저 하고 이어서 개입을 중단하는 반전의 단계를 거쳐 다시 개입을 실시하는 형태이다. 기초선 단계에서 개입 이외의 다른 요인이 변화를 일으킬 수도 있고 개입의 효과가 지속적으로 나타나는 경우 개입의 효과를 평가하기 어렵다.

심각한 위기상황(불안)에서 개입(B)을 7주간 먼저 한 후 개입의 효과성을 학보하기 위하여 반전(A)단계를 7주간 가지고 다시 10주간 개입을 실시한 사례이다.

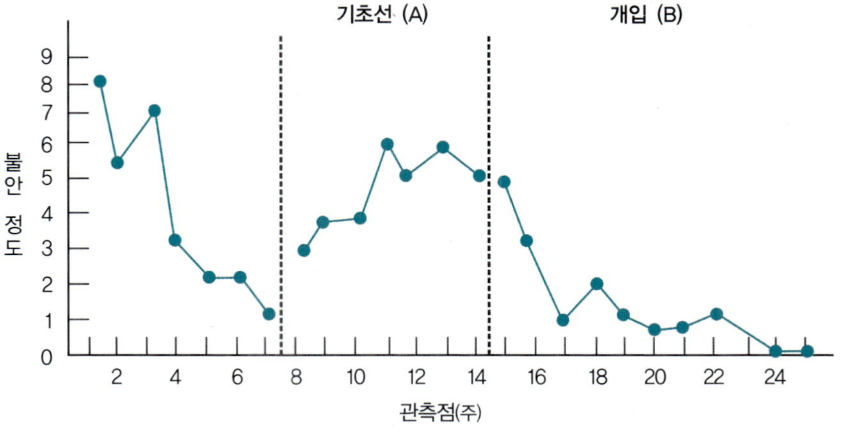

| 그림 12-4 | BAB설계의 예

출처 : 서보준 외(2018).

5) ABCD설계(다중요소 설계)

이 설계는 하나의 기초선 자료에 대해서 다수의 각기 다른 개입방법(B, C, D)을 연속적으로 도입하는 형태이다. ABAB설계에서처럼 개입 도중에 기초선 단계를 재설정하고 그 후에 다시 동일한 개입을 재개하는 것이 아니라 B, C, D라는 각기 다른 개입방법들을 적용하여 비교하는 것이다.

클라이언트에게 도움이 되지 않는 개입을 수정하거나 특정한 개입방법이 실제로 표적행동에 변화를 가져오는지 설명하고자 할 때 유용하다.

ABCD설계는 융통성이 있어서 연속적인 단계에서 입증된 대로 개입계획을 변경할 수 있다.

ABCD설계의 문제점은 다음과 같다.

- **이월효과** : 각각의 개입방법들이 개별적으로 적용했을 때에도 동일한 결과를 가져올 것인지 알 수 없다.
- **순서효과** : D개입방법을 B와 C와 순서를 바꾸어 적용했다면 D개입방법의 효과가 없는 것으로 나타났을 수도 있다. 즉, 개입방법이 BCD 순서로 적용되었기 때문에 D단계에 효과를 나타냈을지도 모른다.

• **우연한 사건** : B, C, D개입방법이 실제로 모두 효과가 없지만 D개입방법의 개입 직전 또는 개입과정에서 우연한 외부적 사건 등이 개입되어 효과를 나타냈을 가능성도 있다.

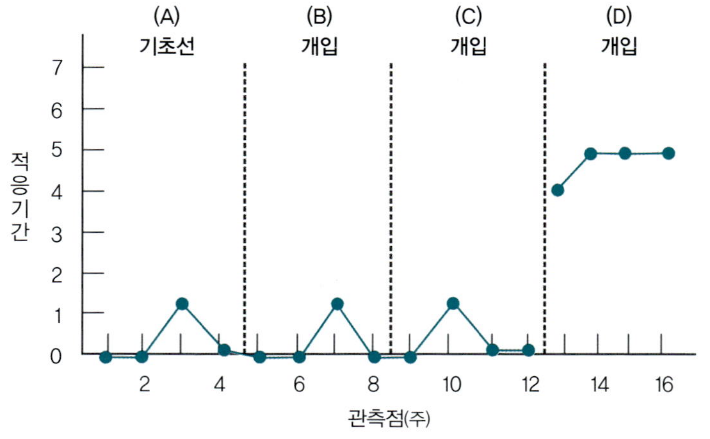

| 그림 12-5 | ABCD설계의 예

출처 : 서보준 외(2018).

4. 사회복지실천 평가의 한계

평가란 사회복지실천이 클라이언트에게 어떤 영향을 주었는지에 대해서 그 성과를 드러내는 데 있어 사회적으로 책임성과 과학성을 확보하기 위하여 건설적 대안과 방향을 도출하기 위한 노력이다. 그러나 때로는 이 평가들이 오용되거나 잘못 해석될 가능성도 있기에 평가의 한계에 대한 구체적인 내용을 제시하면 다음과 같다(금기윤 외, 2013).

① 일반화의 한계
② 잘못된 평가도구 선택 시 잘못된 결과 도출
③ 평가과정에서 클라이언트를 배제하는 윤리적 문제 야기
④ 평가에 대한 직원들의 불만

⑤ 평가과정에서 서비스 제공을 방해

⑥ 프로그램 성과에 대한 대안적 설명 필요

⑦ 예측하지 못한 평가결과의 도출에 대한 책임성 등의 문제 야기

이러한 다양한 한계와 문제점들을 극복하기 위해서는 사회복지사에게 전문적 지식의 개발과 서비스의 효과성을 입증하기 위해 평가·설계 등의 중요성을 일깨워 주어야 할 것이며, 검증된 평가 결과의 보급을 통하여 가장 적절한 서비스를 효율적으로 진행할 수 있도록 해야 할 것이다.

참고문헌

강병철 외(2013). 최신 사회복지실천의 이해. 동문사.

강선경 외(2014). 사회복지실천의 이해. 양서원.

구혜영(2010). 사회복지실천기술론. 신정.

권구영 외(2011). 사회복지실천론. 창지사.

길귀숙 외(2022). 사회복지실천기술론. 양서원.

김경호(2010). 사회복지실천 : 이론과 모델. 청목출판사.

______(2011). 사회복지실천론. 양서원.

김성철 외(2020). 사회복지실천기술론. 양성원.

김수연(2013). 성격 강점기반 행복증진프로그램이 초등학생의 주관적 안녕감에 미치는 효과. 서울교육대학교 교육대학원 박사학위논문.

김은혜(2013). 중학생이 지각한 부모-자녀 간의 의사소통과 자아탄력성이 학교적응에 미치는 영향. 충북대학교 교육대학원 석사학위논문.

김재선 외(2015). 사회복지행정의 이해. 양서원.

김정진(2008). 사회복지실천기술론-1급 수험서. 와이드프로.

______(2019). 사회복지실천기술론(제2판). 학지사.

김종옥 · 권중돈(2001). 집단사회사업방법론. 홍익재.

김향선 외(2015). 사회복지실천의 이해. 창지사.

김현호 외(2021). 사회복지실천기술론. 정민사.

김혜란 외(2005). 사회복지실천기술론. 나남출판.

김혜란 외(2022). 사회복지실천기술론. 학지사.

김혜영 외(2012). 사회복지실천론. 공동체.

김혜영 외(2017). 사회복지실천기술론. 공동체.

김혜영 외(2018). 사회복지실천기술론. 공동체.

김혜영 외(2020). 사회복지실천기술론. 공동체.

김희수 외(2009). 노인상담의 이해. 양서원.

남미애 · 윤숙자(2013). 사회복지실천기술론. 학지사.

도광조(2021). 사회복지실천기술론. 양서원.

민하영(1991). 청소년 비행정도와 부모-자녀 간 의사소통, 가족의 응집 및 적응과의 관계. 서울대학교 대학원 석사학위논문.

박귀영 외(2017). **사회복지실천기술론**. 양성원.

박귀영 외(2021). **사회복지실천기술론**. 양성원.

박병금 · 최은희(2016). **사회복지실천기술론**. 정민사.

방미진 외(2011). **사회복지실천론**. 나눔의집.

백경미(2007). 부모-자녀 간 의사소통과 자기효능감이 학교적응에 미치는 영향. 대구대학교 교육대학원 석사학위논문.

사회복지교육연구센터(2019). **사회복지실천론**. 나눔의집.

__________________(2021). **사회복지실천론**. 나눔의집.

__________________(2022). **사회복지실천론**. 나눔의집.

생각의마을(2021). **에쎕 사회복지실천기술론**. 공동체.

_________(2022). **사회복지실천기술론**. 공동체.

_________(2022). **사회복지실천론**. 공동체.

_________(2022). **에쎕 사회복지실천기술론**. 공동체.

_________(2022). **에쎕 인간행동과 사회환경**. 공동체.

_________(2023). **사회복지실천기술론**. 공동체.

서보준(2017). 다문화가정 청소년이 지각한 부부갈등, 부모양육태도, 부모-자녀간의 의사소통이 학교생활적응에 미치는 영향 : 자아탄력성과 사회적 지지의 매개효과. 대구한의대학교 대학원 박사학위논문.

서보준 외(2018). **사회복지조사론**. 정민사.

서보준 외(2020). **사회복지학개론**. 지식공동체.

서보준 외(2021). **사회복지실천론**. 양서원.

서보준 외(2022). **공부하면 쉬운 사례관리론**. 공동체.

서울대 사회복지실천연구회 역(2001). **사회복지실천 기법과 지침**. 나남출판.

서혜석 외(2017). **사회복지실천기술론**. 양서원.

서혜석 외(2017). **사회복지실천론**. 정민사.

설진화(2008). **사회복지실천기술론**. 양서원.

______(2010). **사회복지실천기술론**. 양서원.

______(2010). **사회복지실천기술의 이해**. 양서원.

______(2014). **사회복지실천기술의 이해**. 양서원.

손광훈(2013). **사회복지실천기술론**. 공동체.

솔루션센터(2008). **해결중심단기치료 워크숍 자료집**. 솔루션센터.

신성자 외(2007). 사회복지실천기술론. 양서원.
신성자 외(2012). 사회복지실천기술론. 양서원.
신성자 외(2017). 사회복지실천기술론. 나남출판.
양옥경(1993). 사회복지실천과 윤리. 한울아카데미.
양옥경 외(2000). 사회복지실천론. 나남출판.
양옥경 외(2001). 사회복지실천기술론. 나남출판.
양옥경 외(2011). 사회복지실천론. 나남출판.
엄명용 외(2005). 사회복지실천기술의 이해. 학지사.
엄명용 외(2005). 사회복지실천의 이해. 학지사.
엄명용 외(2013). 사회복지실천의 이해. 학지사.
엄명용 외(2020). 사회복지실천의 이해. 학지사.
엄명용 외(2021). 사회복지실천기술의 이해. 학지사.
오봉욱 외(2015). 사회복지실천기술론. 동문사.
오봉욱 외(2020). 사회복지실천기술론. 동문사.
오혜경(2009). 사회복지실천에서의 윤리이론에 관한 연구. 한국사회복지교육, 4(2), 95-136.
윤선오 · 김현진(2016). 사회복지실천기술론. 양성원.
윤혁숙 외(2001). 사회복지실천기술론. 동인.
이광재(2019). 사회복지실천론. 정민사.
이순민(2012). 사회복지 윤리와 철학. 학지사.
이애재(2021). 사회복지실천기술론. 양서원.
______(2022). 사회복지실천기술론(제3판). 양서원.
이영실 외(2015). 사회복지실천기술론. 양서원.
이원숙(2008). 사회복지실천론. 학지사.
이윤로(2007). 사회복지실천기술론. 학지사.
이은희 외(2014). 사회복지실천론. 양서원.
이재선 외(2016). 사회복지실천기술론. 양서원.
이재선 외(2016). 현장실천중심 사회복지실천기술론. 양서원.
이태희 외(2019). 사회복지실천기술론. 지식공동체.
임철일 · 최정임(2004). 효과적인 의사소통을 위한 기술. 커뮤니케이션북스.
장수미 외(2010). 사회복지실천기술. 학지사.
장수미 외(2010). 사회복지실천기술론. 학지사.
장인협(1996). 사회복지실천방법론(상, 하). 서울대학교출판부.
전남련 외(2014). 사회복지실천기술론. 정민사.

전재일 외(2010). 사회복지실천기술론. 형설출판사.

전재일 외(2019). 사회복지실천기술론. 공동체.

전희수 외(2018). 사회복지실천기술론. 양성원.

정영숙(2009). 사회복지조사방법론. 공동체.

정옥분(2007). 아동발달의 이해. 학지사.

조미연(2012). 부모와 자녀간의 의사소통 및 아동의 대인관계 성향과 학교생활적응과의 관계. 경남대학교 교육대학원 석사학위논문.

조휘일(2005). 사회복지실천기술론. 학현사.

조흥식 외(2011). 가족복지학(제4판). 학지사.

최미영 외(2009). 사회복지시설운영론. 공동체.

최선화(2022). 풀어쓴 사회복지실천기술(제6판). 공동체.

최홍규(2000). 아버지와 자녀의 점진적 의사소통과 자녀의 인성특성과의 관계. 한남대학교 대학원 석사학위논문.

최희철(2021). 사회복지실천기술론. 양서원.

홍봉수 외(2022). 사회복지실천기술론(제2판). 공동체.

황인옥(2018). 사회복지실천기술론. 공동체.

______(2022). 사회복지실천기술론. 지식공동체.

Austin, D. M.(1983). *A History of Social Work Education.* The University of Texas.

Baker, R.(1991). *The Social Work Dictionary.* Silver Sping, MD : National Association of Social Workers.

Bales, R. F.(1950). *Interaction Process Analysis.* Cambridge MA : Addison-Wesley.

Brammer, L. M.(1985). *The helping relationship : process and skills*(3rd ed.). Prentice Hall.

Brown, J. L., Toby, & Furstenberg, A. L.(1992). Restoring control : Empowering older patients and their families during health crisis. *Social Work in Health Care.*

Burns, David, D.(2015). 관계수업. 차익종 역. 흐름출판.

Collins, D., Jordan, C., & Coleman, H., 저, 이화여자대학교 사회복지연구회 역(2001). 가족복지실천론. 나눔의집.

Compton, B. R., & Galaway, B.(1994). *Social Work Processes*(5th ed.). Belmont : Wadsworth. p. 274.

Cournoyer, B.(2000). *The Social Work Skills Workbook*(3rd ed.). Belmont, CA : Brooks/Cole. 김인숙·김용석 공역(2002). 사회복지실천기술연습. 나남출판.

Dejong, P., & Berg, Insoo Kim(1998). *Interviewing for Solutions.* Brooks/Cole Publishing Company.

허남순 · 노혜련 공역(2000). 해결을 위한 면접. 학문사.

Doel, Mark & Peter Marsh(1992). Task-centred Social Work(Aldershot, Hants, Ashgate).

Esptein, L.(1980). *Helping People : the Task-centred Approach*. St. Louis : The C. V. Mosby Co.

Esptein, L., & Brown, L. B.(2002). *Brief treatment and a new look at the task-centered approach*(4th ed.). New York : Makdcmillan.

Galvin, K. M., & Brommel, B. J.(1986). *Family communication : Cohesion and change*. Illinois, Scott : Foreman and Co.

Golan, N.(1978). *Treatment in crisis situations*. New York : Free.

Gross, E. H., Crandall, E. W., & Knoll, M. M.(1980). *Management for modern family*. Englewood Cliffs, New Jersey : Prentice-Hall.

Hartford, M.(1971). *Groups in social work*. New York : Columbia University Press.

Hepworth, D. H., & Larsen, J. A.(1990). *Direct Social Work Practice : Theory and Skills*(3rd ed.). Belmont : Wadworth Publishing Company.

Holis, F.(1970). The psychosocial approach to the practice of casework. In R. Roberts, & R. Nec(Eds.), *Theories of social casework*. Chicago : University of Press.

Hollis, F.(1970). *Casework. a psycho-social therapy*. New York : Random House

Johsnon, L. C., & Yanca, S. J.(2007). *Social Work Practice : A Generalist Approach*(8th ed.). 한인영 · 장수미 · 최정숙 · 박형원 공역(2008). 사회복지실천론–일반주의 관점. 하나의학사.

Kadushin, A.(1972). *The Social Work Interview*. NY : Brunner/Mazel.

Lazarus, R. S.(1976). *Patterson of adjustment*. New York : McGraw-Hill.

Minchin, S.(1974). *Family and Family therapy*. Cambredge, MA : Harvad University Press.

Levy-Strauss, C.(1969). *The Elementary Structures of Kinship*. Boston : Beacon. Press.

Lewin, K.(1951). *Field theory in social science*. New York : Harper & Brothers Publishers.

Miller, J. B.(1976). *Toward A New Psychology of Woman*. Harmondsworth : Penguin.

Morales, A., & Sheafor, B. W.(1988). *Social Work : A Profession of Many Faces*. Boston : Allyn & Bacon INC.

Moreno, J.(1951). *Sociometry, experimental method and the science of society. An approach to a new political orientation*. New York : Beaco House.

Murdok, G. P.(1949). *Social Structure*. New York : Macmaillan.

Myers, G. E., & Myers, M. T.(1973). *The dynamics of human communication : A laboratory approach*. New York : McGraw-Hill, Inc.

Nichols, M. P., & Schwartz, R. C., 김영애 · 김정택 · 송성자 · 심혜숙 · 정문자 · 제석봉 공역(2008). 가족치료 : 핵심개념과 실제적용. 시그마프레스.

Northen, H.(1995). *Clinical Social Work : Knowledge and Skill*(2nd ed.) New York : Columbia University Press.

Olson, D.(1993). Cicumplex Model of Marital and Family Systems : Assessing Family Functioning. In F. Walsh(Ed.), *Normal Family Process*. New York : Guilford Press.

Payne, M.(1997). 서진환 외 공역(2001). 현대사회복지 실천이론. 나남출판.

Perlman, H. H.(1957). *Social Casework : A problem Solving Process*. Chicago University of Chicago Press.

Pincus, A., & Minahan, A.(1973). *Social Work Practice : Model and Method*. New York : Peacock Publishers.

Puryear, D. A.(1984). *Helping people in crisis*. San Francisco. CA : Jossey-Bass.

Reid, W. J.(1997). *Social Work Practice with Groups : A Climical Perspective*(2nd ed.). Pacific Grove CA : Brooks/Cole.

Reid, William & Esptein, Laura(1972). *Task-centred Casework*. New York : Columbia Unversity Press.

Richmond, M.(1944). *Social Diagnosis*. New York : Free Press.

Robert, A. R.(2000). An Overview of Crisis Theory and Crisis Intervention. In Rovers, A. R.(Ed.), *Crisis Intervention Handbook : Assessment, Treatment, and Research*. New York : Oxford Universtiy Press.

Satir, V.(1983). *Conjoint family therapy*(2nd ed.). Palo Alto : Houghon Mifflin.

Shulman, L.(1984). *The Skills of Helping Individuals and Groups*(2nd ed.). Itasca, Il : F. E. Peacock.

Siporin, M.(1975). *Introductionto Social Work Practice*. New York : Macmillan.

Zastrow, C.(1995). *The practice of social work*. Pacific Grove CA : Brooks/Cole Publishing Company.

_________(2003). *The Practice of Social Work*. Brooks/Cole, Thomson Learning, Inc.

찾아보기

ㄱ

ㄴ

ㄷ

ㄹ

ㅁ

ㅂ

ㅊ

ㅋ

ㅌ

ㅍ

ㅎ

저/자/약/력

■ **서보준**
경북과학대학교 사회복지과 교수

■ **길태영**
중부대학교 사회복지학전공 교수

■ **신옥순**
대구한의대학교 평생교육융합학부 초빙교수

■ **오선영**
충북보건과학대학교 사회복지과 교수

■ **오승하**
강동대학교 글로컬사회복지학부 교수

사회복지실천기술론

Skills and Techniques of Social Work Practice

|공저자| 서보준 · 길태영 · 신옥순 · 오선영 · 오승하

|1판 1쇄| 발행 2023년 8월 30일
|1판 2쇄| 발행 2025년 7월 30일

|발행인| 김동훈
|발행처| 공 동 체

|주소| 경기도 고양시 일산동구 호수로 358-39, 동문타워 I 905호(백석동)
|전화| 031) 814-3000(대표)
|팩스| 031) 814-3100
|홈페이지| www.compub.co.kr
|전자우편| compub@naver.com
|출판등록| 2005년 10월 6일
|등록번호| 제396-2005-36호

|ISBN| 979-11-6725-434-4
정가 22,000원